みんなとおなじ店に入りたい！

――見知らぬ人との出会いと対話を求める草の根の活動――

「お手伝いします」と記されたステッカーを配布することで、誰もが入りやすいお店を増やすこと、障害者差別解消法を広く一般の人びとに知ってもらうことを目ざして活動をつづける「愛知 TRY 実行委員会」（p.86「支援の現場をたずねて」②参照）。月に１度、ボランティアらとともに新たな出会いを求めて愛知県内の各地を訪れる。今回の舞台は小牧市。さて、どんなドラマが待っているのだろう。

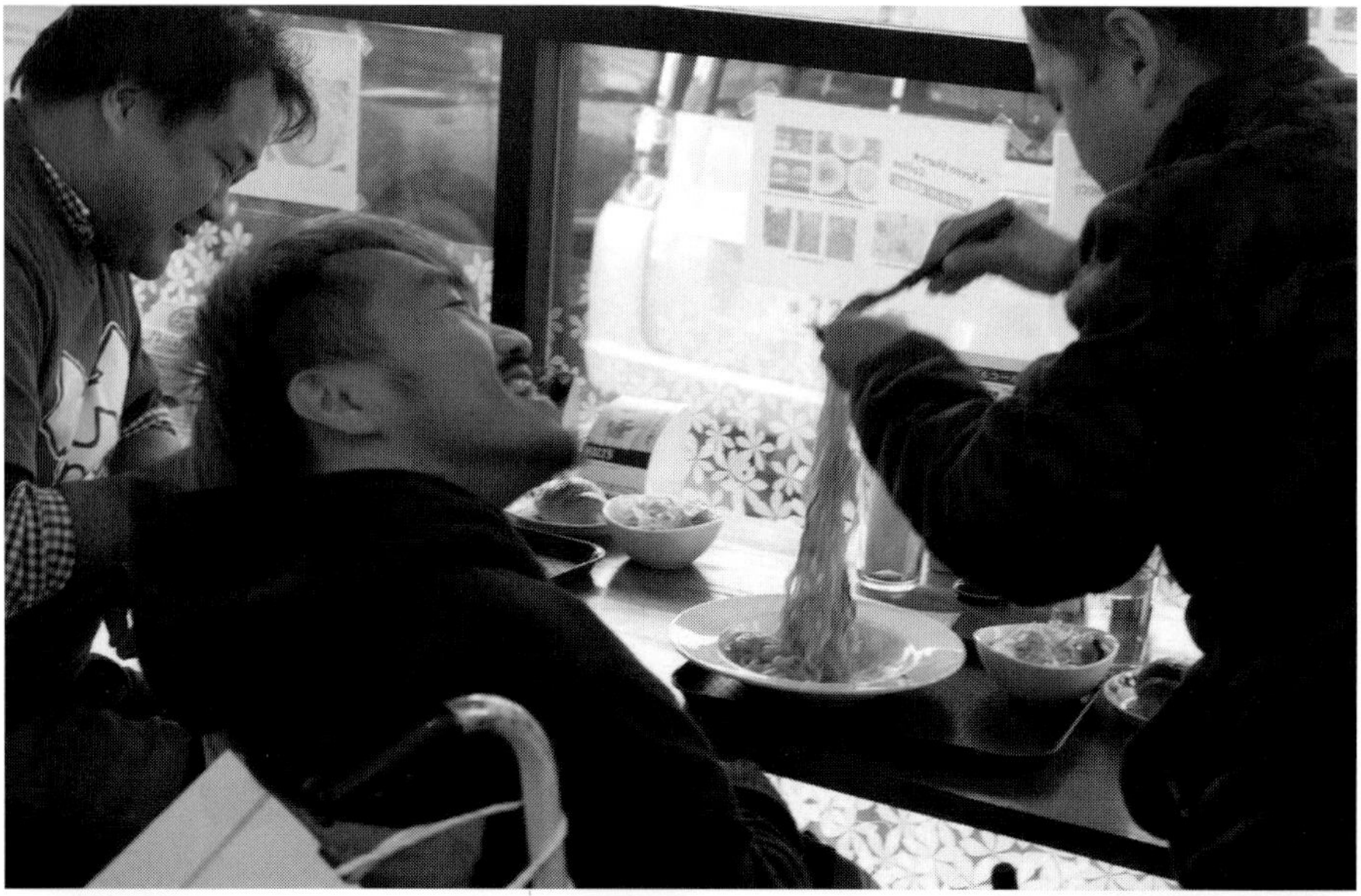

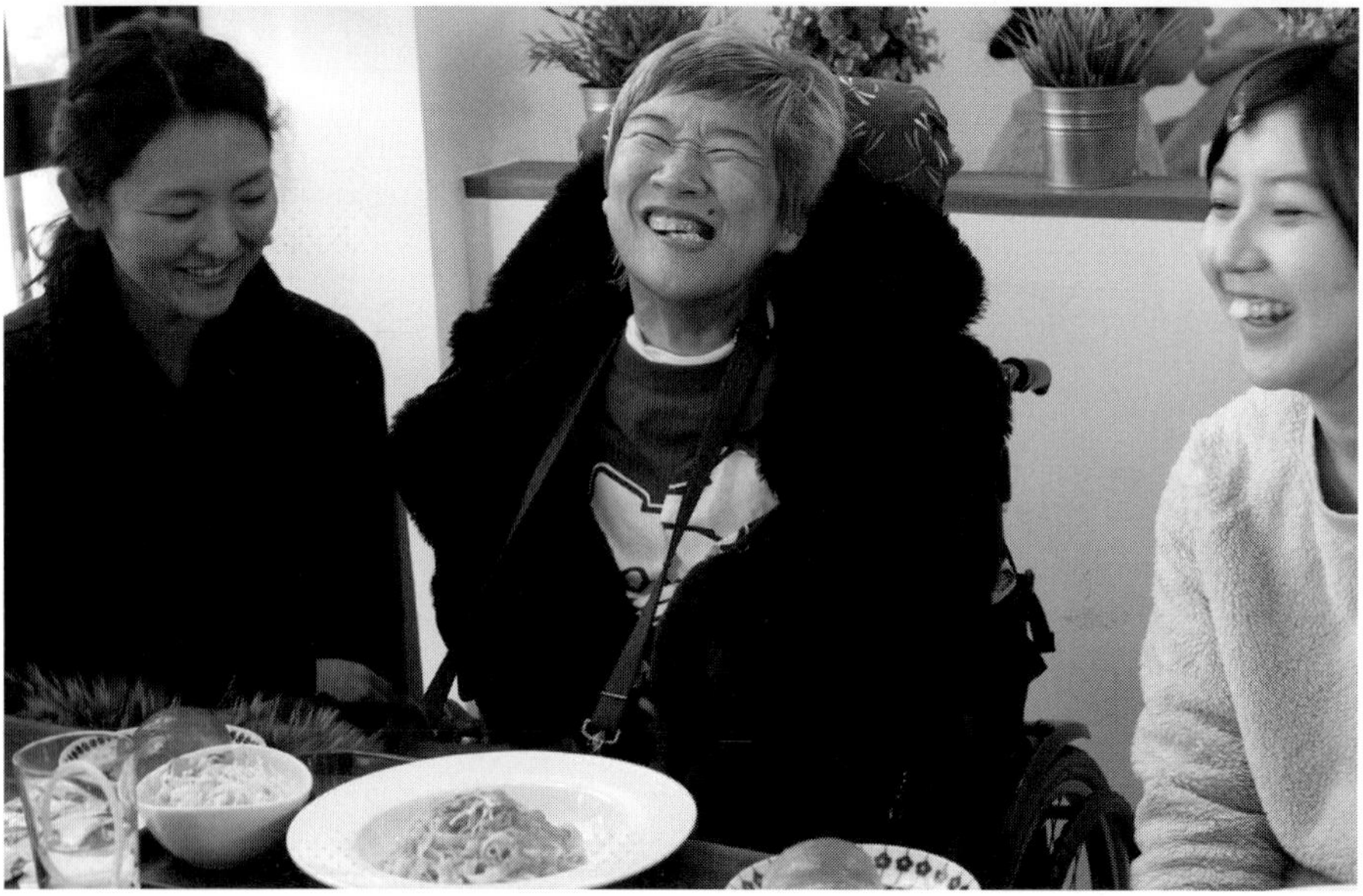

ステッカーを貼ってくれたお店でランチ。美味しいパスタに心もほぐれる。
楽しく食事をとることも、地域で生きていることをアピールする活動のひとつ。

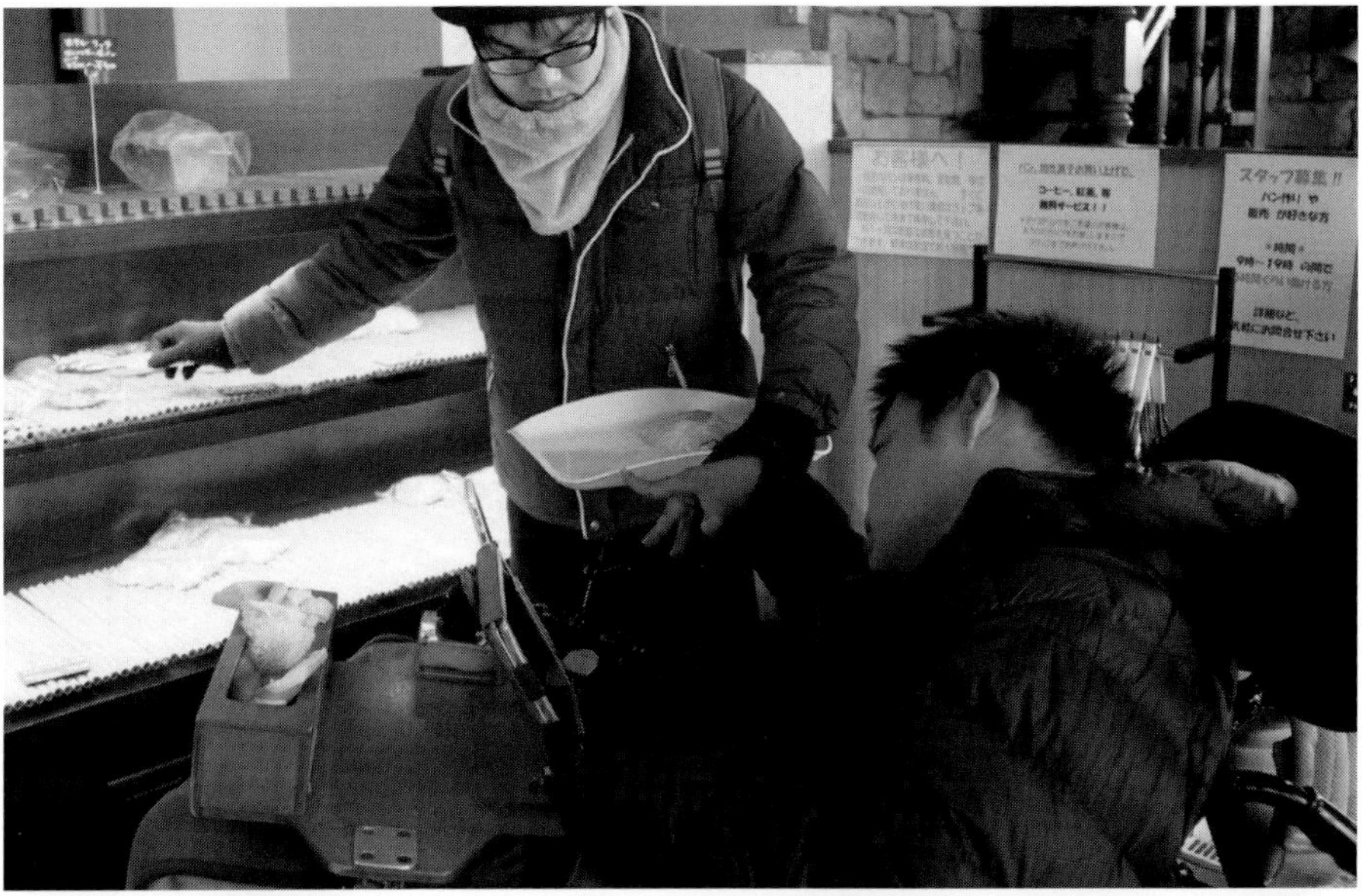

入り口にスロープのあるアレルギーフリーのパンやさんにて、思わず真剣にお買いもの。
よいお店と出会えたあとは、自然と顔もほころぶ。

「愛知 TRY」のトレードマーク、青い T シャツ。
厳しい対応を受けたときは、路上で作戦会議もする。

段差にはばまれたお店もあった。話を聞いてくれない店主もいた。
けれど、この街に住むひとたちに、何かを伝えることはできた、と信じる。
そうしてまた来月も、新たな街を歩く。

(口絵写真＝矢部朱希子)

支援 !?

なんの因果か抜き差しならぬ関わり合いをもち、
取り乱しつつ関わり続けることを〈支援〉と立てる。
そのリアリティに魅入られた者たちが、
それぞれの〈現場〉から受けた負債を返済することの
その営みのひとつとして、この雑誌は創刊される。

「ニーズ」と眼差さず、「当事者主権」とまとめず、
シノゴノ言いつつ、ジタバタやろう。
そのことも（少し気恥かしげに）宣言しておきたい。

編集委員一同

支援 Vol. 8
contents

■口絵　愛知TRY実行委員会(愛知県)　写真・矢部朱希子　■表紙装画　鈴木雄

特集1

どうこうしちゃえるもんなの？命

奪われた、失われた〝いのち〟がある。それらの〝いのち〟をめぐり、さまざまな人たちによって、さまざまに語られている。

〝いのち〟を奪われた、といっても、望んだわけではなく、過って相手の〝いのち〟を奪ってしまった人もいる。誰にも助けを求められず、自らの〝いのち〟が途絶えてしまった子や人もいる。〝愛〟するがゆえ、と語り、相手の〝いのち〟の灯火を我が手で消そうとする人もいる。

〝愛〟だの〝誠〟だの〝聖なる闘い〟だのと唱え、自らの〝いのち〟をぶつけて、誰かの〝いのち〟を奪ってしまう人もいる。

人の〝いのち〟というのは、他の者がどうこうしちゃえるもんなのだろうか？

自らの〝いのち〟もまた、自らでどうこうしちゃおうとさまざまに語られている。

社会のなかで〝使いもの〟とならなくなったと思いを強めてしまい、自らの〝いのち〟を自らの手で切り捨ててしまう人もいる。相手に迷惑をかけてしまう前に、自らの〝いのち〟を消してくれ、と乞い願う人もいる。

「死にたい」、「死んでしまいたい」と自らの〝いのち〟を捨ててしまいたいと吐露する人もいる。だが、その人は、字義通り「死にたい」わけではなく、生きてゆくのがつらい、生きてゆきたいが、〝今〟がつらいと訴えているのではないだろうか。

自らの〝いのち〟というのは、自分たちだけでどうこうしちゃえるもんなのだろうか？もちろん、自らの〝いのち〟や相手の〝いのち〟を、どうこうしちゃわなければならない場面にたたされる人たちもいる。

〝いのち〟は大事。〝いのち〟は尊い。かけがえのない人の〝いのち〟を守ろう。人の〝いのち〟は地球より重い。〝いのち〟が、こんなにも語られるようになったのは、いつからだろう。

〝いのち〟というのは、揺るぎない、至高の守るべきものとされている。だが、それが、足場の置き具合によっては、〝いのち〟をどうこうしちゃおう、という動きにも転じてしまう場合もあるかもしれない。〝いのち〟はどうこうしちゃえるもの、という思潮に流れてしまう危うさもあるかもしれない。

今、〝いのち〟が、語りにくく、語り合いにくくなってはいないだろうか。〝いのち〟についての語り合いに、手詰まり感が強まってはいないだろうか。ならば、その、〝いのち〟の語りにくさ、語り合いにくさそのものを、ゆっくりと、丁寧に、とつとつとでもいいから、語り合えないものだろうか。

ささいなことでもいい。ささやかなことでもいい。何気ないことでもいい。もっと具体的な〝暮らし〟の場面に足場をじっくり置いて、〝いのち〟について語り合うことはできないだろうか。

〝ささらほうさら〟な〈いのち〉、かみしめる
――逝く〈いのち〉、病む〈いのち〉、伝う〈いのち〉をめぐって

出口泰靖

1 いやだあぁぁって、叫んじゃうんだよ。

「あぶないっ」

たしか、小学生の高学年の頃だったろうか。海水浴に来たわたしは、親の車に積んでいた〝ゴムボードみたいなもの〟にしがみつき、一人で海にぷかぷか浮いて遊んでいた。

この〝ゴムボード〟は、海遊びで使われるものではなく、海に浮かべてその上に乗ろうとしてもツルツルすべって落っこちそうになる。なんだか遊びづらいなあ、と思いながらも、その〝〟ゴムボード〟にしがみついて波にゆられていた。

とそこへ、突然、「あぶないっ」という声が耳に飛び込んできた。同時に、ドボドボボッと、突然、重たい海水が頭上におおいかぶさってきた。高波がわたしの身におそいかかってきた、そうと気づくには遅すぎた。

ゴボゴボッ、ゴボッ。わたしにのしかかってくるような海水の音がした。自分の手がツルっとすべり、〝ゴムボード〟から引き離された。波にさらわれ、沖にもっていかれる。そう思ったかどうかわからない。だが、浜に戻ろうと一心不乱で手と足をもがいた。焦ってもがけばもがくほど、口からも鼻からも、海水が入ってきた。

どれほどの時がたったのだろう。しばらくもがきつづけ

ていると、足の指に砂が触れた。足が海底の砂に着いた。浜にあがりながら鼻から口から入ってきた海水にむせて、ゲホッ、オエッと咳き込み、海水を吐いた。海水の塩っ気で鼻の奥から脳天までがツーンとした。

砂浜へザブザブと重くなった足を引きずり歩いた。歩きながら振り返ると、さっきまでわたしがしがみついて遊んでいた〝ゴムボード〟が、ユラユラと波に揺られながら、沖の方へ流されてゆくのが見えた。

しばらく、浜辺からボンヤリと遠く沖に流されゆく〝ゴムボード〟を眺めていた。〝ゴムボード〟は、ゆっくりと、それでもみるみるうちに沖へ沖へと流され、水平線へ沈もうとしはじめていた。

それを見ていたわたしは、あろうことか、周囲の目もはばからずに、いきなり、叫び、泣きはじめた。

「いやだあぁぁぁ！だめだあぁぁぁ！」

ウアオォォォッと、声が枯れるほど、泣きわめき、叫んだ。周囲には、他の海水浴に来た人たちがいたと思う。その人たちは私の姿を怪訝そうに見ていただろう。だれもが、なんだってそんなに泣き叫ばねばならないのか、と不思議に思ったことだろう。それでも、かまわず、わたしはあらん限りの声をはり上げて泣いた。恥ずかしさなんて感じる余裕なんて、なかった。

いや、恥ずかしさは感じていたのかもしれない。なぜ自分がこれほどまでに泣き叫んでいるのか、頭の片隅で我ながら不思議に思いながらも、それでも泣き叫んだ。なんだか、からだが無性に叫びたがっていた。叫びたいのが先に立っていた。「いやだあぁぁ」と叫ばずにはいられなかった。

涙が流れるのをそのままに叫んだ。鼻から涙がたらたら流れ落ち、口に入り込んだ。それが涙のしょっぱさなのか、海水のしょっぱさなのか、わからなかった。そんなことは、どっちでもよかった。

しばらく絶叫して泣きじゃくり、泣きはらしていると、それを見かねた二十代くらいの男の人が、海に入ってザブザブと泳いで〝ゴムボード〟をとってきてくれた。子どもの頃のわたしは、〝ゴムボード〟がずいぶんと沖の方に流されたと思っていた。だが、大人の目線ではそれほど遠い沖合にはまだ行っていなかったのかもしれない。

取ってきてもらった御礼を言ってもらってきなさい、と母親にうながされた。そのとき、はじめて、からだじゅうに恥ずかしさ、きまり悪さというものが襲ってきた。すると、あろうことか、こんどは「いやだあぁぁ！あんなもん！いらん！」と〝ゴムボード〟を（受け取るのを）こばみ、叫びはじめた。〝ゴムボード〟を取ってきてくれたお兄さんは、せっかく泳いで取っていったのに、とずいぶんと戸惑ったことであろう。

ここまでくると、「いやだあぁぁ」と叫んでいる自分が自分でもなんだかわからなくなり、「いやだあぁぁ」と叫んでいる自分を自分でもてあましはじめていた。そのときのわたしは、ただただ、晴れやかでジリジリと肌を焼く日差しの強い夏の空が、とてもとても憎らしくて、しかたがなかった。

ユラユラ浮かびながら沖へ沖へと流され遠くなっていく、小さくなって点となってゆく〝ゴムボード〟。いまもその姿が目に焼き付られ、自分の記憶からたえず離れずに、まだユラユラとただよったままでいる。そして、〝ゴムボード〟が遠くなっても戻ってきても「いやだあぁぁ」と叫ばずにはいられなかった、この体験は、わたしの〈いのち〉の原風景となって、いまもフトしたときに発作のように押し寄せてくる。

2 「安楽死で逝きたい」なんて言っちゃあ「いやだあぁぁ」

その後、しばらく、「いやだあぁぁ」と叫ぶことはなくなっていた。だが、最近、年甲斐にもなく、しばらくぶりに「いやだあぁぁ」と叫ばすにはいられなかったことがあった。

「私は安楽死で逝きたい」

ある脚本家が「わたしが認知症になったり介護が必要になったら安楽死を」という宣言めいた文章を雑誌に載せた（橋田 2016）。すると、多くの人たちから賛同する意見があがったという。[1]

「もし認知症になったら安楽死がいちばんと思っています」。わたしは、その文章を見て、「そんなこと言っちゃあ、いやだあぁぁ」と、思わず叫んだ。心の中で。

わたしが「いやだあぁぁ」と叫んだのには、その宣言の底流にある、いくつか気になってしかたがないことがあったからだ。

その一つは、その「宣言」には、「認知症」と診断され、介護をうけながら暮らしている人たちの生、暮らし、人生、

〈いのち〉を否定してしまいかねないではないか、そう思ったからだ。安楽死を望む理由には、自らの家族介護の体験が大変だったことから、自分が介護をうける身になった場合は、周囲にそうした大変な思いをさせたくない、そんな心情も働いているのだろうか。また、今現在おこなわれているケアや支援では、自分が望んでいる暮らしを営めない、だから現行のケアや支援に対して「いやだ、だめだ」と言っていることでもあるのかもしれない。

脚本家の「宣言」に対し、「いやだあぁぁ」と思ったもう一つの理由としては、自分の生そして〈いのち〉は自分で自分のモノにしなくてはいけない、という社会の風潮にうながされての発言であるかのように勝手に思ってしまったことにある。

自分の〈いのち〉の営みのあるじは、誰でもなく、この自分自身だ、自分自身が営んでいる、自分が人生の主人公だ、そういう思いをわたしたちは誰しも持ってしまう。だが、自分の人生としての〈いのち〉は、自分の思い通りにしなければならない、自分の思いのままにできないといけない、自分の〝意思〟でどうこうしちゃわないといけないと、強く思うようにしているように思えてならなかった。

さらにもう一つ、わたしがどうしても気になったことがある。それは、脚本家が「認知症になって何もわからないまで生きたくはない」といったことを述べていたことだ。この発言には、〝意思〟を表出できない状態で生きたくはない、という意味が含まれているようだ。

「〝意思〟をもたない〈生(人生、暮らし、いのち)〉など、わたしには意味がない」という脚本家の発言には、「認知症」と診断された人たちは「何もわからなくなる」「〝意思〟を表出できない」という偏見が見え隠れしているように思える。そのこともさることながら、人の〈生〉に〝意思〟がなければ生きるに値しない、〈いのち〉の価値がない、と言わんばかりのもの言いに、そんなこと言っちゃあ、「いやだあぁぁ」と叫ばずにはいられなかった(心の中で)。

〝意思〟がハッキリしなくなってくると、生きている意味がないから死なせてくれ、ということなのであろうか。だが、〝意思〟がしっかりハッキリしなければ、生きるに値しないのか。〝意思〟があるか、ないかで、人の〈いのち〉が価値づけられてしまうのだろうか。そもそも、「〝意思〟がある」とか、「〝意思〟がない」って、どういうことなのだろうか。脚本家とその賛同者の言明には、〝意思〟が自らにあることを、〝意思〟をしっかりとハッキリと表出することを強く求められている、強いられている風潮が背景にあるのではないだろうか。

3　自分でどうこうしちゃえるものではない、〈いのち〉。

(1)思いのとおりにはならない、病む〈いのち〉

三年前、わたしは「潰瘍性大腸炎」との診断をうけた。

健康診断の「便潜血検査(便の中に血液が混じっていないかを調べる検査)」で、二本(二回)とも陽性の結果が出てしまった。この検査結果から、便の中に血が混じっていることが判明したことになる。わたしは根っからの〝痔持ち〟である。たぶんそのせいか、とも思った。ただ、大腸ガンの可能性もあるとのことで、精密検査として大腸内視鏡検査を受けるようにすすめられた。

健診の数ヶ月後、自宅近くの胃腸科の病院で検査を受けた。その結果、医師から「潰瘍性大腸炎の疑いがある」と告げられた。それまでわたしは「潰瘍性大腸炎」という病気をよく知らなかった。聞くと、原因もよくわからず完治もできない難病指定の病気であるという。わたしの場合は、直腸付近に潰瘍性大腸炎とみられる炎症や膿瘍というものが出ているらしい。〝自覚症状〟のようなものは、まったくと言っていいほどなかった。だが、わたしの大腸には通常とは何らかの違いがあった。医師から見せてもらったわたしの腸の壁だという画像には、細かいブツブツした「びらん」なるものができている。「正常な」腸だと血管が浮き出てくるというのだが、それもない。

だが、まだ軽症であるというのでまずは、座薬による治療をはじめましょう、と医師から言われた。こうしてわたしは正直のところ、わけがよくわからないまま、「治療の世界」に放り込まれ、巻き込まれることとなった。

治療をはじめてしばらくは、身体にこれといった症状らしきものは出てはこなかった。薬の効き目があるのかどうかもわからなかった。ただ、座薬の入れ方が慣れていないせいなのか、座薬が溶け始めた液が刺激するのか、肛門の周囲がかぶれはじめ、かゆくてしょうがない状況に見舞われるようになった。

それよりなにより、座薬の治療をはじめてからの一時期、とても悩まされたことがあった。〝それ〟は、便、いや、粘液のようなものが、時も場所もわきまえず、フトしたときに肛門から出てくることだった(下の話でたいへん申し訳ないのだが)。ただ、〝それ〟は「便意」というものではなかった。飲み物を飲み込んだとたん、食べ物を口にしたとたん、便ともとれない粘液が漏れ出る。〝それ〟は、私の〝意思〟とは関係なく、自分の思い通りにならなかった。それが、はじめて体験した〝症状〟と呼べるものであった。

もはや〝それ〟は〝便〟というものでもなかった。〝それ〟は、肛門から漏れ出てくる〝アメーバ〟のような生き物だった。「そんな飲み物を口にするな、そんな食べ物を口にするな」。その〝アメーバ〟は、まるで、わたしにそんなことを言っている。粘液便そのものに〝意思〟があるかのようだった。

わたしは、自らが病いをもつことで、自分の〈いのち（暮らし、人生）〉は自分の思い通りにならないことを痛感させられた。〈いのち〉は、いつ、どんなときに病むか、どんな病いが生じるか、あらかじめ教えてはくれない。そしてまた、自らの病いを自分で思い通りにコントロールもできなければいじくり回せることもできない。

わが〈いのち〉は思いもよらないときに病む。病む〈いのち〉はわたしの思い通りにはならない。正直、「いやだなあ」と思う。だが、そこで「いやだ」とだけ思うのは「だめだなあ」とも思う。わたしは、病む一人の人としてどう生きるのか？〈いのち〉が病むこと、病む〈いのち〉をどう引き受けるのか？それらのことを、もっと、じっくりと、考えめぐらすようにならないといけないようにも思う。

（2）自分のためにあるわけでもない、自分の〈いのち〉。

はたして、自分の〈いのち〉は、自分の生は、自分のモノであるのだろうか。子どもを育てていると、フトたわいもないような思いが生まれてくる。わたしの娘が中学にあがり、子どもの世話に手がかからなくなってきはじめた。子どもといっしょに過ごす時間も少なくなりつつある。すると、安堵の気持ちよりむしろ、一抹のさみしさみたいなものを、ふと時折、感じる。

そんなとき、しみじみと思うことがある。案外、「わたしは自分のために生きているわけでもない」のだな、と。ここで言うところの「わたしは自分のために生きているわけでもない」というのは、「わたしは子どものために生きている」「わたしの〈いのち〉は子どものためにささげている」「わたしは子どもに生かされている」というような大仰な意味ではない。

子育てをしていると、子どもの世話に時間をとられ、自分の時間がない。そんな思いに一時期とらわれたことも正直ある。だが、子育てをつづけていると、ときに空いた時間を自分のために使っているかというと、それほど使いこなせているわけでもないなあ、ということを感じ入るようにもなった。

むしろ、わたしの〈いのち〉は自分のものではない、わたしの〈生〉は自分のためにあるのではない、自分のために生きているのではない、そんな思いがわきおこるときもある。それは、ご飯を食べさせるときであったり、おむつを取り替えるとき、お風呂に入れているとき、寝かしつけるとき、保育園に迎えにゆくとき、「抱っこ抱っこ」とせがまれるときであったりする。

　父親の介護をしてきた著述家の平川は、自らの介護の経験から学んだこととして、「ひとは自分が思っているほど、自分のために生きているわけではないということを知る契機になった」（平川 2016: 80）と述べている。

> 父親の介護を経験して学んだことのひとつは、人間は自分で思うほど自分のために生きているわけではないということでした。
>
> わたしは二年間の介護の間、毎晩料理を作り続けたわけであるのだが、父親が亡くなると、もはや料理をするということはほとんどなくなってしまったのです。
>
> その理由は自分でも驚くほど単純なものです。
>
> わたしが、料理を作ったのは、わたしがそれをしなければ、父親が飢えてしまうということもあったのですが、それ以上にわたしのモチベーションを支えたのは、父親が毎日わたしの料理を待っていてくれるということでした。（平川 2016: 80）

　わたしもまた、子どもを育てているなかで、「待たれている」「待ってくれている」ということを感じたことがある。日々の暮らしのなか、わたしの方が子どもを待つことが多いと思い込んでいた。だが、それは暮らしの表面的なものでしかない。子どもの方がわたしを待ってくれている。こうして、子どもによってわたしの暮らしや人生ができあがってゆくところもある。

　わたしの人生、〈いのち〉、生は、だれかとともにあったりもする。人は自分で思うほど自分のために生きているわけではない。わたしの日々の暮らし、〈いのち〉はわたし個人でできあがっていくものではない。暮らしも、人生も、〈いのち〉も、わたしが、わたしだけでできあがっているものなんてない。平川の言うように「存外、ひとは自分のために生きてはいない」。そんなふうに考えた方がしっくりくる場合もある。これは、この後で述べることになる、逝く〈いのち〉にある人にも言えることなのかもしれない。

(3)自分の〈いのち〉は、他者のもの、他者に伝うもの。

数年前の晩秋、娘が「大きいばっちゃん」と呼んでいた、妻の母方の祖母が亡くなった。わたしも親族の一人として、「大きいばっちゃん」の〝死に水〟をあげることとなった。この場合の〝死に水〟とは、息を引き取り亡くなったばかりの方に、口許を水で潤し、人生最後の水を含ませるというものであった。

実はわたしは今まで〝人の死〟というのを、間近で見たことがなかった。〝死に水〟をあげるのも初めてであれば、亡くなって間もない人の顔を拝むのは初めての体験だった。つい先日まで、ひ孫であるわたしの娘と仲むつまじく会話を交わしていた。その人が、ここに、息をせずに、その体を、横たわらせている。そのことに不思議な思いがあふれた。

次の日、「お別れ式」と「納棺」をおこなった。まず、〝白装束〟を着せてあげていく。〝白装束〟は、脚絆、草履など、死者が浄土へ旅出つことを想定して用意されたものであるという。まず生前によく着用していた服を着せ、白装束は遺体の上からかぶせるようなかたちをとった。わたしと娘はふたりで、帯を上からまいてあげた。

続いて、「納棺」をとりおこなった。敷物ごとご遺体を納棺すると、別れの儀式として顔のまわりに親族一人ひとりが順番にお花を添えてあげ、周囲を飾るようにお棺の中に入れていく。それと同時に、写真、洋服、さらに愛用品や思い出の品もいっしょに入れる。それが終わると、棺にふたをのせ、全員でお棺に釘打ちをする。葬祭業者の人が、金色の金槌と釘で半分うち、そのあとで遺族が喪主から血縁の順に小石で軽く二回ずつ打つ。

棺にふたで封じると、お棺を皆でもちはこび、霊柩車に乗せ、斎場へ向かう。斎場に着くと、「納めの式」に入った。棺を霊柩車から降ろして、かまどの前に安置し最後の別れをする。火葬炉の前には焼香台があり、台の上に位牌と遺影を飾り、その前に棺を置く。棺の窓が開けてあるので、僧侶の読経とともに喪主以下順に全員がお焼香をし、お顔を拝みながら最後のお別れをする。

納めの式が終わると、棺を火葬炉に納め、かまどに点火する。棺を火葬炉に納める時にはお経を合唱して送る。これから火葬されようとする段になって、〝からだ〟がなくなる、消えてしまうということを目の前にし、〝からだ〟がまだある時には不思議さで満ちていたわたしの胸が、ザワザワとざわつきはじめた。

火葬後、灰とともに遺骨が火葬炉から出てきた。昔の学校の理科の実験室にあったような、人骨の姿は、そこになかった。そこには、白い、断面には細かい粒子の穴が見える軽石のような骨のかけらが、散らばっていた。つい先ほどまで、からだがあったものが、火葬され、骨となってしまっていることに、とても信じられない思いがつのる。

ここで遺族が遺骨を箸で拾って骨壺に入れていく「骨上げ」「箸わたし」の儀式をおこなう。この「橋渡し(箸わたし)」の作法は、この世からあの世へと橋渡しするという意味で行われるという。火葬場の人が、まず額にあたる骨と口、顎にあたる骨を拾う。つぎに、喪主と血縁の深い人が順番に二人一組になり、骨竹の箸を使い一遍の骨を挟み渡してもらい、骨壺に入れていく。

わたしは、逝く〈いのち〉の旅立ちを手助けするような儀式にかかわらせてもらうことができた。こうした儀式の作法を目の当たりにすることで、深く考えさせられることがあった。それは、「自分の死」というのは「自分のモノ」にはならない、「自分の死」は「自分のモノ」ではないのでは、ということであった。

死という出来事は一人では完結しない。「わたしは死ぬ」とは言いえても、「わたしは死んだ」とは誰も言うことはできない。死んでしまえば、「死んだ」と言うはずの「わたし」はすでにいないからだ。その出来事の完遂を見届けて、「この人は死んだ」と言いうるのは、そこに立ち会う人だけである。人の死は、生きている誰かに掬いとられなければ完了せず、それを看取る、あるいは確認する他者なしに、人間的な(人間にとって意味のある)出来事とはならないということだ。だから死は、人間が単独では終わりをもてない、単独では完結しないことを開示する出来事なのである。(西谷 2000: 67)

自分の人生のけりは生前に自分でつけるかのような「終活」が流行っている昨今ではある。だがしかし、自らの死は、死後も最後まで自分自身で自分の"からだ"をいじくり回せるものではない。自分の〈いのち〉の営みのあるじは、誰でもなく、この自分自身だ、自分自身が営んでいる、というのは、案外まやかしなのではないのだろうか。フトそんな疑問が頭をもたげてくる。

自分が死んだ後、死後の自分のからだは、自分で始末することができない。他者にゆだねるしかない。自分の死後の自分のことは、死んだ後にあっては、もはや、自分自身でいじくりまわせない。「自分の死」というのは「自分のモノ」ではない、「自分の死」は「自分のモノ」にはならない。それを痛く思い知らされた。

だが、「大きいばっちゃん」は死によって、わたしの娘に何か強く伝えてくれたようだ。そのような逝く〈いのち〉は、残された他者に、何らかのかたちで、何ごとかを、伝えてくれる、伝う〈いのち〉でもありうるのだろう。

4　伝うことあたわずの〈いのち〉
――〝意思〟を伝えること、〝意思〟が伝わること

(1)〝意思〟をめぐる「ワケあり」なことごと

えてして、わたしたちは、「わたしはこうしたい」「わたしはこうありたい」といった自らの〝意思〟をしっかりハッキリと発し伝えする人たちに目を向けてしまいがちだ。幼少の頃から親や教師など周囲の大人に、将来何になりたいのか、何がしたいのか、将来の展望や夢がしっかりハッキリと発し伝えられるように、と教え諭される。わたしたちは、自分の〝意思〟というものは相手や周囲に自分でしっかりハッキリと発し伝えることが重んじられる社会に生きているようだ。

ケアや支援、介助や介護の場においても、本人の〝意思〟は必要不可欠、本人の〝意思〟を理解することは大事、とよく言われている。だが、介助や介護をする側に対してまず〝意思〟というものをあらわすこと、しっかりハッキリと発し伝えることがうまくできなかったり難しかったりする人たちもいる。

そもそも、誰もが自らの〝意思〟というものを相手や周囲にしっかりハッキリと伝えられるものなのだろうか。自らの〝意思〟を伝え発するには、勇気や覚悟だっているだろう。自らの〝意思〟を伝え発したところ、予期せずして周囲からの反発をくらうかもしれない。伝え発したところで、相手が〝意思〟を受け取ってくれなかったり、周囲が気づいてくれなかったりするかもしれない。そもそも〝意思〟の発し方、伝え方がわからず、逡巡し模索している人だっていることだろう。

自分の〝意思〟はあることにはある。自分の〝意思〟を相手につたえたい思いもある。だが、相手のことを気づかって、伝えることができない、伝えることをあえてしない場合もあるだろう。相手に伝えようとは思わない、思えない。そんな場合もあるだろう。

実際のところ、自分の〝意思〟をしっかりハッキリと伝え

られない人、上手く伝えられずにいる人のほうが少なくないのではないだろうか。しかし、あるいは逆に、自らが何も発しなくても、何も伝えずとも、〝意思〟として伝わってしまうことだってあるかもしれない。

さらに言えば、自らの〝意思〟をしっかりハッキリと伝えられている人のなかにも、その後の心身の状態や生活状況によって、その〝意思〟の中身がうつろい変わってゆく場合もあるだろう。人生の最期の最後まで、自らの〝意思〟を貫く。はたして、そんなことが誰でもできるものなのだろうか。〝意思〟というのは、その時、その場によって、変わりゆくもの、うつろうものでもあるのではないだろうか。

そんな〝意思〟をめぐって、そうしたいろいろさまざまな事情や状況や「ワケ」が人と人との関係には生じてくることは、ままあることだろう。そんな「ワケあり」なことは、よくあることなのではないだろうか。

(2)本人の〝意思〟をめぐる家族や周囲の葛藤

もちろん、本人の〝意思〟がしっかりハッキリと伝わる、わかることの方が安心する、ありがたい場合もある。本人や周囲の者に十分な判断材料が手持ちにないまま、意思決定を余儀なくおこなわなければならない場面に立たせられる場合もある。

例えば、「認知症」とされる人たちのなかには、自らの〝意思〟が周囲に伝わりにくくなる場面が出てくる人もいる。周囲は本人の〝意思〟を十二分にはわかってあげることができない場合がある。その人たちのなかで食べることができなくなった場合、例えば「胃ろう」をつけるかどうか、家族や周囲は選択や決断を迫られ、葛藤や苦悩をともなってしまうことだろう。

わたしがフィールドワークの中で出会った人に坂本さん(仮名)という方がいる。彼は「認知症」とされる妻の佳子さん(仮名)を介護してきた。彼女が認知症と診断されたのは五二歳のときだった。

坂本さんが佳子さんの様子がどこかおかしいなと思ったのは、最初の診断を受ける二年ぐらい前だったという。そのとき、「もう家計は私にはできないから、あなたやってください」と言い出したのだ。坂本さんが結婚したのは二五歳、佳子さんが一九歳のときだった。それ以来、家事や子育て(娘ひとり)は、妻の佳子さんが一手に引き受けてきた。坂本さん自身曰く、「ずっと家内に任せきり」だったという。「後から考えると、これは相当、家内にとっては、ショッキングなことが起こったんだろう。それが何なのかはわからないが、おそらく何か具体的な、失敗が何回か重なったということはあったのだろう」と坂本さんは語った。

彼が佳子さんの介護をはじめて一二年たったとき、施設に長期入所させることになった。入所して八ヶ月くらい経ったとき、四〇度ほどの高熱が出た。熱の原因は、尿路感染だったらしい。それと同時に、髄膜炎を併発しているかもしれないということで、病院に入院した。その間、彼女は意識がなく、鼻腔管の栄養を入れることになった。熱は一週間ほどで治まった。だが、その後も意識の回復はなかった。

鼻腔管栄養で栄養を補給していたとき、逆流と痰の絡みが激しく、ほぼ一時間に二回の間隔で吸引が施された。その吸引の際、意識のないはずの佳子さんがバネ仕掛けの人形のようにはね跳び、身を震わせていたという。その姿は、夫としての坂本さんにとって、見るに堪えないものだった。

その後、医師は胃ろうの造設を勧められた。ただ、「しっかりとした意識がもどり、痰の絡みが改善するかどうか、それはわからない」と医師からは告げられたという。坂本さんは、佳子さんに胃ろうをつけるかつけないか、眠れない夜が続いた。悩みに悩んだ結果、彼は胃ろうの造設はしない、という苦渋の決断をした。

だが、胃ろうを選択しないということになれば、病院に居ることはできず、施設に戻ることもできなくなり、再び在宅で介護をすることになるがそれでよいか、という決断を再び迫られることになった。「胃ろうをしてもらわないと、施設では預かれない」とはよく言われたことではある。

坂本さん自身も長年膠原病を患っており、介護していく上で万全のからだでは決してなかった。もし坂本さんの身に何かあった場合、妻の暮らしをまかせる場が閉ざされてしまうことは避けなければならない。そう思った坂本さんは、釈然としない気持を残したまま、胃ろう造設をお願いすることとなった。

その後、佳子さんは施設に戻り、意識の方も少しずつ回復し、痰の絡みも一日に一回の吸引で済む程度に改善した。だがそれ以来、彼女から笑顔が失われたようで、苦しげな顔つきが普段の表情になってしまった。坂本さんは、その表情を見るにつけ、「妻に生きていてもらいたい」との思いの片隅で、釈然としない気持ちも引きずっていた。

坂本さんは、施設で暮らす佳子さんに会いに行くたび、ヨーグルトを食べさせてあげていた。それは、胃ろうをしつづけていても、口から食べ物を食べさせてあげたい、という坂本さんの希望でもあった。

ヨーグルトを妻の口に入れながら話しかける。すると、妻は彼に視線を向けることがあった。時には、うなずく仕草も見せたという。そんなとき、坂本さんは、自分の想像以上に、妻は豊かな感情を持ち続けているのでは、と思うことがあったという。こちらがそれを受けとれないだけの話なのだろうか。それだけにかえって、妻の普段の苦しげな表情を見るにつけ、妻の生を長らえさせるのは、夫としてのエゴではないかという気持ちにさいなまれた、とも語った。

坂本さんは、妻に胃ろうをつけたことに対して「はたしてこれでよかったのか」と後悔の念にさいなまれていた。自らの〝意思〟は事前にしっかりとハッキリと示しておきたい、ということで、坂本さん自身に何かあったときには延命措置を行わない「尊厳死」を選ぶと言っている。そんな坂本さんの前で、わたしは何も言えずにいた。「そんなのいやだあ」と言えない自分がいた。[2]

(3) 〝意思〟の〝真意(本音)〟はどこにある?

一方で、本人の〝意思〟の〝真意(本音)〟がどこにあるのか、どこに潜んでいるのか、それを読み解き、汲み取るのはなかなか難しい場合もある。

例えば、介護の場では「お風呂はよしときます」「入らなくてもいい」と入浴を拒む人がいる。本人の〝意思〟を尊重して入浴しないままでい続けるのなら、オムツを常用している人や失禁しがちの人はお尻がただれてしまうことだろう。その場合、「お風呂には入らない」という本人の〝意思〟を尊重するより、本人にとって何が最適で最良の〈生〉であるのか、介護する側が考えようとするだろう。ことによると、〝入浴拒否〟という〝意思〟を表明している人に対し、その〝意思〟に反するおこないをする(無理にでも服を脱がせて入浴させる)場合が生じてしまうかもしれない。

ただしかし、入浴を嫌がった人のなかには、湯船につかったとたん「いい湯だね」と言い、入浴後、機嫌良く「ああ、さっぱりした」と言う人もいる。「認知症」とされる人のなかには、状況を即時に即座に判断したり理解したりすることが難しくなっている人もいる。また、夜にお風呂に入るのを習慣にしてきた人にとって、デイサービスのようにお昼に入浴することになじめない〝不慣れ〟な人もいることだろう。それらのために、今から入浴をするという状況が飲み込めない人もいる。

さらに、入浴を拒む人によっては、判断力や理解力が低下しているよりむしろ、人前で服を脱ぐことに羞恥心や抵抗を感じているのかもしれない。その場合、入浴を拒否するという〝意思〟のなかにある〝真意(本音)〟は、「お風呂に入りたくない」というのではなくなってくる。そうではなく、「人前で服を脱ぐのは恥ずかしい」というものとなるだろう。[3]

(4)しっかりハッキリしない〝意思〟の〝真意〟

そのほかにも、周囲に伝わっているようで伝わっていない〝意思〟、ハッキリしてそうで、そうでもない〝意思〟というものも、またあるのではないだろうか。そもそも、〝意思〟というのは、しっかりハッキリさせることができそうでいて、そうでもない、自分でしっかりとわかっているようでいて、自分でもハッキリとわからないようなものでもあるのではないだろうか。

というのは、わたしは今まで生きてきたなかで、わたし自身の〝意思〟をしっかりハッキリさせたためしがあまりないようなのだ。相手に自らの〝意思〟をしっかりハッキリと伝えることをしてこなかったようなのだ。これは、周囲から言われてはじめて気がついたことである。

わたし自身はあまり自覚したことがなかった。だが、今までによく「あなたの考えていることがわからない」「あなたは何がしたいのか、あなたがどうしたいのか、伝わらない」「あなたの〝意思〟が伝わってこない」などと周囲によく言われ、責められてしまうことがよくあった。

そしてまた、冒頭で述べた、わたしが幼少の頃、海水浴で溺れそうになり、流される〝ゴムボード〟を見ていて泣き叫んだこと。遠くにいった〝ゴムボード〟に「いやだあぁぁ」と泣き叫び、戻ってきたらそのときにも「いやだあぁぁ」と泣き叫んだ。自分がなぜ泣き叫んだのか、〝ゴムボード〟をどうしたいのか、どうしたかったのか、そのときの自分の気持ちや思い、〝意思〟がいまだに自分でもハッキリとわからない。

わたしは、なんであんなにも泣き叫んだのだろうか。別にその〝ゴムボード〟に愛着があったわけでもなんでもない。〝ゴムボード〟が自分の手元からなくなって、もったいないという思いがつのったというわけでもない。現に、戻ったら戻ったで「いらん、こんなもん」と突っぱねてもいる。

〝ゴムボード〟につかまったままだと、おそらくは私は沖に流されてしまっていたかもしれない。〝ゴムボード〟と一緒に沖に自分が流され、誰も助けが呼べないなかで海に漂う自らの姿。その姿を想像したら、とても怖くなり、泣き叫んだのかもしれない。

いや、その〝ゴムボード〟が自分だったらと、周りに誰もいない海のただなかでただただプカプカと漂流する〝ゴムボード〟と自分の身を重ね合わせ、流されてしまう〈いのち〉に身震いする恐れを抱いたのかもしれない。

いやいや、〝ゴムボード〟を犠牲にしてしまった、その悔恨の情にかられたのかもしれない。自分の〈いのち〉があぶなかったかもしれない、という恐怖よりそれ以上に、なにかが消えてなくなってしまう、逝ってしまうという恐れがまさっていたのだろうか。高波が襲ってきたとき、〝ゴムボード〟を自分の手から離してしまった。それが〝ゴムボード〟ではなく、人だったら、と思うと、自分の身勝手さに震え上がってしまったのだろうか。

泣き叫ぶ、という〝意思〟表出はしたものの、いまだに、わたしがそこで泣き叫んだ理由（〝真意〟）をハッキリこうだ、と言い切れないままでいる。そもそも、しっかりハッキリした〝真意〟なるもの自体、あらわすことができうるものなのだろうか。

(5)周囲に強いられた〝意思〟？
――「ピンピンコロリ」は本人の〝意思〟？

〝意思〟のしっかりハッキリした理由が出せないのは、その頃のわたしが思ったことを言葉で言い表すのが未熟な子どもだったからなのかもしれない。たしかに子どもの時は、「いや」という〝意思〟をあらわしても、その理由を述べるのが苦手でもあった。だが、それは大人になり年を重ねても変わらない。

むしろ、大人になってからの〝意思〟のあらわし方のほうが、いろいろさまざまな事情を抱え込むことで、厄介でややこしいものになっているようにも思える。例えば、年を重ねてからの〝意思〟には、自分から発している〝真意〟のようなものではなく、周囲をおもんばかったもの、周囲に強いられたものもあるのではないか、そう思うときがあった。

以前、わたしは「老いと介護」に関するテーマで講演する機会があり、中高年層の人たちに話をした、ことがあった。その際、わたしは次のような話をした。

> ピンピンと生きて死ぬときはコロリと逝きたいという私たちの願望を言い表した「ピンピンコロリ」ということばが昨今よく使われています。この言葉は、歳を重ねても「病い」や「障害」をもつことなく、なおかつ介護をうけることなく、ピンピンと生きて死ぬときはコロリと逝きたいという願望を言い表しています。ですが、誰も皆が皆、ピンピンコロリというわけにはいき

ません。誰もが年を重ねていくとさまざまな「病い」に見舞われ、「障害」をもったりします。介護をうける状況が出てきます。わたしたちは歳を重ねて逝く間に、多かれ少なかれ「障害」や「病い」をもって介護されて生きることになります。「障害」や「病い」をもって生きなければならないなら、「障害」や「病い」をもって介護をうけながらおおらかに暮らせるあり方を考える必要もあるのではないでしょうか。

わたしがそんな話をした後で、聴衆の人たちで「自分の老いと死をどう迎えるか？」というテーマで話し合いがもうけられた。話し合いの後、どのような話が出たのか発表してもらうことになった。すると、ほとんどの人が「それでも私は年をとって老いてもピンピンと生きてコロリと逝きたいです。自分の身に介護が必要になったとしても家族に世話してもらおうとは思わない」と言うのだった。

その人たちの話をきいて、わたしは複雑な気持ちにおそわれた。これほどまでに「ピンピンコロリ」[4]がもてはやされる裏には、「自分のことは自分でする、自分でなんとかしなくては」「自分のことは人に頼ってはいけない」といった〝意思〟を、歳を重ね逝く人たちに強いてしまっているのではないだろうか。すなわち、自分のことは人にゆだねてはいけない、家族や周囲に自分の身をまかせ、迷惑をかけることだけは、してはならないかのような意識が働いているように感じてならなかった。

なぜ、わたしたちは「介護される」ことを避けようとするのだろうか。なぜ「人に頼ろうと思わない、助けてもらおうとは思わない」のだろうか。それは、今まで語られてきた「介護（すること）」の大変さを見聞きすることで、今後の介護に期待していない、期待できないことのあらわれであるのかもしれない。あるいはまた、「介護される身体」になると、自分が人生の主役として生活のさまざまな場面で自らの〝意思〟を表出することを減らされてしまい、しだいに家族や介護者など周りの者によって代わりに判断させられてしまいがちになるという思いをつのらせ、不安と恐れをつのらせてしまうのかもしれない。

自分の〈いのち〉は自分で〝落とし前〟をつけなければならない。最期まで自分のこと（生と身体）は自分でしないと。そのような、介護されることを避けようとする〝意思〟は、はたして本人の〝真意（本音）〟なのであろうか。むしろ、「周囲によって強いられた〝意思〟」というものが働いているのではないだろうか。

（6）縁取られる〝意思〟？
——周りの人たちとのかかわり合い、交わし合いによって

「周囲によって強いられた〝意思〟」とは異なり、周囲の人たちとのかかわり合い、交わし合いによって、たとえしっかりハッキリとした〝意思〟が表明できないように見受けられる人であっても、その人の〝意思〟というのは縁取られてゆく場合もある。

社会学者の三浦は、自らの父親がグループホームで暮らす中で亡くなってゆく様を、スタッフの人たちの聞き取りや記録から論考している（三浦 2017）。当初、三浦にとっては父親本人の「意志」が確認できないように見受けられた。しかしながら、周囲のスタッフや他の家族の父親とかかわり合い、交わし合いによって、本人の「意志」ははっきりあらわれていることに気づかされたという。

わたしもまた、以前に、この雑誌『支援』の創刊号のなかで「その人らしさ」について考えをめぐらすなかで、次のようなことを書いていたことがある（出口 2011）。

現在の認知症ケアでは、本人や家族からその人の生活歴や人生史を聞いたり、日頃の会話や回想法を用いたりして、認知症とされる人たちが、どのようなことが好きな（だった）のか、どのようなことが得意な（だった）のか、認知症になる以前にどのような暮らしぶりだったのか、どのような仕事をしてきたのか、家族とどういう関係だったのか、そうしたことから「その人らしさ」を見つけ出し、明らかにしていき、そこで見つけ出し明らかになった「その人らしさ」から、日々のケアや暮らしの支援のあり方を考えているだろう。

しかし、「その人らしさ」というのは、「どこ」に「ある」というものではないのだろうと思う。「その人らしさ」は、その人個人のなかにあるのではなく、「その人」が〈所有〉できるものでもなければ、「その人」が〈貯蔵〉してきたものでもない。あくまで、他の人たち、周囲の人たちとのかかわり合いのなかから生まれ出るものなのだろう。（中略）「その人らしさ」というものも、（中略）「手順が決まったものでない」し、「型にはまったものでもない」、（略）〝空いた空間を埋めるもの〟なのではないだろうか。「その人らしさ」は、すっかりすべて「その人」のものではない。人と人との間にできた、空いた空間を埋め合わせるべく、かかわり合いの中で「その人らしさ」というものが生まれてくるの

ではないだろうか。（出口 2011: 80-81）

関わり手が認知症の人自らの意思や判断を理解できない場合、本人の〈自分らしさ〉に手が届くことは不可能なのかもしれない。しかし、本人の〈自分らしさ〉はどこにあるというのだろうか。〈自分らしさ〉というのも、〈その人らしさ〉と同じように、人と人とのかかわり合いのなかから生まれてくるものでもあると思う。
（出口 2011: 83）

上の文章の〈その人らしさ〉〈自分らしさ〉を〝意思〟に言い換えても同じことがいえるのではないだろうか。〝意思〟というのは、その人個人のなかにあるのではない。〝意思〟は個が〈所有〉できるものでもない。周囲の人たちとのかかわり合いによって生まれいずる、縁取られるものでもあるのだろう。その人が何を望み、何を伝えようとしているのか、といった〝意思〟は、その人ひとりだけで、その人独自に縁取られるわけではない。その人の〝意思〟は周囲の人たちとのかかわり合い、交わし合いによってはじめて縁取られてゆくのだろう。[5]

5 むすびに
――〝ささらほうさら〟な〈いのち〉、かみしめる

〝ゴムボード〟の体験からしばらくは、「いやだあ」などと叫ぶことはなかった。だが、冒頭の脚本家の「安楽死宣言」とその同調に対しては、「いやだあ」と叫ばずにはいられなかった。叫んだ、とはいっても心の中で叫んだだけなのだが。

自らの〈いのち〉にしても、ほかの人の〈いのち〉にしても、どうこうしちゃえるものなのだろうか。そんなにいじくり回せるものなのだろうか。自分の人生、自分の〈いのち〉は、自分の思いのままに、自分の思い通りに、自分で自分のものにしなければならない、と強く思い込もうとしている節があるように思えてならない。

そんな思いにとらわれていたとき、ある土地の言葉で、〝ささらほうさら〟という言葉に出会った。〝ささらほうさら〟という言葉は、長野、山梨、埼玉、静岡などの山あいの地域で使われる方言だという。

〝ささらほうさら〟という言葉の使いかたとしては、「いろいろあって大変だね」といった場合に使われるそうだ。そのほかの意味としては、「ひっちゃか、めっちゃか」、「とっち

らかっている」、「てんやわんや」「どうにもこうにもならない」といったものがあるそうだ。また、そんな〝ダメな〟人〝ワケあり、キズありな〟(まるでわたしのような)人のことも意味する場合もあるという。

人は皆、生きていれば、〈いのち〉のいとなみにおいて、いろいろ簡単には片づけられない〝ささらほうさら(どうにもこうにもならない)〟な事柄が生じることは、ままある。〈いのち〉が歩むその軌跡というものは思い通りにはいかない、思い通りのものではない。〈いのち〉はそのつど四苦八苦してしまう。生きてゆくことは、いろんな意味で、しんどいこと、しんどいときがある。人は皆、誰しもが多かれ少なかれ、いろいろ〝ワケありキズあり〟な事情をかかえて生きているのではないのだろうか。

ご多分に漏れず、わたしの〈いのち〉のいとなみもまた、思い通りにすすんではいない。思いのまま、とはいえないことばかりだ。〝ささらほうさら(いろいろあって大変)〟なことが思いもよらないときやところでおきる。病む〈いのち〉としてのわたしの病いも、相変わらず〝寛解期〟を迎えることもできずに一進一退をつづけている。

わたしの日々の暮らしぶりもまた、とりかえしのつかないことばかりしている。失態、失敗の数々をしでかしている。みっともないこと、だらしないこと、小っ恥ずかしいこと、情けないこと、そんなことばかりしでかしてきている。決まりの悪い思いばかり、気まずさを感じながら生きてきている。その時間をとりかえす、とりもどすことはできやしない。これからも、そんなみっともない、ダメダメぶりを発揮しながら、周囲にさらしつづけながら〝ささらほうさら(てんやわんや)〟な、人生こじらせ感ハンパない〈生〉を生きてゆくのだろう。

さらに、自らの最期として逝く〈いのち〉を、わたしは、どう迎えるのだろうか。誰に、どこで、どのように看取られるのか。どんな死に様をみせるのであろうか。その死に様としての生き様を自らに問うことがある。とはいっても、そんな格好のよいものではないだろう。わたしが逝くときもまた今の日々の暮らしぶりと同様に、〝みっともない〟〝だらしない〟逝き方、くたばりかたを最期の最後までしてしまいそうだ。終いまで、ジタバタし、悪あがきをし、アタフタし、のたうちまわりながら、「いやだあ、だめだあ」とみっともなく、だらしなく、〝ささらほうさら(ひっちゃかめっちゃか)〟でありつづけて逝くのだろう。

だれもかれもがみな、より高みある目標や夢のある〈生〉をかかげて目指し、自分の確たる〝意思〟を強く貫き持ちつづけグイグイとおしすすめることができる人たちばかりではない。その時、その場を何とか、どうにかこうにか、やりこなし、やりすごす人たちも、また、いる。わたしも、また、そのひとりでも、ある。

「そもそも人の〈いのち〉なんて〝ささらほうさら〟なもんじゃんね」と言い合いながら、〝みっともなさ〟〝だらしなさ〟をほどほどにさらけ出せ合い、引き受け合える人と場に、わたしはめぐり合えるだろうか。〝みっともなさ〟〝だらしなさ〟を許し合える、寛容にみてくれる場がつくれたら、どんなにいいことだろう。

だがしかし、わたしのような〝ささらほうさら〟な人間は、容赦なく押し寄せる〝不寛容〟という時代の高波によって、いまにも流され、溺れそうになってしまいそうだ。そこには、たぐり寄せ、すがりつくことができるような〝ゴムボード〟すら、ない。

「人に迷惑だけはかけまい」と、自分の〝意思〟を強く貫き持ちつづけ生きようとする道筋からは、あぶれてこぼれ落ちてしまう。そんな、さまざまな〝ワケ〟や〝キズ〟をかかえ背負っている〝ワケありキズあり〟な、わたしのような人たちが、迷惑をかけ合え、許され合え、引き受け合える。そのような、寛容ある、なめらかで、肌さわりのよいかかわり合いが、たぐり寄せられれば。

そんな〝ささらほうさら〟な自らの〈いのち〉を、ぎゅうと、かみしめて。

■注

1　この脚本家はその後、自らの「安楽死宣言」に関して一冊の本にまとめている(橋田 2017)。

2　坂本さんの聞き取りのデータは、今まで考察を試みようと思いながら、それができずに机の上に置いたまま、幾多の日々を費やしてしまっていた。だが最近、三浦の論考(三浦 2016)に出合うことで、もう一度向き合っていこうと思い直すことができた。三浦は、意思決定が難しいとされている重度の認知症の父親を介護し看取った経験から、〈尊厳ある生〉のなかでの看取り」のありようをさぐろうとしている。彼は、「尊厳死」を「終末期(人生の最終段階)において、延命治療の中止ないし非開始にかんする患者の意思決定を尊重すべきだとの立場にたつ考え方」であるとし、その考え方に「死の自己決定、すなわち自殺に非常に近い要素が含まれていること」に違和感を覚えてきたと述べている。また、三浦は、「尊厳死」という発想とその議論は「医療の制度や体制の問題」の側面をやりすごし、「患者の意思決定のあり方」へと問題をすりかえてしまっていると論じる。そして「死にゆく者が死に臨んで、みずからの死の時期を自己決定する必要のない〈死に方〉について」考えをめぐらそうとしている。

3　「入浴拒否」については、雑誌『支援』の創刊号で、「個別ニーズ」という側面から考え書いたこともある(出口 2011a)。またこのほか、「生命倫理」の側面から考え書いたことがある(出口 2011b)。

4　「ピンピンコロリ」については、以前、生命倫理の側面から考え書いたことがある（出口 2011b）。本稿では、そこでの文章を大幅に加筆、補筆した。武藤によれば、そもそも「ピンピンコロリ」は、小さなコミュニティのなかで「具体的に目の前にいるあなた」への思いを込めてつくられた実践であったという（武藤 2008）。それが、地域や国の医療・健康政策および事業にも援用され、「目の前のあなた」の文脈を離れて介護予防や健康増進政策で用いられるようになった。「目の前のあなた」を離れ一人歩きしてしまった「ピンピンコロリ」に対し武藤は、「ピンピン」とは生きられず「コロリ」とも逝けない人たちとって、この言葉は声高に響いてしんどい、と述べている（武藤 2008）。

5

近年、周囲の人たちとのかかわり合い、交わし合いによって、その人の〝意思〟を縁取ってゆこうとする実践活動もあるようだ。二〇〇六年、国連総会で障害者権利条約が採択された。日本もこの条約を二〇一四年一月に批准した。この障害者権利条約をベースとした意思決定支援（Supported decision-making）として、当事者本人たちの〝意思〟決定を周囲が支援するべく、彼らの〝意思〟を引き出していこうとする「南オーストラリア州支援付き意思決定モデル（SA-SDM）」が注目を集めているという。この支援付き意思決定（SDM）モデルの特徴は、他人が本人にとって「最善の利益（best interest）」だろうと考えることを反映した意思決定ではなく、本人の「expressed wish（表出された希望（内なる望み））」を反映した意思決定を支援するところにあるという（川島他 2015）。これは、「表出機会がなく伝えられないでいた本人の内なる希望・意思が、支援者等の傾聴により、周囲の都合によって歪曲することのないまま表明され、表出されたものを指す」（二〇一七年七月九日に行われた、「意思決定支援モデル開発プロジェクトチーム」SDM-Japanが主催した「支援付き意思決定・意思決定支援（SDM）実践シンポジウム」の告知より）という。この意思決定支援モデルの前提には、「どんな人にも意思表明の力はある」ということのようだ。その意思表明の力（内なる希望・意思）を支援する者が引き出していこうというものらしい。この支援モデルは、「意思がない」とみなされ、決めつけられてきた人たちに対する支援のあり方を問い直す意味で刮目に値するのだろう。ただ、わたし自身はここでの文章のなかで「障害あるなしにかかわらず、誰しもがしっかりハッキリしたブレない〝意思〟というのはあるのだろうか？」との考えをめぐらせてみた。この支援モデルは「どんな障害があろうと、どんな人にもしっかりハッキリした〝意思〟というのはある」と「個のなかに確たる〝意思〟の存在」なるものを想定しているようにも思える。その点では、わたしが今回考えてみたことは多少異なっているようにも思う。

■文献

出口泰靖 2011a「その人らしさはどこにある？」『支援』vol.1: 74-85
——— 2011b「『老いて介護されること』とは」大谷いずみ・玉井真理子編『はじめて出会う生命倫理学』有斐閣アルマ: 141-163
橋田壽賀子 2016「私は安楽死で逝きたい」『文藝春秋』2016-12: 156-163
——— 2017『安楽死で死なせてください』文春新書
平川克美 2016『言葉が鍛えられる場所——思考する身体に触れるための一八章』大和書房
川島志保 他 2015「オーストラリア・サウスオーストラリア州における意思決定支援（SDW）モデル」日本弁護士連合会第五八回人権擁護大会シンポジウム第二分科会『「成年後見制度」から「意思決定支援制度」へ——認知症や障害のある人の自己決定権の実現を目指して』基調報告書
三浦耕吉郎 2016「〈尊厳ある生〉のなかでの看取りとは？」『新社会学研究』1: 15-29
——— 2017「連載　極私的社会学①　グループホームで父を看取る（1）——〈医療　行為をしない人の死〉はどのように訪れるのか？」『新社会学研究』2: 84-97
武藤香織 2008「ピンピンとコロリの間で」『健康』秋号: 42-45
西谷修 2000「ワンダーランドからの声」ジャン＝リュック・ナンシー著、西谷修訳編『侵入者——いま〈生命〉はどこに？』以文社

ダウン症の子を養子縁組する
——不可視化された「育てられない子ども」

白井千晶

1 育てない

世間の皆さんごめんなさい。税金を使って。
家族にごめんなさい。産んでしまって。
ダウン症の子が生まれて、夫は暗闇の中。夫の親も暗闇の中。
周りがみんな不幸になっている。ごめんなさい。四〇代で産んで。
家族も暗くて、何のために産んだんだろう。これでは子どもも生まれて不幸だ。
離婚して子どもを連れて家を出るか。
養子に出したほうがいいのではないか。
うちで育つよりも、この子にとっても家族にとっても。

柴田さん（仮名）が当時の心境を語った。夫は、ダウン症候群（21トリソミー、以下ダウン症）の子がまるで存在しないかのようにふるまっていて、赤ん坊に視線を送らない。同居の夫の親も相手をするのは上の子だけ。当然、ダウン症の赤ん坊の世話をするのは柴田さん一人で、夫は柴田さんも見ない。夫は落ち込んで鬱のようで、心配して声をかけてくる友人が心配しているのは柴田さんのことではなく、子どもでもなく、夫のことであるほどだ。生まれてから数ヶ月になるが、ずっとこの状態だ。

筆者が養子縁組支援の民間機関に対して二〇一七年に実施した、子どもの染色体異常、特にダウン症を事由とする養子縁組相談に関する実態調査でも、「配偶者や親きょうだいなど周囲が子育てに関わっていない。子どもの世話をしているのが相談者である母親だけである。責められているように感じる」「相談者である母親本人が抑うつ状態である。育児ができる状態ではない」など、養子に出したいと相談する人が追い詰められている状況が語られている(白井2017)。子どもの染色体異常、特にダウン症を事由にした養子縁組相談があったと回答した二団体だけで、一年間に五五ケースの相談を受け(四七ケースがダウン症)、一一ケースの養子縁組があった(全員ダウン症)。

平山さん(仮名)は、三人目の子がダウン症だった。二番目の子は二四時間介助が必要な疾病がある。妻は三人目の子の妊娠中、子どもの障害の可能性について考えたのだろう、産婦人科医に検査をしてほしいと申し出たが、染色体異常の所見は見当たらないと断られたそうだ。妻にも疾患があり、障害のある子と重い疾病がある子二人の子育ては難しい、いわゆる健常児の子どもの将来の負担が大きいと予想されると平山さんは言う。三人目の子どもが生まれて以来、平山さん自身、妻と子ども三人のケアのために休職している。このままでは、上の子どもたちを手放すことになってしまうと、養子縁組を決めた。平山さんは搾り出すように言った。「生まれた子はかわいいが、言われているよりずっと、疾病・障害のある子の環境は厳しい。」

養子縁組を考える事由は様々である。まず、冒頭の柴田さんや彼女の夫や親のように、強い鬱状態である。数ヶ月ほとんど家を出ていない、ほとんど人と話していない、抱くこともオムツ換えもほとんどできていないケースもあった。第二に、経済的に自立できない子どもを生涯にわたって扶養する経済力がない等の経済的問題や経済的不安。もともと経済的に少しのゆとりもない家庭(例えば低所得、ひとり親、家族の借金を背負っている、事業の困難、不安定就労等)はアクシデントに脆弱で、障がいがある子どもがいて共働きが続けられないと破綻してしまう。第三に、家族に疾病・障がいがあって二人目は難しい等の養育環境の問題。夫婦のどちらかや上の子に介護・看護が必要であったり、進行性の疾病をもっている場合、障がいがある子どもを長期に育てていくのは難しいと悩む。第四に、自分の子どもに思えない、かわいいと思えない等の心理・精神的問題である。妊娠・出産する女性がそうであることもあれば、夫や周囲の親族が受け入れないこともある。自分に障がいがある子が生まれるなんて、ぜんぜん自分に似ていない、など精神的に受け入れられないことが、養子に出したい理由になっていることは少なくない。乳児院に入所していて一度も会いに行っていない、戸籍に載っているのも嫌なので早く養子に出したい、周囲には死産だったことにしている（または亡くなったことにしたい）、などのように完全に心理的に拒絶しているケースもある。第五に将来の不安である。経済的自立、生活や居住の自立が難しいならば自分たちが亡きあとにどうしたらいいのか、田舎でグループホームなどがなさそう、上の子に負担がかかる、等で、障がい者年金などの基礎的な福祉制度をよく知らないこともあれば、当該地域の教育・福祉環境が整っていない場合もある。（もちろん実際には複合的である）。

　こうした養子縁組相談に対して、養子縁組支援団体は、苦悩も語っていた。民法における特別養子縁組の成立要件は「要保護性」または「特別の事情」があって、「子の利益のために特別の必要性」があることである（民法八一七条の七）[1]。成人同士の普通養子縁組は当人同士の合意があって届出すればよいが（直系卑属を除く未成年は家庭裁判所の許可）、特別養子縁組は家庭裁判所の審判が必要である。ダウン症があって将来が経済的に不安だ（が現在は経済的に困窮していない）、自分の子とは思えない、ということが、監護能力を欠く、虐待などのおそれがあるといった「要保護性」に当たるか困惑するという。しかし一方で、育てる意思がない、乳児院に入所させたままであることは、養育拒否だから要保護性があると考えることもできる。今後の養育可能性が残されている点は、ダウン症でない子どもも同じで、要保護性の判断は難しい。

　産婦人科や小児科などの医療施設、子どもの療育施設、児童相談所、民間養子縁組機関、ダウン症の親の会や協会など、親の相談・支援にあたる機関は、そのまま親が子どもを育てると親子が危険な状態になっていくのか、親子分離しないで支援していけばゆっくりでも育てられるようになっていくのか、判断しかねることになるだろう。

　裁判所の判断も揺れているようである。特別養子縁組の成立について、最終的な判断をするのは家庭裁判所で、養親候補として六ヶ月以上養育した夫婦が家庭裁判所に養子縁組を申し立て、家庭裁判所調査官の養親・養育状況と親権者（多くの場合は生みの親ないしその親)の調査を経て、裁判官が認容・却下の審判をおこなう。ダウン症児の場合に、経済的困窮がない、夫婦である(子育てを共にする人がいる)、上の子は育てている、などの理由から、「要保護性」が乏しいと考え、普通養子縁組が相当であるという姿勢が時に見られる(生みの親との法的つながりは断ち切らないほうがよいから、普通養子縁組のほうが子どもの利益になるという姿勢もあると聞く)。

こうした裁判所の姿勢に、子どもの委託先を決める民間機関や児童相談所は慎重にならざるを得ない。半年養育したが、特別養子縁組の申し立てが却下された(あるいは申し立てを取り下げることになった)のでは、子どもも養親も生みの親も傷つくことになってしまう。

結果、委託する機関は、「ダウン症だから育てられないというだけでは養子縁組を進めることができない、他に養育者の健康上の理由や経済的理由などがなければ」と考えたり、乳児院に措置することになる。(養育拒否は完全なネグレクトだから、それだけで十分に「要保護」であるという考え方もある。)

それに対し、アメリカ合衆国(以下アメリカ)では、ダウン症の子どもの養子縁組は「スペシャルニーズのある子どもの養子縁組」と位置づけられ、多くの民間機関で「スペシャルニーズ」の子どもの縁組に対応している。中には、ダウン症の子どもの養子縁組に特化した団体もあり、ダウン症の子どもの親の会(当事者の会)でも、養育相談の一つとして養子縁組を捉え、養子縁組団体への紹介をしたり、サイトで団体を紹介したりしている。当事者の会自らが、育てない・育てられない選択があることを認めていることが印象的だ。

日本ではどうだろうか、産婦人科や小児科などの医療施設、子どもの療育施設、児童相談所、ダウン症の親の会や協会など、親の相談・支援にあたる機関は、社会的養護や養子縁組の情報をどのくらい提示しているだろうか。みんな最初は受容できなかった、制度があるから大丈夫、育てないのは身勝手だ、みんなだって(私たちだって)頑張って育てているんだ、という態度はないだろうか。

しかし、アメリカのほうが社会がダウン症を受け入れていると言えるのか、福祉が整っていてダウン症の子どもが育てやすいと言えるのかは、ここで簡単に述べることはできない。確かにキリスト教的な子ども観はあるかもしれないし、療育プログラムも発達しているかもしれない。しかしアメリカでは、障害があってもなくても子どもさえホームレスになりうるし、NIPTや羊水検査は日本の受検率の比ではない。

だが生んだ人は、アメリカへの憧れもあってか、アメリカのダウン症児の養子縁組は制度化しており、日本からダウン症の子どもが養子として迎え入れられている、（本当にそうかわからないが）アメリカなら自分の子どもが幸せになれる、産んであげて養子にするのは自分が育てるよりも子どもを幸せにしている、と考える人もいる。[2]

それを身勝手だと感じる人に問いたい。彼女はこの日本社会で育ってそう感じるようになったのではないか。日本は彼女がここでは育てられないと思うような社会なのではないか。

現在、冒頭の柴田さんは養子には出さず自分で育てている。しかし、生後五ヶ月の頃にも「育ててはいるが感情がない、かわいいと思えない」と語っていた。養子縁組支援団体に相談したが最終的には自ら育てることにした人と、養子として託した人が語った内容には、実質的には大きな違いはない。生後六ヶ月の頃には、「将来の不安があって養子という選択を捨てきれず、気持ちが揺れているが、かわいさを感じることが増えてきた」と語った。

変化のきっかけは夫だった。柴田さんが養子に出したいと伝えたら、夫が子どもの方を少し見るようになったという。その後、子どもが保育園に入園し、周りがかわいがるのを見て、産んでよかったのかなと感じるようになったそうだ。柴田さんは、「うちは夫がぐずぐずしていただけで、養子に出していたかもしれない」と言う。暗くなっていた夫の親も、養子という選択肢があるのと言うだけで、積極的に動くことはできなかった。

もう一人、ダウン症のお子さんを養子に託すことを決めたが、それを撤回し、現在育てている山本さん（仮名）は、「十代だった上の子が終始一貫して妊娠を喜んでくれたこと」が育てる選択に大きな影響を与えたという。今は、「ダウン症の子を育てることはそれほど特別なことではない」と話す。柴田さんの子どもも、夫を含め家族みんなにかわいがられているそうだ。

2　養子に迎える

ではダウン症の子を養子として迎える人は、どんな心境なのだろうか。

「ダウン症の赤ちゃんがいるんだけど、すぐに養親が決まらなくて、団体では今お世話をすることができなくて、二週間だけ預かってほしい」と言われて、預かったんです。上の子も夫も、抱いたら離さなくて、家族になってきて、さようならは辛すぎるので、返したくないと伝えました。上の子がかわいがって、支え合っていいのかもしれないと思えました。

本村さん（仮名）は二人目の子どもを迎えたきっかけをそのように語った。知識をつけて勉強しなければと夫婦でダウン症の子育てを調べたという。水野さん（仮名）も短期で預かったのだが、「このまま育てさせてほしい」とお願いしたと語った。

湊さん（仮名）は、養子縁組団体のスタッフに、一度赤ちゃんに会ってみてと言われて、スタッフと連れ立って乳児院に行ったところ、「早く連れて帰ってあげたい」と思い、育てたいと申し出た。「障がいのある人もない人も、みんな人生で帳尻が合うようにできている」「成長がはっきりわかるのが嬉しい」「うちに来たら療育も前向きにできるので、本人にとってもよかったと思う」と言う。筆者が会ったときは四歳になっていたが、「行ってらっしゃいと言ってくれた、気をつけてねと言ってくれた、できるようになると一つ一つに感動する」と話してくれた。何か心配なことや不安なことはないか？という筆者の問いには、「自分のことだけ。リストラされないように、働かないとね」と笑った。「社会は、それぞれできることを見つけて、誰かが歯車にならないといけないんですよ」と湊さんは言う。誰かと誰かをつなぐ、ということだろう。

ダウン症の子を養親として迎える人もいれば、児童相談所の委託を受けて、専門里親として育てる人もいる。[3]「家庭で育つと発達が全然違う。施設ではいじめられる。ここしかない」と頼まれた人。前にいた中高生の子どもが不安定で「荒れ」て、親も根こそぎエネルギーを使ったあとに、ダウン症の幼児が来て、大変どころか子どものおかげで癒された人。

育児をする上で戸惑いはないかと野暮な質問をする筆者に対して先の本村さんが語ったのは、ダウン症の親の会、当事者の会でのことだ。

他の人は出産した人。うちはまだ養子縁組の審判がおりていないので、親と子どもの姓も違う。説明が難しい。ダウン症の子がよその家でお世話になっているというのが信じられない、という反応かもしれない。いいことと捉えられるかもしれないけど。

　ダウン症の受容ができていない家庭が多いから、「ダウン症とわかっていて産んだ？産んでからわかった？」という話になる。私はその心境に共感できないし、嘘をつくのもだますようで嫌。そのとき会った人に経緯を話す気にもなれなくて、会から遠ざかってしまった。


　確かに、「ダウン症の親同士なら共感し合える」という期待をもって、ダウン症が受容できない、辛い、かわいいと思えない、不安だ、という話をされても、違和感を持ったり、傷ついたりするかもしれない。

　ただしそれは産んだ人同士でも同じである。「かわいいのに、周りにはかわいそうと思われて、私はかわいそうな人なのかなと思った。でも子育てはもともと大変だから染色体が一本多いくらいのプラスアルファだと思う」（白井2012）、「生まれて、ただかわいかった」という人もいれば、「妻がふさぎこんでいるので、ダウン症の子どもの本をたくさん買ってきて、妻に大丈夫、大丈夫と話した」という人もいる。

　冒頭の柴田さんはやっと行けるようになったダウン症の子の親の会で、同時期に産んだ若い人が「かわいく思えて受け入れがいい」のを見て、「自分は違う」と思った、「障がいがある人が成長したのを見てもショックだった」という。当事者だからといって共感し合えるとは限らないし、成長した障害のある人を見て安心するとも限らないことがわかる。

3　育てない

　ダウン症の子を自ら育てず（育てられず）、養子に出す人がいるのと同じように、養子縁組を希望する人、里親登録している人にも、育てることを選ばない人がいる。

　新生児の養子縁組支援をする民間団体では、養子に迎えたいと希望する夫婦に対し、出生直後は障害の有無がわからないこともあるから、自分が出産するときと同じように、委託を打診される子どもに障害がある可能性を理解しておいてほしいと説明をしている。[4] しかし実際に委託の打診があったときに受けない人もいる。親などの親族に話したら強く反対された、不妊治療を終えて夫婦の年齢が高いので現実的に難しいと考えた、などである。

　子どもを迎えたいと登録しているにも関わらず、ダウン症の子を「育てることを選ばない」と聞くと、「身勝手だ」と感じる人がいるかもしれない。しかし、現代日本はすでに、人工妊娠中絶によって「育てることを選ばない」社会である。胎児に異常がある（異常の可能性がある）時に中絶を選択することの是非が問われているけれども、異常がなくても多くの中絶が選択されている。

話題になっている「新型出生前診断」（ＮＩＰＴ：非侵襲的出生前検査）や羊水検査、絨毛検査を受けなくても、身近な検査である超音波検査（エコー検査）では、胎児の計測、胎児の形態、機能、骨格などの観察、ＮＴ検査（後頸部浮腫測定検査）、精密超音波検査などを通して、胎児の「異常」を予測して、「育てることを選ばない」ことができる。

テクノロジーが発達すれば、必然的にそうなるとも限らない。フィリピンである産婦人科医師は「ＮＩＰＴや羊水検査をしている病院は知らない。染色体異常を知ってどうするの？」と話した。フィリピンでは人工妊娠中絶は認められておらず、もし出生前検査をしたとしても、産まないという選択肢はない。超音波検査で心臓の異常などの発見をしておくのは早期治療のために意味があるが、それ以外には検査をする意味がない、という。母体の健康状態が悪いときには、「可能な限り妊娠を継続して、耐えられなくなったら出産させる」という。産まないという選択肢はない。[5]

それに比べて日本の私たちは、「育てることを選ばない」出生前検査に関わっている。先ほどあげた出生前検査は、超音波検査は誰でも受けられるが、着床前スクリーニングや着床前診断は、遺伝子や染色体を調べるもので、親になろうとする人が「重い遺伝病」を保因する場合に許される。ＮＩＰＴは染色体数的異常を調べるもので、高年齢、既往、他の検査等で染色体数的異常の可能性が高い場合に適用となる。誰が調べられるか、どんな胎児が「選ばれない」か、誰が選んでよいか、線引きがされている。

医療側が「選別してよい集団」を決めているだけでなく、おそらく私たちの心情にも、ある種の線引きはあるだろう。ダウン症〝ぐらいで〟中絶すべきではないと考えている人でも、重篤な難病なら〝仕方ない〟と考えるだろうか。染色体異常や先天的異常でいうと、ターナー症候群だから中絶した事例も口蓋裂だから中絶した事例もある。[6]〝それぐらいで〟中絶すべきではないと考える人がいると推測されるが、それはすなわち、〝仕方ない〟中絶があると考えることと表裏一体だ。どこかで線引きできるということは、「命はどうこうしちゃえる」ことなのだ。男児選好が強い国では、女児とわかったことによる中絶があり、私もまた選ばれなかったかもしれない人間だ。日本では中絶の胎児条項はないから、表向きは「中絶に足る基準」はなくて、より早い準備のための検査かもしれないが、産まない選択をする人がいるのは周知のとおりである。

4　不可視化された「育てられない子ども」

実際のところ、子どもに障がいがあるから親が育てられず、社会的養護を必要とする子どもがどのくらいいるかは、わかっていない。例えば、厚生労働省報告の「児童養護施設に入所している子どものうち障害等がある子ども」のうち、「知的障害」は三六八五人であるが（平成二五年調査、厚生労働省「社会的養護の推進に向けて」平成二九年三月版）、社会的養護の事由なのか、虐待等の結果なのかわからないし、社会的養護全体の事由において、子どもの要因は調査されていないから、子どもの障害を事由にした社会的養護の数はわからない。

参考のもう一つとして、熊本県・慈恵病院の「こうのとりのゆりかご」に預け入れられた子どもの一〇・八％（一四件／一三〇件、平成一九年五月～平成二九年三月）は障がいがある子どもだった（熊本市要保護児童対策地域協議会『「こうのとりのゆりかご」第四期検証報告書、平成二九年九月』）。

子どもに障がいがあるから親が育てられず、社会的養護を必要とする子どもの存在が社会で可視化されていないのは、表立って語れないことも理由の一つかもしれない。マスメディアの記者に調査結果を伝えても、ダウン症を事由にした養子縁組があることを報道すると、育てている人を刺激して、「自分も養子に出そう」と思う人が出てきたら、との懸念から扱わないという。民間の養子縁組団体もまた、難しい。どの子も家庭で育ってほしいと信念をもって分け隔てなく支援をしているのだが、公表には慎重にならざるをえない。賛否両論もあるだろう。声高にダウン症の子どもの養子縁組を語ると、当該団体に同様のケースが殺到するかもしれない。多くのケースに対応するキャパシティはない。養親が見つけられない、障害があるからという理由で養子に出すべきではない等の理由で相談対応しない団体と、対応する団体がある。うがった見方をすれば、養親希望者にとっては前者の団体のほうが障害がある子どもを紹介される可能性が低くなると考えるかもしれず、様々な問題が派生してしまう難しい問題である。

これまでの日本では、子どもに障害があって生みの親が育てない・育てられずに社会的養護として養育する場合、里親委託よりも施設養護になりがちだった。ダウン症に限定したデータはないけれども、先に示したように、児童養護施設に在籍する障害がある子どもの数は年々増加傾向にある。[7]

グループホーム学会の調査では、里親の三〇%に障害がある子どもを養育した経験があり(知的障害、四肢不自由、発達障害など様々な障害を含む)(日本グループホーム学会 2010)、白井が実施した調査でも三一・八%に障害児の委託経験があったが(白井 2013)、児童養護施設入所児童の「心身障害あり」の割合のほうが、里親委託児の「心身障害あり」の割合よりも高い(二〇一三年調査で「知的障害」がある子どもは、児童養護施設措置児の一二・三%、里親措置児の七・九%:児童養護施設入所児童等調査結果平成二五年二月一日現在)。

厚生労働省では、二〇〇九年の里親制度改正で、専門里親の対象に障害をもつ子どもを加え(当初は専門里親の対象は虐待を受けた子どものみだったが、次に非行傾向のある子どもに拡大された)、二〇一一年の里親委託ガイドラインでは障害のある子どもも家庭養育を優先すべきであると明記したが、里親家庭に措置される子どもはまだ多くないのが現状だ。[8]

心身に障害がある子どもの療育施設(障害のある子どもに対してできるだけ自立できるよう治療・教育・訓練をおこなう施設)のうち、入所型の障害児入所施設(福祉型と医療型がある)にも、社会的養護の要素があると指摘されている。[9]

子どもにダウン症があるとわかって中絶することに対する社会の批判は、「ならばなぜ子どもを作ったのか、障害の可能性への覚悟がない」「障害があるからといって産まないのはどうか」「胎児は生命で、生命を絶ってはならない」といったものだろう。

一方で、中絶の容認や、さらに言えば中絶しないことへの批判もある。「障害がある子を育てるのは大変だ」「家族に負担がかかる」「幸せではないから、生まれた子がかわいそう」「施設に入れっぱなしになるくらいなら、産まなければいい」「一生福祉で生きることになり、社会のお金を使うから生まれないほうがいい」、などである。第二次世界大戦前から戦後も継続した優生保護法、戦後の「不幸な子どもが生まれない運動」と連綿とつながっている。

中絶しなくていいように、最初から妊娠しなければよいと責める人は、自身はそれほど計画して生んだのか、それほど計画して生まれたのか、と問うことが必要だろう。DV、レイプ、避妊の失敗など、様々な予定外の妊娠がありうる。予定外の妊娠の可能性を完全に根絶しようとした強制不妊手術を是とするのだろうか。あるいは着床前スクリーニングで「健常児」を選ぶことを是とするのだろうか。

「産むか産まないか」という発想からわかるのは、産んだら育てる、育てるなら産まないという前提である。だから「育てないなら産まない」＝「どうこうしちゃう」という結論が導かれるのだ。「育てないなら産まない」という前提は、子どもへの責任と、子どもの所有と、子どもへの愛情が一体化した「母性愛」、母が死ぬなら子どもを道連れにしなければかわいそうだという「母子心中」の論理（田間 2001）に下支えされているのではないか。

　そこには、産むけれど育てることは託す、産まないけれど育てる、みんなで育てるといった「育児の共同性」の発想はない。ダウン症の子を養子に託すといったんは決めたが、自身の家族で育てることにした山本さんは、「養子縁組の選択があったから、家族みんなが育てると決める時間がもてた」という。ダウン症の子どもが生まれて養子に出す・出さないを悩む人、施設にいるダウン症の子ども、そうした子どもがなかなか里親に委託されないで施設に居続けていること、わずかだが里親宅にダウン症の子どもがいることを世間は知らない。

　ある里親は、乳児院から来た障害のある子どもが、抱いてミルクを飲ませようとするとのけぞって泣くので、涙ぐみながら床に寝かせて飲ませていると語った。別の乳児院の職員は、障害のある子どもはミルクを飲むのがとてもゆっくりで、抱いて飲ませられず、寝かせて哺乳瓶を口に立てておいて申し訳ないと語った。養子縁組の是非、出生前検査とそれに続く中絶の是非を論じる前に、不可視化された事実を知ることから始めるべきではないだろうか。

■注

1 「著しく困難」な場合とは、父母に監護意思があっても、貧困や正常家庭の欠如のため、子の監護能力に欠け、そのため、子の適切な監護を殆んど期待できない場合をいい、「著しく不適当」な場合とは、父母に監護能力があっても、子への愛情に欠け、子を虐待する等、監護方法の適切さを著しく欠く場合をいい、「特別の事情」とは、上記に準ずるような事情、すなわち、父母との関係を終了させることが、専ら子の健全な育成を図るうえで利益となるような事情をいう、と解するのが相当である。（奈良家庭裁判所宇陀支部昭和六三年（家）第八号特別養子縁組成立申立事件昭和六三年三月二五日）

2 子どもの権利条約では、子どもは出身国で、日本の厚生労働省のガイドラインや民間機関によるあっせんの法律では、子どもは国内で育て親を探すことを優先すべきとされている。

3 里親に委託されているダウン症児の数は不明。

4 里親の場合は、子どもの月例、年齢が小さくないことから、子どもにとってよい親を選ぶのと同じように、その親が子どもを養育できそうか、交流を重ねながらゆっくりと「相性」が検討される（一部の新生児の養子縁組里親委託は除く)。

5 市場などでは流産を誘発する薬が売られている。現実に人工妊娠中絶がないわけではないが、「正当に」実施することはできない。

6 アメリカではターナー症候群が「新型出生前診断(NIPT)」の対象となっているが、全米ターナー症候群協会は「中絶は個人の判断」とし(読売新聞二〇一三年一一月三日朝刊)、日本でもNIPTの対象にするか日本産科婦人科学会で検討されてきた。二〇一三年には国際口唇口蓋裂協会の総会で口唇口蓋裂のある胎児の中絶撲滅を訴えるハノイ宣言が採択された(中日新聞二〇一三年一一月二六日朝刊)。いずれも中絶の潜在的可能性を前提にしている。

7 社会的養護としてではなく、障害児福祉として、医療として施設入所している子ども居る(知的障害児施設、病院)。グループホーム学会によれば、知的障害児施設に入所している児童の大部分は社会的養護を必要としている児童で(入所理由を見ると、養育能力二八・一%、離婚等一二・四%、虐待・養育放棄が一一・三%)、障害児施設は児童養護施設に近づいているという(日本グループホーム学会 2010: 6)。

8 調査時点で対象となる社会的養護の子どもは四万七七七六人、うち「知的障害」があると回答された子どもは五六四三人(重複回答)、うち里親委託児は三五九人である(厚生労働省児童養護施設入所児童等調査結果　平成二五年二月一日現在)。里親委託ガイドラインに、障害の有無がわかってから里親委託するのではなく、必要があれば新生児から里親委託をと述べられているように、これまでは障害がある子どもは里親には養育が難しいとされ、委託が避けられる傾向にあった(専門里親を除く:ただし専門里親が複数の「難しい子ども」を委託していたら同様に避けられるだろう)。

9 例えば「障害児支援の在り方に関する検討会報告書」(厚生労働省 平成二六年七月)など。

■引用文献

日本グループホーム学会 2010『障害のある子どもが里親家庭で育つために——障害児の里親促進のための基盤整備事業報告書』(平成二一年度独立行政法人福祉医療機構助成事業)

白井千晶 2013『社会的養護における家庭養護に関するアンケート——里親・ファミリーホーム』東洋大学社会学部二〇一二年度「社会調査および実習」コース一九

—— 2017『「日本における妊娠葛藤・養育困難相談および養子縁組支援の現状と制度設計に関する研究」報告書』

田間泰子 2001『母性愛という制度——子殺しと中絶のポリティクス』勁草書房

福祉が向き合うべき命について考える
――こうのとりのゆりかごを素材にして

山縣文治

1　筆者自身の福祉の哲学・価値への関心

命を英語に直すと、life となる。一方、life を日本語に直すと、代表的な言葉は、生命、生活、人生となる。筆者は、(生)命を考えるにあたっては、その人の生活や人生を視野に入れて考える必要があると考えている。

冒頭で紹介するには、内容的にいささか気が引けるが、生命や人生について考えるとき、脳裡をよぎる三つの言葉がある。

【良寛私信】

うちつけに　しなばしなずて　ながらへて　かかるうきめを見るがわびしさ。

しかし、災難に逢う時節には、災難に逢うがよく候。死ぬる時節には、死ぬがよく候。これはこれ、災難をのがるる妙法にて候。

【一遍講話】

生ぜしもひとりなり、死するも独りなり。されば人とともに住するも独りなり、そひはつべき人なき故なり。

【旧約聖書コレヘトの言葉　第四章】

わたしは改めて、太陽の下に行われる虐げのすべてを見た。見よ、虐げられる人の涙を。彼らを慰める者はない。見よ、虐げる者の手にある力を。彼らを慰める者はない。既に死んだ人を、幸いだと言おう。更に生きて行かなければならない人よりは幸いだ。いや、その両者よりも幸福なのは、生まれて来なかった者だ。太陽の下に起こる悪い業を見ていないのだから。

今は、「子ども家庭福祉を専門としています」と称しているが、筆者の福祉の関心は、

①福祉が大切にすべき人とはどういう存在なのか
②その人らしい生活とはどのようなものなのか
③なぜ福祉は問題のある状況に対して支援しなければならないのか

など、福祉の哲学や価値からスタートした。今でもこれは変わらない。福祉の哲学や価値は、問題の捉え方を決定するし、社会制度・社会資源の作り方、さらには支援の方向・方法を決定する。筆者は、これを子ども家庭福祉領域で考えているに過ぎない。

二〇代のころ、「生きがい」や「生活満足度」という言葉が頻繁に使われていた高齢者福祉に関心をもったことがある。ところが、晩期の高齢者に向き合うと「生きる」話はほとんどなく、ましてや「生きがい」などとは無縁な会話が続いた。話題は、「お迎えのとき」であり、死後の世界である。それに触発されて「死にがい福祉」という短い文章を書いたこともある。人間の究極の幸せは死に際に「ああ、人間やっていてよかった」と思えることではないかと考えたのである。戯曲であって実話ではないが、倉田百三が描く親鸞の最期に、義絶した息子善鸞が枕元にきて涙を流すという場面がある。親鸞をしても、そのような心情にあったのではないかという倉田の想像である。しかし、二〇代の筆者が取り組むには、あまりにも実感とかけ離れていた。福祉において「死」を正面から語り、受け止めることも避けられていたように感じていた。ましてや、「死にがい」という奇をてらったような造語など、受け入れられる由もなかった。

次に取り組んだのが、国際障害者年を契機として、障がい者の性の介護を考えたことである。これは、障がい者介護のボランティアをしている女子学生から持ち込まれた相談を発端とする。性的欲求は、人間の生理的欲求の一つであり、障がい者においてもこれは保障されなければならない。海外には、性の介護をするボランティアが存在することも文献で知った。関西には、車いすで行くことのできるソープランドマップを作った障がい当事者活動もあった。必要性や意義は十分実感できたが、男性障がい者から、「人権保

障というなら、あなたは私のマスターベーションの介助を行うべきである。それができないのは偽善者だ」と言われた女子学生に、「人権は保障すべきである」という言葉をかけることができず、「自分で決断するしかない。その決断を私は応援する」といった趣旨で返事をしてしまった。人権として性的欲求を認め、福祉の価値として人権保障をうたいつつも、その解決手法を提示できず、逃げてしまったのである。

その結果、行き着いた分野が、もともと関心のあった子どもの福祉である。実際は、大きくチャレンジしてみようとしたものの、高齢者分野では死を語ることができず、障がい者分野では性を語ることができなかった結果、逃避したと言っても過言ではない。生まれてきた子どもに、「人間はいつか死ぬのよ。その死に向かってあなたは生きているのよ」という必要もないし、「性的欲求への対処は、このようにするのよ」と語る必要もない。当座の答えに窮することのない安易な分野を選択したというのが私の現実である。

ひるがえって、冒頭の言葉である。老子は無為自然といい、仏教は自然法爾（じねんほうに）という。命の無常さ、生きることの過酷さ、生活や人生を自己で管理できると思うことの傲慢さは、洋の東西を問わず宗教家や思想家が語っている。諦観者は、自然の摂理に抗わない姿、摂理を受け止める生命観や人生観を語る。しかしながら、弱き、小さき筆者は、観念としては認めつつも、それを少なくとも他者の生き方として推奨することができない。

近代以降の科学は、死を自然の摂理として受け止めるという方向ではなく、それを先延ばしにしたり、事故、自然災害を避けたりすることを目的とした予防的対応を前提に発展してきた。近年、死に関しては、延命治療のあり方をめぐって議論がされるようになってきたが、これは、死そのものを問うものではない。あくまでも、病気は治すべきものであり、事故や災害は避けるべきものである。

一遍は「住するも独りなり、そひはつべき人なき故なり」と説いたが、生まれる時と死ぬ時は一人にしても、せめて同行二人、できれば生身の人と生活をともにし、人生を終えたいというのが、諦めきれない愚生者の筆者である。

本稿は、このように主題としていただいた「命」に時間軸と空間軸を与え、生活や人生として捉え直すということにさせていただきたい。また、論文という枠組みではなく、随想的な要素を加えた内容となることもあらかじめお断りしておく。

2　社会と大人の支配下にある命

(1)人間の始まりと命の始まり

長い、短いは人によって異なるが、すべての生命体には、始まりがあって終わりがある。言葉としてはその通りであるが、始まりと終わりの定義は一筋縄ではいかない。多くの場合、最終的には法律という、人間あるいは社会の価値判断の総体が介在することになる。

たとえば人間の始まりはどこからかということである。戸籍上は出生届が出されて初めて社会的人間となる。その戸籍は、出生証明書を前提に作成されるので、出生証明書が人としての始まりということもできる。そうすると、出生証明を受けながら、出生届が提出されず、戸籍が作成されなかった場合、あるいはそもそも自宅出産等で出生証明書さえ持たない場合、一個の生命体としては存在しても、社会制度に基づく生活体としては存在していないことになる。これらの人は、社会制度上は人として始まっていないということである。

一般に無戸籍児と呼ばれるこのような状況は、生命体としての存在が明らかであるために、あとは制度によって社会的人格を与えれば、社会生活の細かい部分は除き、人間存在の問題自体は解決する。ただし、嫡出否認や親が外国人と想定される場合など、戸籍づくりはそう容易ではなく、関係者も含めて奔走することになる。

ここで問題としたいのは、「生まれてこなかった命」である。生物体としての命は、受精によって始まると考えるのが素直である。周知のこととは思うが、民法第八八六条では、胎児については、その後死産にならない限り相続権を認めている。

民法第八八六条

第一項　胎児は、相続については、既に生まれたものとみなす。

第二項　前項の規定は、胎児が死体で生まれたときは、適用しない。

言い換えれば、条件付きで、人として認めているということである。そもそも「胎児」という言葉自体が「児」としての存在を認めていることを暗に示している。これらのことは、生物学的には、人としての始まりは、少なくとも受精にまで遡ることができることを意味している。

いずれにしても、社会的存在としての子どもは、社会制度に規定されているということである。

(2) 出生前診断と命

出生前診断で課題となるのは、中絶という行為とその目的である。中絶に関する法律は、国民優生法、優生保護法を経て、現在の母体保護法へと変遷している。その改正過程の中で、法律の目的は、次に示すように、「悪質な子どもの排除と健全なる子どもの増加」から、「不良な子孫の出生の防止と母性の生命健康の保護」、「母性の生命健康の保護」へと、徐々に変化し、障がい児などが含まれると考えられる劣生排除から、母性の生命健康保護へと大きく軸足を変えてきた。

【国民優生法一条：一九四〇年】

本法ハ悪質ナル遺伝性疾患ノ素質ヲ有スル者ノ増加ヲ防遏スルト共ニ健全ナル素質ヲ有スル者ノ増加ヲ図リ以テ国民素質ノ向上ヲ期スルコトヲ目的トス。

【優生保護法一条：一九四八年】

この法律は、優生上の見地から不良な子孫の出生を防止するとともに、母性の生命健康を保護することを目的とする。

【母体保護法第一条：一九九六年】

この法律は、不妊手術及び人工妊娠中絶に関する事項を定めること等により、母性の生命健康を保護することを目的とする。

一方、産科医療分野においては、胎児診断の手法が徐々に確立され、出生前診断を希望する保護者やそれを提案する医師も増えることとなった。

最も関連の深い団体である日本産科婦人科学会は、「先天異常の胎児診断、特に妊娠絨毛検査に関する見解」(一九七八年)、「出生前に行われる検査および診断に関する見解」(二〇〇七年、二〇一一年改訂)、さらに二〇一三年にこれを改訂し「出生前に行われる遺伝学的検査および診断に関する見解」と、生命倫理にも関連する見解を表明している。この前文には「妊娠の管理の目標は、妊娠が安全に経過し、分娩に至ることであるが、同時に児の健康の向上や、適切な養育環境を提供することでもある。基本的な理念として出生前に行われる検査および診断はこのような目的をもって実施される」とある。すなわち、母体保護法の理念に加え、子どもの育ちについても言及しており、胎児を健康に育てることを目的としていることが前提となっている。

しかし、現実には、出生前診断で胎児に染色体等の異常があるとわかると、中絶という選択をする保護者が多い。新聞各紙の報道（二〇一五年四〜五月）によると、ある民間病院のデータとして、二〇一三年度に出生前診断を受けた七七四〇人の妊婦のうち、出生前診断陽性となったものは一四二人、そのうちの八割にあたる一一三人が中絶したという。国際比較データもあるが、同様の状況で八割を超えている国は少なくなく、出生前診断は結果として、胎児の支援ではなく、意思を明示できない生命体に対する保護者や医師による生命の断絶となってしまっていることがわかる。ここでも子どもの命は大人の支配に屈している。

多くの場合、障がいのある子と楽しく生活している姿を描いた記事やデータでフォローが試みられているが、残念ながら、今のところ、現実の選択にはほとんど影響していない。リプロダクティブヘルス・ライツの考え方が浸透するなかで、「生むか生まないかは女性の権利である」という考え方が広まっている。[1] 現実の選択は親に委ねるしかないが、中絶を否定するという意味ではなく、胎児との関係で、親の「権利」と位置づけるには、慎重な検討が必要である。

3　命に向き合う取り組み
——慈恵病院「こうのとりのゆりかご」

(1)「こうのとりのゆりかご」の設置

「こうのとりのゆりかご」（以下、ゆりかご）は、熊本市にある慈恵病院が、新生児の保護を目的として設置した取り組みである。設置を推進した関係者は、中絶される子ども、虐待によって亡くなる子ども、危険な環境のままに遺棄される子どもたちの存在に心を痛め、ドイツの民間システムであるベビークラッペの現地視察を参考に設計された。

二〇〇六年秋に構想が明らかにされ、設置や運営の適性について、国や地方自治体との協議を経て、二〇〇七年五月九日、正式に運用が開始された。したがって、法的要件は満たした仕組みという位置づけとなる。

ゆりかごには、一般に「赤ちゃんポスト」と呼ばれ、子どもを直接ゆだねる部分（以下、預け入れ部門）のみが強調されている。しかしながら、設置の趣旨は、二四時間三六五日体制での電話やメールでの相談（以下、相談部門）を前提とするもので、両者を合わせた総体がゆりかごなのである。

(2)ゆりかごの特徴

読者の方に知っておいていただきたいゆりかごの特徴は、以下の四点である。

第一は、ゆりかごのベースは、前項でも示したように、あくまでも相談システムにある。慈恵病院のホームページでは、ゆりかごの目的を「…(略)…本来は、赤ちゃんとお母さんの将来の幸せのために相談を行なうことが第一義的目的です。…(略)…赤ちゃんを預ける前にもう一度、よく考えましょう」と説明している。さらに、実際にベッドがある扉の傍には、「赤ちゃんの幸せのために、扉を開ける前にチャイムを鳴らしてご相談ください」とあり、あくまでも相談が趣旨であること、それを通じて、保護者が名乗り出ることが子どもの幸せであることが強調されている。ただし、必ずしも、このことが利用者や社会に伝わっているとはいえないのが現状である。

第二は、預かりにおいては、匿名性を重視しているということである。設置者側はこのことをきわめて重視し、危機状況にある親子関係において、匿名性が子どもの命を救う最も重要な要素であると主張する。匿名性をめぐっては、賛否が分かれており、命が守られるという主張と、親を知る権利を制度的に放棄させるという主張との間の相克である。制度設計時から献身的に心血を注いでこられた関係者は「赤ちゃんポストはそれでも必要です」と訴えている。

第三は、慈恵病院がゆりかご相談として直接取り扱う事案では、利用者が希望したり、虐待などの疑いがなかったりする場合、児童相談所がかかわる可能性は低く、病院のもっているネットワークのなかで、出産支援が行われたり、特別養子縁組のあっせんが行われたりすることになる。実は、ゆりかごが最も機能しているのはこの部分であり、逆に、現場にはかなりの負担となっていると考えられる。また、特別養子縁組に際しては、当然、実の親の承諾の手続きが求められ、この段階で匿名性は担保されなくなる。

第四は、実際に預け入れがなされた場合、すべて児童相談所を窓口とする社会的養護システムの俎上に乗ることになる。その結果、ゆりかごの特徴である匿名性は担保されなくなり、通常の社会調査等が行われる。また、他都道府県から熊本に連れて行ったとしても、保護者の居所・住民登録などが分かった段階で、原則として地元の児童相談所が担当することになる。

(3)利用実態

熊本市では、要保護児童対策地域協議会に、こうのとりのゆりかご専門部会を設置し、短期検証(年に二~三回)、中期検証（三年を一期）を行っており、二〇一七年九月には、第四期の検証報告（二〇一四年四月～二〇一七年三月）が公表されている。図1は、開設後一〇年間の預け入れ子ども数および相談件数の推移である。なお、開設初年度である二〇〇七年度は、五月一〇日から年度末までの約一一か月分の統計である。

ここでは、その結果を簡単に紹介する。

①預け入れ部門

第四期検証報告書をもとに、預け入れ部門に関する特徴を示すと、以下のようになる。

ア．一〇年間での総預け入れ子ども数は一三〇人で、二〇一〇年度までは年間一五人以上であったが、その後はほぼ五～一〇人程度で推移している。

イ．預け入れ部門が想定していた新生児の割合は八二・三％（生後七日未満五一・五％。推定含む。以下同）にとどまり、二割近くが生後一か月以上の子どもである。これは、当初からあまり変化がない。要医療と診断されたものは二二・三％いる。さらに一四件、ほぼ一割に障がいが認められた。

ウ．預け入れ場面にいたものは合計一八九人であり、そ

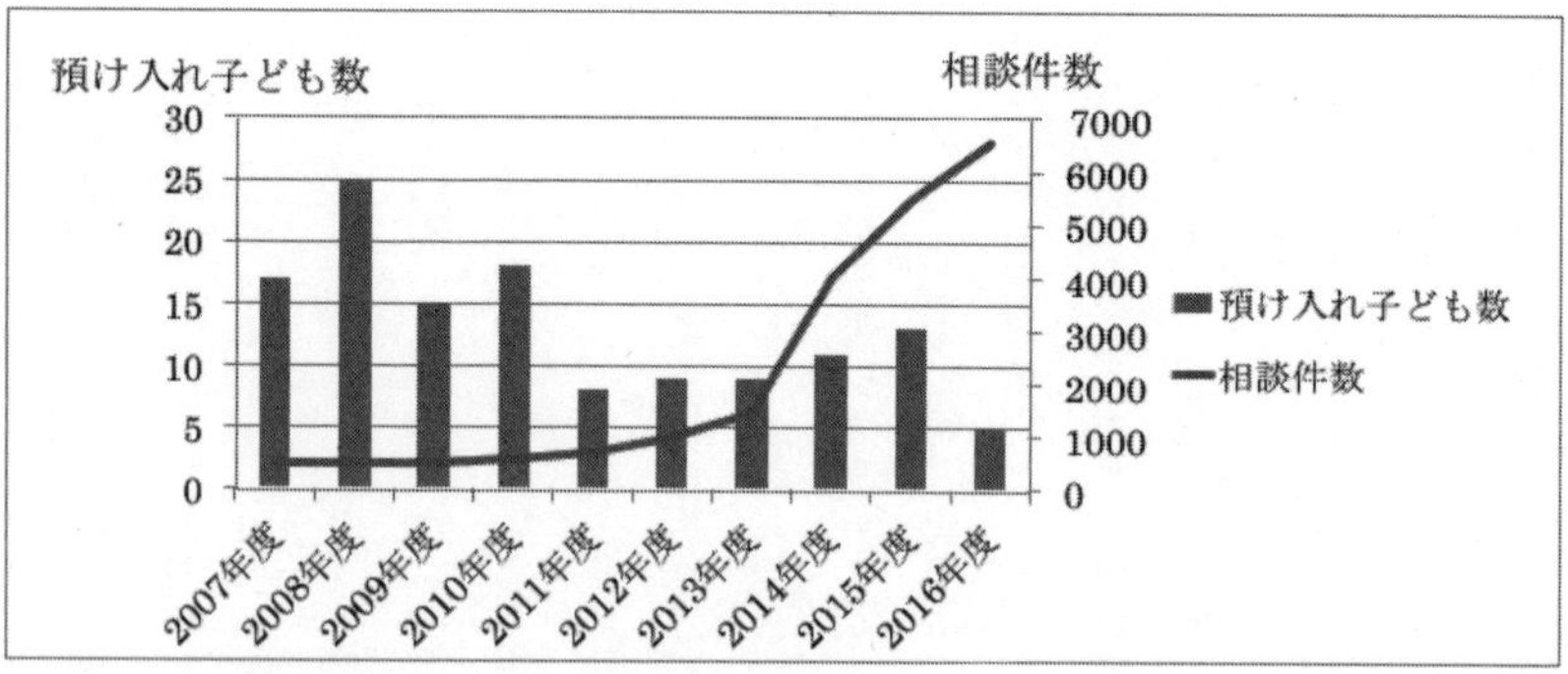

図1　ゆりかごにおける預け入れ子ども数および相談件数の推移

のうち母（推定含む。以下同）は九三人とほぼ七割、父は二六人にすぎない。

エ．母の年齢が少なくとも推定できるものは九九人で、一〇代一五・二％、二〇代四五・五％、三〇代三〇・三％である。婚姻関係は、既婚三四・〇％、未婚四二・〇％であり、既婚者も三分の一以上ある。

オ．窓口に置かれている保護者向けの手紙を持ち帰ったもの七六・二％、着衣以外に子どもにまつわる品物を残したもの五七・七％、子どもへのメッセージを残しているもの三三・六％であり、子どもへの愛着も感じられる。

カ．預け入れ後、接触をしてきたものは二七件である。このうち九件は当日、一三件は一週間以内である。

キ．その後、親の居住地がわかったものは七六・二％である。このうち、熊本県内は七・七％、九州全体でみても二五・四％にすぎず、関東以北というものも二割を超え、遠方から預け入れにきたものも少なくない。

ク．預け入れをした理由（複数回答で全回答数は一九八）は、生活困窮五〇・一％、未婚一三・六％、世間体一二・六％、パートナーの問題一一・一％、不倫八・五％であり、世間体や不倫も少なくない。

ケ．出産の場所は自宅（四六・六％）が最も多い。医療機関（推計含む）は四三・一％、車中というものも四件あった。

コ．身元が判明した事例（一〇四件）の二〇一六年度末の状況は、施設措置二四・〇％、里親委託一六・三％、家庭引き取り二二・一％、特別養子縁組成立三一・七％などである。身元が判明していない事例（二六件）については、施設措置一一・五％、里親委託三四・六％、特別養子縁組成立五三・八％である。

②相談部門

第四期検証報告書をもとに、相談内容に関する特徴を示すと、以下のようになる。

ア．二〇一四年度以降、相談件数が急増し、二〇一六年度は六、五六五件と過去最多となった。

イ．架電者の地域が明らかとなっている相談についてみると、熊本県外からが徐々に増加し、二〇一六年度は九五・二％（一〇年通算八八・二％）である。

ウ．相談内容では、妊娠・避妊に関する相談が六五・八％（四三・〇％）と最も多く、次いで思いがけない妊娠が一六・三％（一五・七％）を占めている。妊娠・避妊に関する相談の半数以上が妊娠判定に関するもので、とりわけ最近ではこの件数が増えている。

エ．中絶に関する相談は、二〇一六年度で二二五件（三・四％）、通算でも八三四件（四・〇％）で、割合的には大きな変化はない。

オ．特別養子縁組につながった事案は、通算二九四件（年間平均二九・四件）である。近年やや減少傾向にあるとはいえ、二〇一六年度においても二六件の縁組が成立している。全国の成立件数は、ここ数年四五〇～五〇〇件程度で推移しており、ゆりかごの相談部門の実績だけで五％程度を占めている。社会的養護において、養子縁組の推進が図られるなかで、この実績は大きい。

4　命という視点でみたゆりかごの意義と課題

（1）ゆりかごが向き合ってきた命

開設一〇年、ゆりかごは、預け入れ部門、相談部門の両部門を通じて、子どもの命と向き合ってきた。とりわけ、相談部門の実績は、相談件数に限らず、特別養子縁組の成立件数など、高く評価できる。

一方、預け入れ部門については、評価が分かれている。判断の分かれる基準の多くは、ゆりかごが向き合ってきた命（生命、生活、人生）をどのようにとらえるかとかかわっている。ここでは、その論点のみを箇条的に紹介しておく。

・ゆりかごが無ければ死につながったのか、あるいは死を避けたい人が利用したのか。

・ゆりかごの存在にかかわらず、そもそも、保健医療関係者の立ち会わない自宅出産（車中出産）自体が、子どもの安全な誕生を阻害しているのではないか。ゆりかごの利用を想定しての自宅出産は、その危険を増幅させるものではないか。

・出産直後に母親が預け入れに来る行為自体にも危険がはらんでいるのではないか。ましてや遠隔地からの預け入れはより危険度が高いのではないか。

・仮に匿名で預け入れをしたとしても、その匿名性はその後も継続的に尊重すべきなのか。

・相談部門と預け入れ部門のどちらを利用するかで、その後の子どもの生活や人生が異なる可能性が高いことについて、子どもにどう説明し、納得を得るのか。

・家庭養護を含め、代替的養護の生活の質の現状を十分検討することなく、ゆりかごを利用した子どもたちの生活や人生の質を担保することは困難ではないか、

など。

(2)ゆりかごの課題を克服するために社会が考えるべき命

ゆりかごのモデルとなった民間の取り組みを実践してきたドイツでは、子どもの権利条約との関係を国組織である倫理評議会で議論し、匿名の預かり制度が子どもの権利の一部に抵触していること、ベビークラッペがなければ、子どもが死亡していたのかどうかは不明であるなどの見解を示した。そこで、二〇一三年、一般に内密出産法あるいは身元秘匿出産法といわれる新たな法律を成立させ、従来からの通称新中絶法（妊娠葛藤法とも呼ばれる）の改正と合わせ、妊娠や出産をできるだけ他者に知られたくない事情にある女性とその周辺にいる関係者への対応に、より積極的に乗り出した。内密出産の原則は、妊娠相談を受けること、出産費用は国が負担すること、母は仮名で出産や出生登録をすることができること、母の情報を遮断せず出自証明書には母の情報を記載すること、これらの情報を連邦局が保管すること、子どもは一六歳になると開示請求ができること、母が開示を認めたくない場合、事前に手続きをしておくことができるが、最終決定は裁判に委ねられること、などである。

このようにドイツでは、ベビークラッペには消極的姿勢を示したうえで、全面否定せず、親を知る権利を組み込むとともに、相談体制の新たな仕組みを導入した。この制度は、わが国においても検討に値する。

ゆりかごを新たな段階へとステップアップさせるためには、社会は、以下のような点をあらためて意識する必要がある。

・男女両性ともに責任を自覚した妊娠・出産の実現とそのための多様な相談体制の構築
・母子ともに安全の確保された出産体制の整備
・親子の健幸（well-being）の図られた生活の支援
・それを図ることができない場合、安全・安心・安定の三要素が整った、大人との信頼関係の確保された代替的養護の場（含養子縁組）の確保。加えて、里親・施設を含む、社会的養護の質の向上。

■注

1　最近では、男性も含めて、両性の権利であるという考え方もあるようであるが、両性の対等な関係が保障されていない場合、結局、協議という名目のもとで、男性による女性への強制となる可能性が高いと考えられるため、ここではあえて「女性」としている。

■参考文献

ドイツ連邦家族・高齢者・女性・青少年省、トビアス・バウアー訳 2017「『妊婦支援の拡大と内密出産の規定のための法律』に基づいて実施したすべての取り組みと支援の効果に関する評価調査――抄訳1（目次、まとめ、総評）」http://hdl.handle.net/2298/38464.

井戸まさえ 2017『日本の無戸籍者』岩波新書

柏木恭典 2013『赤ちゃんポストと緊急下の女性――未完の母子救済プロジェクト』北大路書房

熊本大学文学部 2014「ドイツにおける『赤ちゃんポスト』・『匿名出産』に関する資料集」http://hdl.handle.net/2298/30341

熊本市要保護児童対策地域協議会こうのとりのゆりかご専門部会 2017「『こうのとりのゆりかご』第四期検証報告書」熊本市健康福祉局子ども未来部子ども支援課

田尻恵子 2017『それでも赤ちゃんポストは必要です』ミネルヴァ書房

高橋由紀子 2017「ドイツの身元秘匿出産法と新生児養子縁組」『社会福祉研究』129

床谷文雄 2017「妊娠を他者に知られたくない女性に対する海外の法的支援、シンポジウム――妊娠を他者に知られたくない女性に対する法的支援」全国妊娠SOSネットワーク主催での配布資料

決断主義に抗して
——臨床倫理ケース検討の可能性

田代志門

1 「決断」から「話し合い」へ

数年前に病院に近い環境に職場を移して以来、現場で生じる様々な倫理的課題を医療スタッフとともに考える機会が目立って増えた。そのなかで特に大切にしているのが、一人ひとりの患者の人生・生活の事情を中心において、何が患者にとっての最善かにつき多職種で話し合う場である。日本では「倫理カンファレンス」[1]とも呼ばれ、現在進行形のケースについてこれからどうすべきかを話し合うこともあれば、過去のケースを振り返って話し合うこともある。[2]特に制度化されたものではなく、病院によってあり方は多様だが、いずれにしても医療者にとって判断に困るケースを取り上げ、多様な視点で話し合うことに変わりはない。さらに近年では、病院組織のなかでこうしたケース検討の窓口を公式に位置づけ、個人やチームが医療者に具体的な助言を提供する仕組みも整えられつつある。[3]

この背景には、過去一〇年間に、人工呼吸器や人工的水分・栄養補給などの生命維持治療の中止や差控えを念頭に置いて国や学会が作成してきた各種ガイドラインの存在がある。[4]というのも、これらのガイドラインはいずれも、患者本人の意向の尊重と並び、多職種で話し合うことを必須としているからである。このうち、もっともよく知られているものが、二〇〇七年に厚生労働省から出された「終末期医療の決定プロセスに関するガイドライン」である。[5] これらは一般的には「プロセス・ガイドライン」と呼ばれ、従来のマニュアル的なガイドラインとは一線を画すものとされる(樋口 2008)。すなわち、「こういう場合には生命維持治療を中止してよい」といった記載をあえて避け、その代わりに、どういった手続き(プロセス)を経てそうした決定をすべきかを定める、というのがその特徴である。

しかしその一方で、医療現場ではそもそも倫理的な判断に迷う場合にケースについて多職種で「話し合う」場を設けること自体に消極的な医師も少なくない。これは一つにはそうした場で主治医として責められることを忌避したいという思いも影響しているが、問題はそれだけではない。話し合いを著しく困難にするのは、そもそも多様な立場から倫理的課題を話し合うこと自体を無意味だと考える医師の存在である。[6] 実際、厚労省のプロセス・ガイドラインができる一つのきっかけとなった安楽死事件の当事者の医師は、以下のように述べる。[7]

私は今も多くの人から、「なぜ抜管を行うときに、信頼のおけるほかの医師や、同僚に相談しなかったのか」「なぜ、ひとりで患者さんの延命中止を決めたのか」と聞かれます。

率直にいって、延命治療の中止については、私は当時もいまも、部外者と相談する内容だと思っていません。多人数で相談すればするだけ、中止はできなくなります。議論すれば、命の質よりも、どんな病状でも一日でも延命するのが正しいとする意見が「正論」となるからです。(須田 2010: 40)

以前、お子さんの白血病治療でどこまで抗がん剤治療をつづけるべきか議論になりました。「1%でも可能性があるならつづけるべきだ」と主張するひとりの医師に反対する人は誰もいませんでした。しかし、ある医師は「わが子だったら、絶対何もしないで退院させて、家族で最期の時を過ごすのにな……」とつぶやきました。公の場では万が一の可能性にかける「正論」に、反対できる人はいないのです。また多人数で決めたことには誰も責任をもたないし、複数主治医というのも、遠慮を含めて本音を言わないことが多いものです。(須田 2010: 212)

すなわち、彼女の主張は、倫理的に難しい判断であればあるほど、話し合うと決められなくなるのだから、患者のことを誰よりわかっている主治医が一人で決めるべきだ、というものである。本稿では、こうした立場を倫理に関する「決断主義」と呼ぶことにしたい。この立場は、表立って主張されなくとも、ある種の理想的な医師の姿として今も根強く支持されている。しかし、本稿ではこうした決断主義は相対化される必要があり、現場での多職種ケース検討がより創造的に倫理的課題を解決しうることを主張したい。[8] 結論を先取りすれば、決断主義は「これかあれか」という選択に自らを追い込みがちなのに対し、多様な立場での話し合いはそのリスクを最小化し、最終的には医療者により大きな自由をもたらすはずだ、というのが本稿の基本的な発想である。

そこでまず次節では倫理に関するケース検討が国内外でどのように位置付けられているのかを確認した上で、実際のケース検討を取り上げ、そこで行われていることの意味を明らかにする。以上の作業を通じて、卓越した判断力を持つ一人の医師が生命に関わる重い決断を一手に引き受けるというイメージに代わる、新たな創造的意思決定の姿を示すことが、本稿の最終的な目的である。

2 臨床倫理ケース検討とは

(1)助言か対話か

生命倫理学の分野では、具体的なケースに即して実際的な医療上の意思決定の倫理的妥当性を検討する分野のことを「臨床倫理(clinical ethics)」と呼ぶ。この名称には二つの対照があり、一つには実践的な生命倫理学の分野としては古くからある「研究倫理(research ethics)」であり、[9] もう一つは体系性を重んじる原則主義的な生命倫理学である。すなわち、医学研究ではなく医療を対象とし、原理原則ではなく個別ケースを問題にしているのが臨床倫理である、とひとまずは言えるだろう。以下ではこの特徴が明確になるように、「何が患者の最善か」に関わる個別具体的な選択・意思決定に特化した話し合いのことを「臨床倫理ケース検討」と呼ぶことにしたい。

病院における臨床倫理ケース検討の実際は多様であるが、大きくは倫理の「専門家」による相談対応を充実させる方向とケースに直面している当事者間での話し合いを促進する方向とに大別される(服部 2017)。前者は主に米国の大病院で発展した方法で、生命倫理学の専門教育を受けた専門家を個人コンサルタント（clinical ethicist）として雇用し、対応を一任するというものである。これに対して後者は、典型的には主に欧州で広がっている倫理ケース検討法（Moral Case Deliberation, MCD）に見られる方法であり、あくまでも当事者である医療スタッフ間の話し合いでの解決を目指している。この場合、倫理問題は当事者が取り組むべき問題であり、「アウトソーシング」できないという前提に立つため、仮に倫理の専門家がその場に居合わせたとしても、あくまでも「ファシリテーター」としての関与に留まる。[10]もちろん、現実には米国でも後者に近いような形で臨床倫理コンサルテーションが提供されている場合もあるし、[11]欧州でも前者に近いような助言が提供されている場合もあるが、方向性としては概ね以上のように整理できるだろう。

(2)日本での展開

日本では、当初は主にボランタリーな「倫理カンファレンス」や「病院内（臨床）倫理委員会」での医療者による話し合いの場としてケース検討は広がって行った。[12]その際、仮に倫理の専門家が加わることがあったとしても、専門的助言を行う「コンサルタント」よりも、対話を促進する「コーディネーター」的な役割が期待されていた（浅井・福原編 2006）。

ただし現実にはカンファレンスや委員会での話し合いは形式的なものに留まるか、結局は職種ごとの話し合いに終始することが多く、実際の意思決定の場面で大きな影響力を持つには至らなかったのが現実である。

その一方で、一部の病院では二〇〇〇年代後半から正式な病院組織による「臨床倫理コンサルテーション」[13]の体制が導入され、次第に広がりを見せつつある。これらの多くは医療者を中心とするチームによる相談対応であり、米国の大病院のような専門家の雇用はごく少数の例外に留まる。とはいえ、全体的な傾向としては専門家による助言を求める流れが強まってきており、近年では臨床倫理についての専門資格を認定する学会さえ誕生している。その意味では、日本においても従来の当事者間の対話促進という流れに加え、（その是非はともかく）米国型の専門的助言に価値を置く流れが強まりつつあるのが現状であろう。

ただしいずれにしても、多様な視点でケースを読み、解釈し、新しい問題解決の可能性を探ることが全ての臨床倫理ケース検討の出発点となることに違いは無い。そこで次節ではあるケースを取り上げて、実際のケース検討で何が行われているのかを具体的に示すことにしたい。[14]

3　未成年に対する予後告知の事例

(1)ケースの概要

このケースの患者は大腿骨骨肉腫で現在整形外科病棟に入院している高校生のA君である。A君は病院から電車で一時間ほどのところに四〇代の両親と二〇代の姉と四人で暮らしている。二〇〇〇年代初頭に大腿骨骨肉腫と診断され、手術と抗がん剤治療を受けたが、二年後に肺に転移が見つかり、放射線療法を受けた。さらにその一年後に骨肉腫の再発と肺転移による呼吸困難感が出現し入院したところ、さらなる転移もみつかった。既に有効な積極的治療はなく、予後は数ヶ月と見込まれている。今回、家族に予後の見込みを説明し、在宅酸素療法により一時退院することになったため、今後の療養場所についてキーパーソンである母親と話し合うことになった。なおA君本人には、再発で痛みが出ていることや肺に転移していることは大まかに説明されているが、抗がん剤治療や放射線療法の効果がないことや予後が短いことは説明されていない。そのためA君は、今回の入院は疼痛や呼吸困難感を治療するためのものので、「治して帰る」と思っている。

医師と看護師は、母親に今後は症状緩和を目的として治療を受けることになることを話し、自宅で過ごす方法、現在の病棟(整形外科)で過ごす方法、別の病棟(緩和ケア病棟)で過ごす方法、の三つの選択肢があることを説明した。医療者は、現在入院している病棟は面会時間が限られており、一緒に過ごす時間に制限があるため、症状緩和をしながら自由に過ごせる緩和ケア病棟に移るのが良いのではないかと考えている。これに対して母親は、「自宅で過ごし、状態が悪くなったらまた整形外科病棟で診てもらいたい」と希望している。なお、母親は緩和ケア病棟も選択肢の一つとしては考えたいものの、この病院では緩和ケア病棟に移るためにはA君本人に告知や病状説明をすることが条件になっているため、それは難しいと考えている。また、これまで医療チームは両親が告知しない方針だということ、患者が高校生であることを考慮し、A君へ予後の告知をしない方向で治療方針を検討しているが、なかにはこのままで良いのか疑問を感じているスタッフもいる。

(2)選択肢の創造的な提案

以上がケースの概要であるが、この事例について話し合う際の出発点は、当該ケースで何が重要な選択・意思決定であり、それに対して具体的な選択肢は何であるのかを明らかにすることである。[15]本ケースに即して言えば、検討すべき選択・意思決定そのものは比較的明瞭である。言うまでもなく、現在医療者と母親が直面しているのは、「療養場所の選択」という選択・意思決定であり、これがケースの主題となっている。対立構造としては、医療者側が提示した三つの選択肢に対し、母親は別の選択肢を希望しており、両者の折り合いをどうつけていくのか、ということが現実的な課題である。

ただし、言うまでもなく本ケースにはもう一つ重要な選択・意思決定が含まれている。それは高校生であるA君本人への予後告知をどうするか、という選択である。実際、既に早い段階で「本人には告知しない」という選択がなされているが、この決定は現在の療養場所の選択に対しても直接的な影響を与えている（緩和ケア病棟という選択肢の制限）。そのため、実際のケース検討においては、この二つの選択について、それぞれ具体的な選択肢を挙げたうえで、選択肢毎のメリット・デメリットを比較検討するという作業を行うことが必要となる。

ところで、この作業において最も重要なのは、ケース検討に参加する人々が既に提示されている選択肢からいかに「自由な」発想をもつことができるか、ということである。本ケースに即して言えば、現在医療者が母親に提示している「療養場所の選択」に関する選択肢以外の選択肢がありえないのかをまずは問うことである。例えば、母親が希望する「できる限り在宅療養をして状態が悪くなったら、整形外科病棟に再入院する」という選択肢はそもそも検討に値しないのだろうか。また、A君本人に告知することなく緩和ケア病棟に入るという選択肢はないのだろうか。仮に現在の病院が難しかったとしても、他の病院の緩和ケア病棟であればどうだろうか。そもそも今の病院が家から電車で一時間程度かかることを考えると、もっと本人の家に近いところに緩和ケア病棟は無いのだろうか。こうして今ある選択肢を膨らませ、何とか患者・家族の希望と折り合いをつける「第三の道」を探るプロセスが、ケース検討においては決定的に重要となる。[16]

このように選択肢を膨らませる作業は、立場が分かれやすい論争的な選択の場合にはさらに慎重に行われる必要がある。このケースで言えば、「予後告知」に関する選択がそれにあたる。すなわち、話し合いの参加者が、「告知する」「告知しない」という常識的な二択以外に具体的な選択肢を挙げられるか否かがその後の話し合いを大きく左右する。

というのも、こうした二分法は、ケース固有の文脈に沿った議論を困難にし、参加者を原理主義的な立場に固着させがちだからである。仮に、このケースを離れて、「そもそも未成年に予後告知すべきか否か」という議論を始めてしまえば、合意形成することは直ちに困難になる。私たちが合意し得るのは、目の前のA君に対して、どの程度の情報を、どのように伝えるべきか、という問題であり、それは必ずしも一般論でなくとも良い。それゆえ、ケース検討においては、こうした一見二分法に見える問題を、ケースの文脈に即して丁寧に解きほぐしたうえで、ある種の折衷案を作り出すことが求められる。実際、本ケース検討では、参加者から「告知する」「告知しない」という選択肢の他に、以下のような選択肢が提示され、そこから議論が展開していくことになる。

A君に、腫瘍に対する治療が困難であることを説明するが、予後については明確には言わず、「どのくらい？」と聞かれたら、「人によって四か月のこともあるかもしれないが、半年、また一年、二年のこともある」などと広い範囲の可能性を答える。（石垣・清水 2012: 71）

これはすなわち、ここまで「予後の告知」とひとまとめにくくられているもののなかに、「具体的な余命の予測」と「有効な治療法がなく治癒の見込みがないこと」という二つの異なる側面を見出したうえで、後者についてのみ明確に伝える、とした案である。[17]本ケース検討では最終的に概ねこの案が支持され、以下のような推奨がなされることになった。

・A君に現在伝えてあること以上の情報を伝えないというのは、人として尊重しているとは言えない。
・伝える場合、予後半年というのは単なる見込みで、決まったことではないのだから、それを告げるのではなく、治癒を目指すことは無理で、どれほど長持ちさせるか、いかに快適に過ごせる環境を保つかが課題だということを伝えたほうがよい。
・両親には、その程度のことは伝えないと、不信感を募らせるだろうことなどを説明し、伝えるか伝えないかの二者択一ではなく、どこまで伝えるかについて了解を得るよう努めるべきではないか。（石垣・清水 2012: 84）

この推奨は、当初の段階で「告知する」「告知しない」の二分法に沿って議論していた場合には出てこない。この点で、こうした一種の創造的な妥協案をどう作っていけるかが話し合いの質を左右するのである。

(3)本人・家族の意向の「理由」

加えて、実際のケース検討では、今後さらに選択肢を膨らませるために、患者・家族の意向を掘り下げることが試みられている。[18] これはもちろん、まずは患者・家族が今現に表出している意向や希望を汲み取ることから始まるが、必ずしもそれにとどまらない。というのも、実際にはこうした表面的な意向が必ずしも「真の」意向とはいえない場合があるからである。それは患者・家族の側での誤解や知識不足によることもあれば、医療者への遠慮や気兼ねによって「本音」が言えない場合も含まれる。そこで試みられるのが、現時点での本人・家族の意向の「理由」を丁寧に確認するというプロセスである。本ケースで言えば、まずもって、なぜ両親はそもそも本人に予後告知すべきではない、と考えているのか、その理由を尋ねることである。例えば、以下の参加者の発言はまさにそれを指摘するものである。

> 自分の子どもを守りたいという親の強い気持ちを、どうサポートするかを考えるためにも、両親の思いをもっと知る必要があると思います。医療者ができることがあれば、させて頂くという態度で接していくことで、両親がなぜ予後告知をしないほうがよいと考えているのか、その理由を聞いていくとよいのではないでしょうか。(石垣・清水 2012: 82 強調は引用者)

以上のような家族へのアプローチに加えて、ケース検討では、本人の意向の確認に向けた話し合いもされている。通常、「告知」の是非にかかわるケース検討では、そもそも本人に重要な情報が提供されていないため、問題となっている選択について直接本人の意向が把握されていないことが多い。しかし、それはイコール本人の意向を一切確認できない、ということではない。というのも、少なくとも本人の意向を推測するための手掛かりは存在しているからである。この点に関しても、実際の検討では、A君の性格や過去の本人の希望、最初の病名告知の際の反応から病棟で友人が亡くなった際の様子まで、様々な観点から話し合いが進められている。これは仮に直接本人の希望を聞くことが難しい場合であっても、可能な限り立体的に本人像を浮かび上がらせ、そこから本人の希望を想像しようとする試みである、と言えよう。このように、現実のケース検討では、医療者側の経験や発想によって選択肢を膨らませるだけではなく、本人の価値や生活についての詳細な情報を得ることで、さらにその選択肢を修正していくことが目指されるのである。

私たちはしばしば倫理的ジレンマに陥った際に、「勇気をもってどちらかを選ばなければならない」という強迫観念に取りつかれてしまう。自由な発想で行われるケース検討はこうした「こわばり」を解きほぐし、別の解決の道を探ることを可能にする。「行き詰っているように見えても、実はほんの少しの想像力が必要なだけの場合が、どれほどあることか」(Weston 2002=2004: 50)。もし臨床倫理ケース検討に意味があるとすれば、それはこうした「他でもあり得る可能性」への拓かれに他ならない。

4 ケース検討はいかにして可能か

以上ここまで、具体的な過去ケースを素材として具体的にどのような「検討」がされうるのか、いわばその理念型を示してきた。このプロセスは概ね中心的な選択・意思決定の場面に沿って取り得る選択肢を挙げ、そのメリット・デメリットを評価することから始まる。その過程で特に重要なのが、解決する方法を複線化し、「他でもあり得る可能性」を追求する作業である。これらのプロセスで探求されているのは、「あれかこれか」という英雄的な決断ではなく、「あれもこれも」という微細な調整である。

ではこのプロセスが有効に機能するためには何が必要なのだろうか。一つ言えることは、まずは参加者によって、臨床倫理ケース検討には客観的な「正解」など存在せず、参加する当事者の経験や考え方に左右される一回性の高いトライアルである、という認識が共有されることである。実はこの前提が共有されていないと、そもそも話し合いをする意味は無くなってしまう。その典型が、決断主義とはまた違う理由で話し合いを忌避する医師に多く見られる、ある種のマニュアル主義である。実際、冒頭に紹介した厚労省のプロセス・ガイドラインが出た際には、それが生命維持治療の中止や差控えという「重い」決断を含むものであるにもかかわらず、全く具体的な内容を欠いていることに対する不満が多く聞かれたという(樋口 2008)。つまり、もっと具体的にこういう状態の患者には治療をしなくても良い、とマニュアル的に書いてほしい、というのがそれである。しかし実は、プロセス・ガイドラインはまさにこうした発想を否定するところから生まれたものである。この点について、先駆的なプロセス・ガイドラインである「重篤な疾患を持つ新生児の家族と医療スタッフの話し合いのガイドライン」の作成に携わった臨床心理士の玉井は、当時の問題意識を以下のように述べている。

わたしが懸念するのは、「18トリソミーだからクラスCだよね」という医師の台詞に端的にあらわれているような、疾患を単位とした治療方針決定のありかたであり、とりわけ、疾患名それのみを頼りにして治療しないことを医療者が選択してしまうことです。加えて、「だってガイドラインにそう書いてあるから」に象徴されるような、医療者が半ば思考を停止させている姿に対してです。(……)

「18トリソミーだからクラスCだよね」とつぶやいてしまった医師の心情も、察するに余るものがあります。無力感に苛まれていたのかもしれません。「だってガイドラインにそう書いてあるから」と思考を停止させているかのように見えて、そうしなければ自分を守れないほどの心の葛藤があったとも考えられます。しかし、そのことを斟酌したとしても、否だからこそ、すなわち、倫理的ジレンマや心理的葛藤を覆い隠すための方便としてガイドラインが利用されてしまう可能性すらあるからこそ、疾患名、ただそれだけで治療の差し控えや中止を決めてしまうことに危惧を覚えるのです。(田村・玉井編 2005: 3-4)

ここに記されているように、マニュアル的な発想はある種の「思考停止」を生む。この点で、決断主義とマニュアル主義には表面的には違いがあるものの、「皆で考え抜くこと」を放棄する点では同じである。ケース検討はこの止まった思考を再開させることを呼びかける。これは確かに中途半端な立場を嫌う人々や誰かに決めてほしい人々にとっては苦痛な作業となる。しかし事が人の命にかかわる重い決断である以上、そこには常に「ためらい」や「迷い」があり、「正解」などないのが当然ではないだろうか。

この点で確かに冒頭に紹介した医師は正しい。話し合えば話し合うほど大胆な判断は難しくなるかもしれない。「にもかかわらず」一人で決めるよりも質の高い意思決定ができると言えるかどうか。ここにこそ臨床倫理ケース検討が今後真に有意義な活動として医療現場に根付くかどうかの試金石がある。もしそうでなければ、それは単なる「話し合いをした」というエクスキューズに過ぎない。それがまさに一回一回のケース検討で試されているのではないだろうか。

謝辞：本稿は国立がん研究センター研究開発費「がん専門病院における臨床倫理支援体制の構築に関する研究」(28-A-26)の成果の一部である。

■注

1　倫理カンファレンスでの検討方法について整理されたものとして、重症疾患の診療倫理指針ワーキンググループ(2006)がある。

2　本稿ではケース検討が現在進行形のケースなのか、過去のケースなのかを問わず、両者を等しく扱う立場をとる。ただし実際には「臨床倫理コンサルテーション」や「臨床倫理サポート」という言葉が使われる際には、通常は現在進行形のケースに対して、話し合いを促進したり、具体的な助言を行ったりすることにより、目の前の問題解決に資する活動だと捉えられている。これに対して、過去ケースの振り返りはあくまでも教育的な効果を狙った二次的なものと位置づけられることが多い。しかし著者は、過去の難しいケースを反省的に振り返って検討することにも、現在進行形のケースと同等あるいはそれ以上の実践的・臨床的な意義があるという立場をとるため、両者をまとめて「臨床倫理ケース検討」と捉える。この点については改めて別稿を設けて議論したい。

3　先進的な取り組みとしては、東京大学医学部附属病院患者相談・臨床倫理センターと宮崎大学医学部附属病院臨床倫理部の活動が良く知られている(瀧本 2011、板井 2016)。なお、著者の所属する国立がん研究センターでは、二〇一六年六月から有志により臨床倫理ケース検討を始めていたが、二〇一七年九月に中央病院に臨床倫理支援室が設置され、臨床倫理コンサルテーション・サービスを開始した。

4　学会から出ている類似のガイドライン・提言としては以下のものがある。日本老年医学会「高齢者ケアの意思決定プロセスに関するガイドライン」(二〇一二年)、日本透析医学会「維持血液透析の開始と継続に関する意思決定プロセスについての提言」(二〇一四年)、日本救急医学会・日本集中治療医学会・日本循環器学会「救急・集中治療における終末期医療に関するガイドライン」(二〇一四年)、日本小児科学会「重篤な疾患を持つ子どもの医療をめぐる話し合いのガイドライン」(二〇一二年)など。

5　本ガイドラインは二〇一八年に改訂され、現在では「人生の最終段階における医療・ケアの決定プロセスに関するガイドライン」という名称になっている。

6　倫理的問題を個人のプロフェッショナリズムの欠如で生じるという理解も同様の帰結をもたらすことが指摘されている(服部他 2014)。

7　なお、実際には本件では気管内チューブの抜去後に鎮静剤と筋弛緩剤の投与が行われており、生命維持治療の中止のみが問題となったわけではない。裁判例に関する詳細な検討については、町野(2007)、辰井(2012)を参照のこと。

8　本稿でいう倫理的問題の創造的解決という発想は、Weston (2002=2004)による。

9　研究倫理については、田代(2011)を参照。

10　オランダ発のケース検討法であり、倫理的問題の解決にとって有用なのは倫理理論やガイドラインなどの「知識」ではなく、実践的な道徳的経験(practical moral experience)であるという立場をとる(Widdershoven & Metselaar 2012: 293)。

11　例えば、その代表的なものが「生命倫理メディエーション(bioethics

mediation)」である(Dubler & Liebman 2011)。実際、提唱者の一人であるフィースターは、自らの立場を「推奨中心モデル(Recommendation-Focused Model)」ではなく、「対話中心モデル(Dialogue-Focused Model)」として位置づける(Fiester 2015)。

12 日本の病院内倫理委員会については、一家(2013)を参照のこと。

13 米国生命倫理学会(American Society for Bioethics and Humanities, ASBH)は、臨床倫理コンサルテーションを以下のように定義している。「患者、家族、代理人、医療従事者、他の関係者が直面するヘルスケアの中で生じた価値問題に関する不安や対立を解消するのを助ける、個人やグループによるサービス」。ここにもあるようにコンサルテーション・サービスの提供主体としては、個人コンサルタント以外にも、チーム方式や委員会方式があり、病院の規模等により多様な形態がとられている。歴史的経緯としては、一九九〇年代に米国で発展し、二〇〇〇年代にはほとんどの病院で提供されるようになったとされる(長尾 2012)。

14 取り上げるケースは、『臨床倫理ベーシックレッスン』に収められたケース「予後告知を拒否する家族と医療者のディレンマ」(レッスン1)である(石垣・清水 2012: 68-85)。なお、このケースブックは実際に行われたケース検討の記録を反映したものであり、参加者間の話し合いによる検討の深まりがある程度わかるようになっている。

15 なお本ケースの収録されているケースブックでは、著者の哲学者の清水哲郎が考案した「臨床倫理検討シート」に沿った検討が行われており、ここでいう出発点はシートに即していえばステップ1の「分岐点」の設定とステップ2の「選択肢の枚挙とメリット・デメリットのアセスメント」に該当する。

16 実際の本ケースの検討においても、医療者が提案している三つの選択肢に加えて、「症状コントロールが可能なところまで在宅療養をして、状態が悪くなったら、整形外科病棟に入院する」という選択肢と「家の近くの緩和ケア病棟に転院する(当院から家まで電車で一時間程度の距離があるため)」という選択肢が加えられたうえでメリット・デメリットの評価が行われている(石垣・清水 2012: 72, 73)。

17 これら予後情報の二つの側面の違いと現状については、田代他(2013)を参照。

18 臨床倫理事例検討シートでは、ステップ2のB「本人・家族の意向と生活」がここに該当する。特に「本人の生き方、価値観や人柄について」の欄では、医療と関わりの無い価値情報を積極的に収集し、ケース検討で活かすことが推奨されている。

■参考文献

Dubler, Nancy Neveloff and Carol B. Liebman 2011 *Bioethics Mediation: A Guide to Shaping Shared Solutions*, Revised and Expanded Edition, Vanderbilt University Press

Fiester, Autumn 2015 Neglected Ends: Clinical Ethics Consultation and the Prospects for Closure, *The American Journal of Bioethics* 15(1): 29-36

服部健司 2017「臨床倫理委員会や倫理コンサルタントとは別の仕方で——moral case deliberation の可能性」『生命倫理』27(1): 17-25

服部俊子・大北全俊・牧一郎・樫本直樹 2014「『病院組織倫理』試論——病院という場をどうデザインするか」『Communication Design』11: 27-48

樋口範雄 2008『続・医療と法を考える』有斐閣

一家綱邦 2013「再考・病院内倫理委員会——本邦の現状と再生のための序論」『生命倫理』23(1): 23-30

石垣靖子・清水哲郎 2012『臨床倫理ベーシックレッスン』日本看護協会出版会

板井孝壱郎 2016「ベッド・サイドにおける倫理コンサルテーション——いま臨床の現場で何が起こっているのか」櫻井浩子・加藤太喜子・加部一彦編著『「医学的無益性」の生命倫理』山代印刷出版部: 3-15

重症疾患の診療倫理指針ワーキンググループ(浅井篤・福原俊一編) 2006『重症疾患の診療倫理指針』医療文化社

町野朔 2007「患者の自己決定権と医師の治療義務——川崎協同病院事件控訴審判決を契機として」『刑事法ジャーナル』8: 47-53
長尾式子 2012「倫理コンサルテーション」浅井篤・高橋隆雄編『シリーズ生命倫理学 13　臨床倫理』丸善 : 22-45
須田セツ子 2010『私がしたことは殺人ですか』青志社
瀧本禎之 2011「東京大学医学部附属病院の取り組み」『病院』70(7): 534-6
田村正徳・玉井真理子編 2005『新生児医療現場の生命倫理——〝話し合いのガイドライン〟をめぐって』メディカ出版
田代志門 2011『研究倫理とは何か——生命医学研究と生命倫理』勁草書房
田代志門・藤本穣彦・相澤出・諸岡了介 2013「病院勤務医のがん患者への予後告知の現状——在宅緩和ケア遺族調査から」『緩和ケア』23: 411-5
辰井聡子 2012「重篤な疾患で昏睡状態にあった患者から気道確保のためのチューブを抜管した医師の行為が法律上許容される治療中止にあたらないとされた事例——川崎協同病院事件上告審決定」『掲示判例研究』147: 212-7
Weston, Anthony 2002 A Practical Companion to Ethics, Second Edition, Oxford University Press ＝ 2004 野矢茂樹・高村夏輝・法野谷俊哉訳『ここからはじまる倫理』春秋社
Widdershoven, Guy and Suzanne Metselaar 2012 〝Gadamer's Truth and Method and Moral Case Deliberation in Clinical Ethics, Madeleine Kasten,〟 Herman Paul, and Rico Sneller eds., *Hermeneutics and the Humanities: Dialogues with Hans-Georg Gadamer*, University of Chicago Press: 287-305

僕の支援の現在地
――わからないままに

伊藤英樹

1 しんじと会う

二〇歳のしんじと出会ったのは二〇一〇年の春頃だった。家族の墓前、精神薬の大量服用で倒れていたところを病院に運ばれ、一命を取り留めた後のことだった。市内で一番大きな総合病院での、自殺を防ぐための全身拘束に始まった入院生活。その退院のタイミングで、身寄りのない彼を福祉的なコミュニティにつなげていこうと考えたソーシャルワーカーからの紹介だった。高校在学中に、難病を患っていた姉と、彼を生み育てた母に相次いで先立たれ、その卒業時、進路相談にあたっていた教員の勧めで、寮付きの警備会社に入社して働き始めた頃、自殺企図をたびたび図るようになったという。病院のワーカーは、自分の息子と大して年の変わらない彼に情を寄せつつ、どう受け止め、支えていくべきなのか、途方に暮れていた。とても仕事復帰できるような精神状態ではないので、まずは生活保護を申請し、誰か繋がっていける人たちのそばで、アパートを借りようと考えた。駅のそばにある僕らの宅老所にも繋げておきたいということで、話を聞くことになった。

ワーカーからの話を聞いて、すぐに提案させてもらったのは、アパートでのひとり暮らしは不安だし、寂しいと思うので、先のことは考えずに、とりあえず僕らの宅老所で暮らすところから始めてみませんかということだった。丁度、同じ頃、遠方から来ている同じ年頃の実習生が、夜には誰もいなくなる宅老所(デイサービス)で寝泊りをしていたので、お互いの寂しさを紛らわすにはいいのかなと、深く考えず、軽い気持ちでのことだった。そしてその時のワーカーの話から、暗く塞いだ感じのか細い青年像を、勝手にイメージしていた僕はその第一印象に驚かされる。

その頃に何度か開いていた人間図書館という自分語りのイベントの時だったと思う。とりあえずの顔合わせというぐらいの感じでワーカーに連れてこられた彼は、三〇人ほどの集まりの中で、非常にはきはきとした明るい声で、両手をへそのあたりで組みながら笑顔を浮かべて、おどけた口調のおねえ言葉で、自分がゲイであることを宣言していた。その高いテンションに僕は圧倒され、呆気にとられると同時に、自殺企図のことなど吹っ飛んで、楽しいやつが来てくれたと面白がった。すぐにその場で、心配気味のワーカーに「いいですよ、僕らが面倒見ますから、住まわせていいですよ」と応えていた。それから何日もしないうちに、彼は最低限の衣類の他、ほとんど何の荷物もない状態でやってきて、僕らのコミュニティの中、宅老所の二階で、同じ年の作業療法の実習生と暮らし始めることになった。そして、そんなふうに安易な受け入れから始まった暮らしの安寧は三日ともたず、彼によって僕自身がむき出しにならざるを得ない場面を迎えることになる。「僕の気持ちは誰にも理解されません。わかってもらおうとも思いません。やはり死にます。」そう殴り書きしたメモを残して彼は僕らの前からいなくなった。

2　剥がされていく

僕らの住む町は港町だ。一〇分ぐらい歩くと港があり、海岸が整備された市営の公園があって、青いビニールテントを張って暮らしている人たちもいる。風の強い日は春でもかなり寒くもあり、夕暮れ時には、恋人同士が手をつないで歩く光景もあるが、それよりも、ひとり暗い気持ちでほっつき歩くのにこそ、うってつけの場所だ。僕はひとり途方に暮れつつ、情けないことに、彼がどうこうというより、僕らを頼ってくれたワーカーへの弁解の文句などを思いながら、失踪した彼を探すため、海っぺりをうろうろと歩いた。そんな風に探し歩き始めて二日目の昼下がり、初対面の時とはまるで人相の違う、真っ白く凍りついたように表情のない青年、しんじとばったり行き会った。その時、その表情こそが本当のしんじなんじゃないかと思った。僕に気づいても逃げようとするわけでもなく、全くの他人のようにすれ違おうとする彼の腕をとり、とりあえずは、みんなのところへ戻ろうと声をかけると、瞬間、抵抗するだろうと思っていた僕は、肩透かしをくらい、従順となってついてくる無表情な彼を連れて帰ることができた。人の顔というよりは能面のようになっている彼の横顔をちらちらと確認しつつ戻る道すがら「みんな心配したよ」などのありきたりな言葉をその横顔に向けて投げつつ、宅老所へ戻った。そして今度は、台所で二人、決して口をつけようとしない温かなお茶が冷めていく前で、立ったまま斜めに向き合い、頷くこともなく、視線を泳がせることもなく、返答のない彼に、僕は語りかけ続けていた。そして話せば話すほど、彼の前に、僕自身が存在していないかのように思えてきた。彼の感情を読み取ってとか、この後はどんなふうに落ちをつけようとか、そんな余裕がまるで持てなくなっていた僕は、自分自身が無視されている感覚に、不安な気持ちがこみ上げて来て、先に僕の方の感情が抑えきれず「とにかく生きていくしかないだろう、いい加減にしろよ」と怒気を含ませた言葉をぶつけていた。それでも沈黙が続くやりきれなさからか、のれんに腕押しのようなひとりごちたやり取りの虚しさからか、何の脈絡もなく僕は勝手に自分語りを始めていた。

二〇歳ぐらいの頃、僕は寂しくなると、知り合いがいるわけでもないのに、新宿をぶらぶらとほっつき歩いていることがよくあった。歌舞伎町から三丁目、二丁目と、ただただ不安を紛らわすために、寂しさを埋めるため、死ぬに死ねない自分の臆病さや、変わりたい自分に変われない無力感を抱えながら、ひとりよがりな若さの自己陶酔の中にいた。そんな僕に声をかけてくれるのは、若い女の子なんかではなく、中年の同性愛者だった。彼らは僕を呼び止め、路地裏で、公衆トイレで、安価なホテルで、僕を抱きしめてくれた。性的なはけ口にしかなっていないことはわかっても、こんな自分を求めてくれるということが、瞬間的には、寂しさと不安への特効薬になっていた。なぜか、そんなしょうもない昔話を、何を俺は言い出してんだと内心で問答しながら、揺れながら、ぽつりぽつりと語り始めていた。

すると、彼もまたぼそぼそと表情のない口元を開き、ぎこちなくではありながら少しずつ対話の体を成していった。しんじとの最初の対話だ。彼自身も警備員で働いている頃、同じように新宿へ行き、自身の快楽も含めて見ず知らずの人たちと抱き合っていたこと、そして同性愛の始まりが母親の愛人からの性的虐待から始まっていたこと、しかしながら体目的の関係では、自分の寂しさや不安が埋まってはいかないことをつらつらと、機械的な語り口で、まるで感情の入っていない言葉のように、話し始めた。そして話している途中、まさに突然に、こどもというよりも、赤子のような泣き方で、激しく泣いた。それがまさに始まりだった。

3　生きていられるからこその不安

僕はたまに人前で、介護もしくは地域福祉といったテーマで話をさせてもらうことがある。その時に話す内容は、その頃に湧き上がってきたものだ。きっと同じようなことを学者さんたちが文献にしているのかもしれないのだが、つまりはこうだ。

人はみな、大変居心地の良い子宮の中で生まれ育つ。そこでは、生きるためのすべてが備わっていて、暑さも寒さも感じることなく、おなかが減ることも、排泄のわずらわしさも不快感もなく、すべてが守られた中で存在し続けることができる。僕らをおなかに宿している母親には、しんどいことは日々たくさんあるのだけれど、僕らはおなかの中にいる限り守られている。

だけど誰もがそんな居心地の良いところを、出ていかなければならなくなる。自分で呼吸しなければならず、暑さ寒さを感じるようなところへ、出ていかなければならない。まさに生まれることが試練そのものであり、生まれた瞬間から不安との格闘が始まってしまう。その不安を埋めるために、母体を出てすぐに僕たちは抱き上げられ、胸の鼓動を感じさせてもらうことで、ほんの一瞬、人生で最初の安心を得ることにもなる。僕らの人生は、そもそも不安とどう付き合っていくかということから始まり、それが生きている間はずっと続くのだろうということ、だから、不安がむき出しにならざるをえない人たちのことを考えていく福祉や介護といったことに携わっていくことは、僕ら自身の不安との付き合い方を考えていくということにあるのではないかということだ。

そしてたとえ不安を感じない生き方、状態を作っていけたとしても、最後には、僕自身もそうだし、誰もが、老いのもと隠しきれなくなった不安が、剥き出しとなった状態に戻っていく。いや、老いを待つまでもなく、ほんのちょっとした運命の悪戯でそういう状態になってしまうことはいくらでもある。だからみな、不安を感じずに済むような暮らしに向けて、勉強し、お金をためて、より安定した、安心できる群れの中に入っていけるような、いられるような努力を、頭のいい人たちほど怠ることなくする。またそういう生き方を、親から子へ、またその子供へと継承していく。

しんじが生まれてからのことは、彼から聞き取り、感じた想像の範囲でしかないが、不安が剥き出しのままであることが多かったのだろうと思う。不安であることこそが当たり前であったがゆえに、誰が見ても不安でないような状態、安定した状態にすら、逆に幸せを感じるような時にこそ、元の暮らしとのギャップに不安が高まってくるというジレンマがあるのではないかと思っている。

僕らと出会ってからのしんじの暮らしが、人への信頼が深まり、成長してここを出ていったなんてことには、もちろんその後もなっていない。僕らが運営する用途のはっきりしない共同民家に住み込み、介護の必要な年寄りの世話を手伝い、当時、住み込みで、みんなの食事を世話していたおばさんからの情を受けつつ、不安定な日々を続けていた。やはりここでも実習生や、一時的に行き場がなくなった人や、看取りを迎えた年寄りやなどが泊り続けることがあり、そういった人たちとの間で、お互いに不安定な感情を時折さらけ出しながら、その時々の縁のもと、日々変わりゆく日常の中にいた。

東日本大震災の翌年には、少なくなっていた現地のボランティア事情もあり、彼にもお願いして行ってもらったのだが、そこで何かが変わるのではなんて期待した僕は、またしても失踪した彼を仙台警察まで迎えに行くことにもなる。彼が変わっていくというより、僕が彼とのことで行き詰まり何かアクションを起こしていくというような感じなのだと思う。

4　そばで生きる者同士として

しんじからの手伝いがないと日常が成り立たないと感じるぐらいに、安定しているときの彼が行う老人の世話は、給料を払うべき仕事ぶりへとなっていた。僕は、今がその時とばかりのタイミングで、スタッフとして雇用し、共同民家での生活から、近くのアパート暮らしへと移行させた。その都度、話し合いは持つのだが、彼から自分の暮らしを変えていこうとすることはなく、こちらで読み取って提案し、なんとなく賛同させて次に向かっていくというようなことではあった。

つい成長物語を感じ取ろうとして、彼の人生を思い返そうとしてしまうことが僕にはたびたびあるのだが、しんじの唐突な「もう死にます」という書きおきやメール、ラインメッセージは今もある。もういい大人なのだから、そんなの放っておけばいいとも思うし、いつまでも振り回されて、結果的に甘やかすようなことにしかなってないとも思う。だから彼は、僕の受け止め方との相互作用において、自傷的な言動を繰り返しているのではというふうにも思う。

身寄りのない中でやってきたしんじも、この春で二八歳になる。彼はここで働きながら、ひとり暮らしをして、生きている。突然連絡を絶つことも、自殺を仄めかし、実行しようとすることも、なくなってはいない。人並みの恋愛を想像しては傷つき、理想を求めては、それゆえに裏切りもひと一倍敏感に感じ取り、不安のまま自暴自棄になっては、生きていることに安心し、生活が落ち着いてきたとしても、それを成り立たせるために頑張っている自分に疲れて、死にたくなる。揺れっぱなしだ。

でも、そんな彼と生きながら僕もまた、彼のことでは揺れっぱなしなのだ。彼と距離をとってしまえるのであればなんてことない。だけど、そうなってしまったら今度は僕が僕自身でなくなってしまうような不安を感じる。彼が死んだらいやだなという感じも。群れからはみ出した者同士の共感ということなのだろうか。それとも支援の場では、共依存の悪い事例とでもなるのだろうか。お互いに、群れに入っていけないことの寂しさを分かち合い、不安を晒し合っているということなのだろうか。

自分自身が不安にならないように対処できるということ、群れの中へと人をかき分けて入っていく力。経済的だったり、人間関係だったり、社会的地位だったり、社会の中で、群れの中で、人の中で、生き抜いていく、勝ち抜いていく、自由にできる状況を作っていくといった能力には差があるということ。それを承知したうえで身の丈に合った処世をしていけるようになることが成長、大人になるということであれば、僕も彼もまったく大人にはなっていないし、成長はしていないと思う。そして不安のままにある。そしてそれが、いのちを持っているがゆえの、あたりまえの不安だとも思っている。

5 たけおさんと会う

僕らの介護施設の利用者として紹介されたたけおさんと

の出会いはほんの二年前だ。小規模多機能型居宅介護という介護保険事業の利用者として紹介された。地元育ちの自由奔放な人生を送ってきた方のようで、新聞社勤めを経てから、二六歳で親の援助のもと鉄工所を起業、旋盤工の職人として小さな会社の親分として生きてきた。他人に対しての物腰は柔らかく、働き者であったこともあり、会社は順調に利益をあげていたようだった。その一方、家族内でのふるまいには問題があったようで、まだ子供が成人しないうちに、妻とひとり息子に出ていかれ、息子は成人してからもお金の用立てを頼む以外には近づいてこないようになった。五〇歳を過ぎた頃に、旅行先のタイで出会ったふた回り年下の女性を妻に迎えてからは、円満な夫婦関係のもと、タイにいる妻の親族にも金銭的な援助をするなどして頼られ、もちろん妻からも尽くしてもらい、仕事に精を出しつつ順風満帆な老いを迎えようとしていた。

そんな頃、物忘れや見当識障害を自覚し始めて受診、アルコール性の認知症の診断を受けた。小さな会社の経営者として、現場の作業も、経理のことも、営業のことも、自分が社長として取り仕切っていただけに、本人はもちろん、生活をかけてそこで働いている従業員達も不安になっていた。そして社長のそばにいて、彼の状況の変化を一番わかっているはずだし、会社のことも心配してもらいたい肝心の社長の奥さんは、片言の日本語しか話せず、半ばパニックになっていた。

そこで会社の経営状況を不安に思った従業員達は、自分たちの暮らしを守るため、会社を守るために、引き続き会社を取り仕切ろうとする社長から会社の経営権をとりあげることとした。そうした経緯に納得することができずに、自宅のそばにある工場に行って、仕事をしようとする彼を会社は受け入れることができなかったし、また彼もその事実を受け入れることはできなかった。結果、感情のコントロールが効かずに、暴力行為が妻に向かうようになり、警察沙汰になることを繰り返す中で、精神病院に入院。身体拘束と共に強い安定剤を服用するようになった。

しかし、拘束がはずれてからも、呂律も回らずに、よだれを垂らして、ふらふらになって歩き回り、失禁もするようになってしまった入院してからの夫の状態と、入院費の支払いで、財産が目減りしていくことを心配に思った妻が、主治医に退院を相談し、薬を抜いた状態となって、主治医から僕らに紹介されてきた。

6　老いとともに剥がされてゆく

出会ったばかりの頃は、薬をやめたこともあって、体調も良く、外向きの社交性を存分に発揮して、みんなに冗談を言って笑わせてくれる、まさに下町の工場の快活なおっちゃんという感じだった。仕事と酒と女性の話が好きで、陽気な口調で楽しませてくれていたのだが、会社を辞めたことを忘れて、仕事場に戻ると言い始めると、それを行かないように説得して宥める、もしくは話をそらして誤魔化すということが難しく、時には彼の行き場のない暴力をしばしば受け止めてもいた。

社長ということもあって、僕らが命じられた通りに、彼を工場に送ろうとしないことにはとりわけ腹を立て、まさか自分が会社を辞めるわけがない、ましてや、とられるわけがないと思っていた。やはり家でも頻繁に暴力が出る。飲まずにいられない気持ちなのに、酒を買ってこない妻に腹を立てて、追いまわして、妻が家にいられないようにもしていた。それでも僕らの対応の仕方次第では、温和になっている時間が少しずつでも延びるように、暴力的になっている時間が少しずつでも短くなるようにと、コミュニケーションの取り方に工夫をする余地はあった。ただ素の自分になって頭を押さえながら、なんで俺はこんなにバカになっちゃったんだろうと考え込んだ表情を浮かべている時は、彼の葛藤の深さに情を感じずにはいられなかった。そういう表情が見え隠れしたからこそ、彼のむき出しの不安から沸き起こる暴力を受け止めてでも、病院に戻るような状況だけは作りたくはなかった。

それから二年余りの月日、言語理解が急激に衰えを見せて、彼自身も日々変わりゆく自分にいら立ち、時折感情を爆発させるのは変わりないのだが、それ以上に気持ちが右から左に流れていってしまって感情の保持すらままならなくなっていることに、そばにいるものとして切なさを覚えた。あんなにも激しく葛藤をぶつけてきた僕らに対して、一緒に公園や買い物に出かければ、姿を見失わないようにと必死になって目で追いかけて、外を歩いている間中、握ってきた手はぎゅっと握りしめて離さないでいる。小さな子供が見知らぬ場所へ親に連れられてきたときそのままだ。夜がなかなか寝付けないのは相変わらずだが、部屋を薄暗くして隣で添い寝をしていると安心して眠り始める。そしてぱっと眼が覚めたときに隣にいないと、すぐに起きだしてくる。かつて会社を仕切っていた時の面影は消えつつある。

僕は生計を立てるためにやっている介護保険事業という仕事柄、老いのただなかにある人たちとの付き合いが多い。後から人生を追いかけゆく僕としては、目に見えて老いを自覚せざるをえなくなった彼らが、それぞれの人生を振り返り、思いを巡らして、感傷的になって時をやりすごしているのでは、なんてロマンチックに思っていたいのだが、それよりも、変わりゆく自分の身体機能、衰えゆく記憶力といった老いをめぐる自身の変化との戸惑いの日々に苛まれている人が圧倒的多数だ。人生の円熟期なんてものではなく、逆に円熟したふりを何とか作ろうとして虚勢を張って、苦しんだりすることもしばしばある。

そんな葛藤が剥き出しになるほどに、そばにいた人たちが離れていき、家族からもそばにいることを拒まれざるを得ない状況になった時に、僕らと出会う。そうして、五年、一〇年と、自分の力では自由に生きていくことが叶わなくなった最後の日々を共にし、看取りまでを過ごす。家族も時に右往左往し、揺れながら、そばにいるのが僕らでいいのかを逡巡し、見極めようと、最後の瞬間まで迷う。僕らは受け身となって、ただ、そばにいるよというメッセージを本人に、家族に、曖昧に送り続ける。人生の選択にはどの瞬間においても本当の答えなどないのだから。母国のタイを離れて日本へやってきて、たけおさんを頼りにしている妻から、僕らが頼りにされている限り、週に二日ばかりの夫婦での暮らしを守り続けるために、いつ終わるかもわからない、彼らとの日々を続けていく。

7　ゆきひこと会う

ゆきひことの出会いは僕らが運営する木更津の宅老所ではなく、千葉市内で、ある時期にたまたま僕も運営に携わっていた一刻荘という緊急一時保護、支援のための一軒家を利用した少人数のシェルターだった。師走に入り、寒さも本格的になった頃に、無料低額宿泊施設を喧嘩して飛び出し、誰もが使える一刻荘を紹介されてきた。その頃の一刻荘には、ゆきひこと同じ年頃の青年が、少し早く、やはり行き場をなくした中でたどり着き、老人ホームの仕事を得て働き始めていた。

その彼と一緒にいることが多く、年も近いし、はみ出してきた者同士で気が合うのかなと思っていた矢先に、ゆきひこは失踪する。あれこれと彼から命令される(ぱしりにさせられる)ことが多かったのだけれども、ゆきひこが嬉しそうに応えていているように見えたものだから、そんなものかなと周りも思っていた。しかし本人としてはだいぶストレスがたまっていたようで、ある日の彼の命令に対して、ついに頭にきて出ていったようだった。

まあ、出ていってしまったからにはしょうがないかなと思い始めていた頃に、近隣の救急病院からゆきひこのことで連絡が入った。身元の分からない青年が動けなくなっていて危ない状態であるとの一報で、口にした連絡先が一刻荘の世話人をやっている女性の携帯番号であったため、僕らが迎えに行くこととなった。行ってみて僕は腹の底からこみあげてくる笑いをこらえるのに大変だった。病院について診察室に呼ばれるなり、横たわった彼をそばにして、堅い表情をした医師から、いくつか検査はしているのだけど、今のところ原因がわからない。からだが硬直した状態になっていて、苦しがっている。全く歩くこともできない状態との説明を受けた。やはり重苦しい雰囲気の看護師さんがそばについた寝台の上で、脱力しつつ苦しそうな細目を浮かべ、手足をピンと伸ばして硬直しているかのように見せるゆきひこの、まさに命がけの演技は素晴らしかった。

また面白い人に出会えたなあと改めて思いながら、彼の耳元で「一刻荘じゃなくて、住める場所あるから、木更津だけど、歩けないやつは連れていけないぜ」と言うと、「分かりました、歩きます」と言って、寝台からすっと降りて立つことができた。そして今度は体調悪そうに歩こうとしたため、「具合悪かったら少しでも長く入院できるように頼もうか」と言うと、背筋を伸ばして歩き始めたので、「具合、良くなったみたいなんで連れて帰ります。申し訳ありません」と、ポカーンとした表情の病院の人たちに頭を下げてから、今度は木更津に連れて帰ることにした。こういう時、なんだか僕は、わくわくしてしまうのである。

8 それでも、まあ、頼ってくれるなら

しかしながら、木更津に来てからの滞在期間も短く、僕らの共同民家での暮らしも一か月と持たなかった。住むからには多少はみんなのことを手伝ってもらうという、僕らのスタイルが嫌になったのだろう。少しでも不自由な感じを持つと、後先考えずに飛び出してしまうのだ。

それから数か月が過ぎていただろうか、今度は木更津警察署から連絡が入る。刑務所に移される前に、拘留先に会いに来てほしいと彼が言っているとのことだった。なんでまた木更津警察にと思ったのだが、警察の話では、無銭乗車してタクシーの運転手を殴って傷害を負わせたので逮捕

したとのこと。それも逮捕した場所が彼を住ませていた共同民家から最短距離のコンビニエンスストアだった。つまり僕らのところへ自力で帰ってこようとして、あとちょっとというところでの事件だった。タクシーの運転手を待たせて、僕らに相談しに来ればなんとかしなくもなかったのに、なんでまたという思いと同時に、何故か頼られたことに嬉しさがこみ上げてきた。

それにしても少しはお酒を飲んでいたとはいえ、払えないからとの理由で殴ってしまうとは、タクシーの運転手にしてみれば、とんでもない理不尽な話である。とにかく木更津警察に会いに行くと、彼は「またやっちゃいました、今度は真面目に世話になりたいんで、出てきたら会いに行きます」となんだかこちらも嬉しそうに話していた。

服役を終えて真っ先に彼が向かったハローワークでは、仕事を見つけることは叶わず、服役中に稼いだわずかばかりの金も使い果たしたある朝、僕らの前に現れた。ゆきひこはすぐに裏切るが、手のひらを返して甘えてくるのが実に上手だ。「伊藤さん、人生やり直します。力になってください。お願いします。」と下向き加減の視線を、時折上げながら語る言葉に、まあどうせ前と同じ、それでもしゃあないか、という気になってしまうのだ。「よし、じゃあまた頑張るかっ」と僕もまた同じことを繰り返そうとする。一緒にいるスタッフはどんなふうに感じているのだろうと思わなくもないが、まあ、人も社会も地球も、同じところをぐるぐると堂々巡りを続けるのだろう。

二年の刑期の効果もあってか、二か月間は見違えるような素直な働きぶりで過ごしていた。でも以降は期待を裏切ることなく、僕があれこれと、説教する機会を作ってくれている。それまでの人生も同じようなことだったのだろう。

彼は建築現場で働く自由奔放、酒好き豪放な父のもと育ってきた。あまりの奔放ぶりと、家庭内での暴力が重なり、母と娘は心を患うほどの状態となって離婚した。彼は別れた父のもとについていき、殴られようと、理不尽な命令をされようとも、今でも変わらない父への強い憧れを抱いていた。中学を出てすぐに、父が働く建築現場に一緒に働かせてもらい、ユンボの運転を任せてもらって、調子のいい時は三〇万ぐらいの月給は受け取っていたという。しかし二〇歳を過ぎた頃、左足の膝に水が溜まるようになり、膝の湾曲と強い痛みから、足を引きずるようになった。足の痛みで仕事に行けなくなってきた頃、頼り切っていた父が病死。次に頼った母と妹のもとでは酒を飲んでの暴力をたびたび起こして、警察の介入のもと出入り禁止となった。

住むところ、働くところ、頼る人を失った彼は、生活保護の申請、無低施設への入所、酒を飲んで喧嘩しての退所といった一連の流れを繰り返し、役所も、無低を運営する施設も、相手にしなくなっていた。虚勢を張った態度と、媚を売るような低姿勢に、人間のずるさを感じる一方、彼のそうした振る舞いにはあまりに稚拙で直接的な、自然な感じ、思いのままにふるまっている感じがあった。

ある時、彼に学生時代の成績表の話を聞くと「数字が付いてましたけど、大きいのと小さいのと、どっちがいいんでしたっけ」と真顔で聞き返してくる。「出ていた数字、覚えてるか」ときくと、「1ってあったんじゃないかな、どうだったかな」と応えるので、ふと「計算できるんだっけ」と言って数式を紙に書くと、二桁の計算はできず、九九の計算だけは諳んじて言えた。彼の世代が知っていそうな、その当時の年齢に合わせた流行りものなどを挙げてみても、本当に誰でも知っているようなことは大きな身振りで膝を打ち、知ってますよとなるのだが、細かなことについては「知らないっすね」であった。人とのやり取りと云うより、メディアや世間がその時々に喧伝する情報やイメージをそのままに覚えて、社会、人生を渡ってきたように思えた。将来の話を聞くと、「まあ、四〇歳には、結婚してると思うんすよ」といった幸せのイメージ。「今からどうしたらそうなるの」と聞くと「いやあ、なんとかなってるんじゃないっすか」と言って会心の笑みを浮かべる。

ゆきひこが、寝付けないたけおさんのそばに添い寝をする。駆け引きも、期待も、落胆もない、肌を寄せ合っているような、言葉のやり取りがあった。言葉どおりの意味をなさない言葉を投げ、心あらずの返事をして、相槌を打つことの繰り返し。やり取りが続くのは、ただそばにいるということに、違和感がないからだろう。この後どういう流れに持っていったら寝付いてくれるだろうかとか、明日やらなければいけないことはなんだっけとか、今この場、瞬間に没頭できずに、余計なことを常に思い浮かべている僕の、少し計算された感じとは違う、支援なんかではない、自分だけがさっさと寝てしまうことの僕に対する気まずさから、たけおさんをベッドに誘い、共に横になる。そして、多くはゆきひこの方が先に寝息を立て始め、そのことが、たけおさんを安心させて眠りにいざなうのである。何も余計な算段をせずに、ただそばにいるということができるゆきひこが、たけおさんにとって居心地の良い相手となる。まあ、今たまたま、お互いの人生が、偶然に同じところに差し掛かって、重なり通り過ぎていく瞬間があったということでしかないけれど。

9　いのちの感覚

いのちをテーマに書こうとすると、日常のことになる。暮らしを支える福祉という仕事柄か、日常に出会った人や出来事をつらつらと書くといのちのことになる気がする。僕自身は疑似的にであるにせよ、社会からドロップアウトした感覚を持つことで、日常に入ってきたと感じている。社会の中で生きていこうとしていた時には、日常の中に自分がいないような感覚があった。生きている実感と言い換えてもいいのだろうか。僕が働いてきたそれまでの福祉施設では、今、僕がここで感じているような日常には出会えなかった。でも多くの人たちから見れば、ここにあることこそが非日常であるのだろう。いのちの感覚が多様化したのだろうか。僕の場合の、いのちは、日常は、いつも不安定なものとして、僕の不安と調和する。

チームかなこ（大阪市）

かなこさんを中心に、みんなで共に

山下幸子

「チームかなこ」は、大阪市に暮らす北村佳那子さんを中心に、佳那子さんに関わる人々同士が緩やかにつながりつつ活動を行っている。活動ということで例を挙げれば、大学をはじめ各種学校でのゲスト講義、事業所職員研修や喀痰吸引第三号研修といった研修や講演活動、レクリエーション企画がある。九月には一泊二日でラフティングへ毎年出かけており、それは「チームかなこ」の恒例行事となった。

これら活動の背景には、佳那子さんの生きてきた道筋が関係している。まずは佳那子さんについて紹介しよう。

地域の学校に通う

佳那子さんは一九八八年に奈良県で生まれた。胎児期のウィルス感染によって、レンノックス症候群（てんかん）、体幹四肢麻痺、小頭症、低体温症の後遺症をもっており、心身ともに重い障害がある「重症心身障害児」として育ってきた。佳那子さんは、言葉でのコミュニケーションをとることは難しく、他者とのやりとりにおいては、佳那子さんの表情や頷きなどが判断の鍵となる。

佳那子さんは奈良県内の養護学校に入学するのだが、その後一家は大阪市に転居する。ここから佳那子さんの人生が動き出す。転居先である大阪市では、希望により普通校入学が可能であり、佳那子さんは小学二年生から普通校に通い始め、その後も地域の中学校に通い、同級生と共に卒業を迎えている。

子どもたちは、佳那子さんと共に教室内外で学ぶ。クラスで授業を受けることはもちろん、修学旅行や運動会等、同級生の協力と創意工夫によって、佳那子さんはこれら行事に参加していった。同級生は「かなちゃんとどうやって一緒にしようか」を考え、実践に移していく。その積み重ねによって、学校は、佳那子さんと同級生互いの交流と成長の場となっていった。

佳那子さんは中学卒業後、大阪市内の定時制高校に入学する。そこで佳那子さんの担当講師として出会うのが、現在も「チームかなこ」の主要メンバーである山崎秀子さんだ。そして、佳那子さんが高校の進路指導室前に置いてある大学パンフレットに反応したのを契機に、佳那子さんの大学受験が始まっていく。受験結果は不合格だったが、翌年以降も佳那子さんは受験をしつつ、関西大学に聴講生として通い始める。

大学生活――「チームかなこ」の活動開始

山崎さんは、佳那子さんの高校卒業後も、引き続き関西大学での佳那子さんの支援に入った。そこで、佳那子さんが大学生たちとどのように関係を紡いでいったのかは、加納恵子さんと山崎さんによる論考「大学におけるインクルーシブ教育の展望と課題」[1]に詳しい。

この論考の著者の一人、関西大学の加納恵子さんは、「チームかなこ」の命名者だ。佳那子さんは、加納さんの授業聴講だけではなく、加納さんの授業の一コマで発表する「かなこアワー」を展開していた。「かなこアワー」では、佳那子さんと山崎さんはもちろん、加納ゼミ生、ボランティアサークルのメンバー、親交を深める野球部員たちと一緒に、その時間をどのように組み立てるかを考え、実行していった。佳那子さんを中心に、佳那子さんを取り巻く人々が思案しながら、物事を達成させていく。加納さんは、こうした様子を「チームかなこ」と名付けたのである。授業での発表、加納ゼミ生への卒業論文の協力、学生たちとの飲み会。佳那子さんは、これらの活動に積極的に参加し、大学生活を謳歌していたという。

そこには、山崎さんの「ヘルパーの枠を超えた働き」があったことも大きく影響している。派遣の時間だけ、身体介助だけを行っているのでは、佳那子さんの人のつながりの継続は難しい。例えば、佳那子さんと学生たちとのメールやりとりのサポートなど、山崎さんは佳那子さんと人をつなぐ支援を行ってきた。この「つなぐ」という作業が、佳那子さんの人脈の広がりにおいて大変重要な役割を果たしており、それは今現在も、「チームかなこ」の活動にとって重要な働きとなっている。

現在

佳那子さんは関西大学に五年間通い、その年度末に「自主卒業」した。佳那子さんは学生時代から、山崎さんや母、ヘルパー、時に学生たちと、各地で講演活動を行ってきた。卒業後は、佳那子さん自身の生活の自立や、これまでの学校生活の経験を伝えていく仕事の創出を目指し、現在に至っている。佳那子さんの講演活動は二〇〇回を超え、障害のある人とない人が共に学ぶこと、地域の中で暮らしていく姿を、佳那子さんと山崎さん、佳那子さんの支援者や仲間たちは、「チームかなこ」として人々に見せ、伝えてきた。

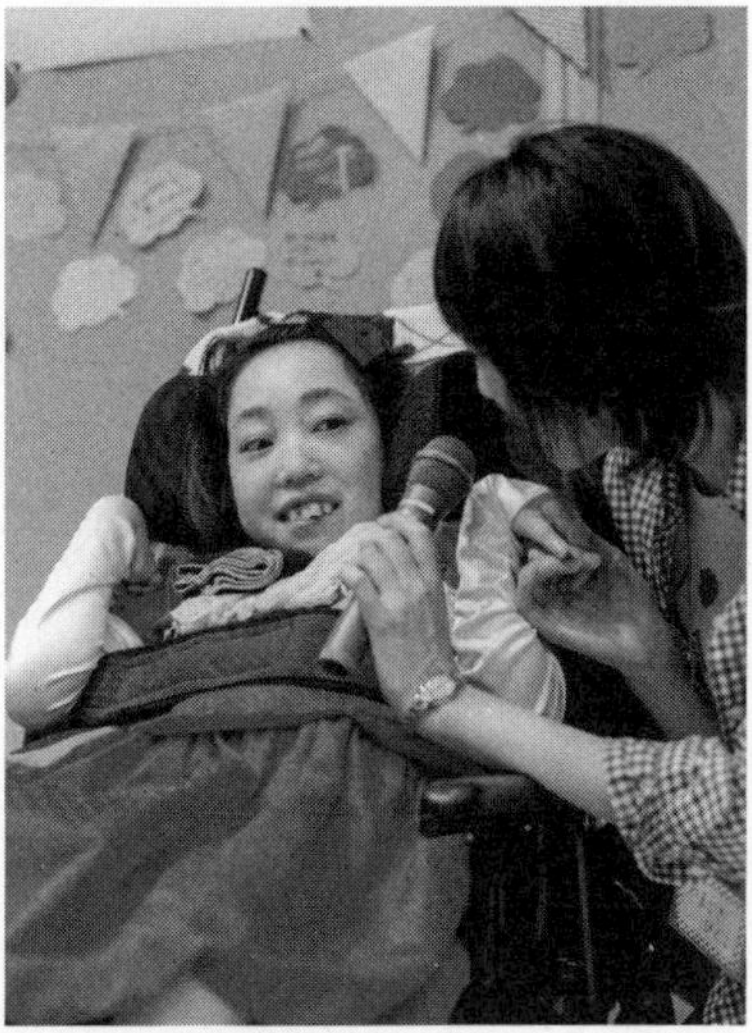
チームかなこでの講演の様子

現在、佳那子さんは重度訪問介護を受け、親元を離れ、大阪市内のグループホームで暮らしている。これは一朝一夕にそうできたわけではない。佳那子さんの両親は、佳那子さんが子どもの頃から佳那子さんにヘルパーをつけ、他人介護での暮らしを日常化してきた。佳那子さんが通っていたレスパイトサービス、ヘルパーたちによってローテーションが組まれての支援、医師やPT、OTなど専門家たちとの関わり、そして小学校から続く普通校での、障害をもたない人々の中で共に学び生きてきたこと、それら経験が、今の佳那子さんの生活を作り上げている。

「チームかなこ」のおもしろさ

長く佳那子さんの生い立ちを書いてきたのは、「チームかなこ」の活動には、これまで佳那子さんが生きてきた中で出会った人々との関わりの経験が土台としてあると私が考えるためだ。

私は、満面の笑みで大学時代の友人たちと映る佳那子さんの写真を見せていただいたことが印象に残っている。佳那子さんは大学に通い出してから、それまでと比べて感情や意思の表出が豊かになってきたそうだ。佳那子さんにはやりたいことや伝えたいことが明確にあったのだろうと想像する。佳那子さんの表情は豊かだ。笑顔はとてもチャーミングで人を惹き付ける力がある。

とはいえ、佳那子さんの意思がはっきり周囲の人に伝わるかといえば、必ずしもそうではないのが実際だ。冒頭にも記したように、佳那子さんと他者との対面的なやりとりにおいては、佳那子さんの表情や頷きなどの動作で判断していくことになるが、その日の佳那子さんの体調や状況によって、それも確実とも言い切れない。

その時どうするか。ヘルパーたちはじめ関わる人たちは、佳那子さんの様子、機微を丁寧に見つめる。そして、今の佳那子さんにとって何がベストかを考える。ヘルパーたちは佳那子さんのこれまでの生活のありよう、体調の具合等、佳那子さんにまつわる様々を検討し、佳那子さんに問いかけながら提案をしていく。佳那子さんが中心となりつつ、ヘルパー自身も佳那子さんの生活を支える存在として、主体的かつ具体的に関わっていく。そのやりとりが、「チームかなこ」の活動や佳那子さんの生活支援において、とても興味深いと私は思っている。

二〇一七年秋に「チームかなこ」主催の遠足企画があった。事前に佳那子さんと山崎さんや、この企画のスタッフとなったヘルパーたちが準備に取り組んでおり、参加者にはチームかなこバッヂをつけてもらう等、様々なかわいい工夫がみられた。

遠足でのメインイベントは、参加者全員でのマイムマイム——チームかなこバージョンだった。これがとても楽しい様子！　楽しい理由は何かを考えるのは野暮だが、佳那子さんが笑顔でい続けたこと、参加者みんなが楽しそうだったこと。そして、このダンスを佳那子さんに意見を聞きながら、スタッフが考案していたこと。みんなが「関わって」おり、そのことのおもしろさがあった。

「チームかなこ」には〝黒子〟がいないというのは、結構重要なことであると私は思っている。佳那子さんを真ん中にという考えを共有しながら、同時に佳那子さんを取り巻くみんなが主体的に、場や活動を作っていく。それは、佳那子さんが地域で学び暮らしてきた、その生き方と軌を一にしているように思える。

■注

1　加納恵子・山崎秀子（2013）「大学におけるインクルーシブ教育の展望と課題——障害のある聴講生との創造的コミュニケーション教育実践から学ぶこと」『関西大学人権問題研究室紀要』65: 297-326

チームかなこ
Email：team.kanako@gmail.com

チームかなこ遠足企画

愛知ＴＲＹ実行委員会（愛知県）

楽しみながら街へそして人のなかへ

土屋　葉

伝統的な運動と会の立ち上げ

八月のある日曜日、集合時間の二〇分前に国府宮駅ターミナルに到着すると、すでにそこには青いＴシャツを着た人たちが何人かいた。車いすユーザー、学生風の人など二〇名ほどが続々と集まってくる。時間が来て全体での簡単な挨拶と説明の後、三エリア三グループにわかれて歩くことになった。「愛知ＴＲＹ in 稲沢」の始まりである。

ＴＲＹという言葉からこの方面にくわしい方は、かの運動を連想するかもしれない。一九八六年に廉田俊二氏が、大阪から東京までの約六〇〇キロをバリアフリー化を訴えながら車いすで野宿の旅をしたことがきっかけではじまった、伝説的な運動「ＴＲＹ」である。ＴＲＹはその後、各地に広がっていくことになる。愛知県でも二〇〇〇年から二〇〇三年まで、五〇キロから一〇〇キロの距離を設備改善を求めてわたり歩く活動が行われた。東日本大震災後の二〇一二年および二〇一三年には「みちのくＴＲＹ」として、三陸海岸約一五〇キロを車いすで縦断した活動も記憶に新しい。近年では韓国、台湾、ネパールなどアジア諸国でも展開されている。

スタート地点の駅前にて。開始前に見しらぬ女性から「私の子どもにも障害があってね」と声をかけられた。

さて、話を愛知ＴＲＹ実行委員会に戻そう。会は二〇一三年、差別解消法の制定をめざす運動として立ち上げる予定であった。ただ予想外にこの法律が早期に成立したことから、法律の後押しをするため、という名目に変更して誕生し、同年一〇月二〇日から二二日には会の主催で「愛知ＴＲＹ13～みんなと同じ店に入りたいがや～」（名古屋大行動）」を行った。その後継続して、愛知県内のどこかのエリアで、「ステッカーを配布することで誰もが入りやすいお店を増やしていく」、「障害のある人の差別の解消を定めた『障害者差別解消法』を一般市民に知ってもらう」などを目的とした活動を行っている。

この活動を提案した「中堅」の車いすユーザーたちは、かの伝説的な運動をイメージしていたようだった。当初のアイデアは三重県から名古屋市までざっと七〇キロを三日間かけて歩くという企画だったという。しかし、初代実行委員長となった近藤佑次さんは「若手」として、その方法に違和感を抱いた。「何日も歩き続けたり野宿したりするイメージが湧かない」。もっと率直な気もちをいえば「そんなしんどいことしたくない」のであった。

それでも一〇月の大行動は、二日間を各市での啓発活動、一日をアピール大行進を行うかたちで何とかやり遂げた。そして月一回の継続的な運動に移行する際には、中堅メンバーは若手メンバーにその運営を全面的に委ね、相談にはのるが口は出さないという、見守りのスタンスを取ったという。

二〇一四年からは月一回、愛知県内の各地で「差別をなくそう愛知から」をキャッチフレーズとして活動を行うとともに、年に一回は大行動としてアピール大行進を主催したり、他団体と共催のパレードに参加するなどしてきた。また愛知県や名古屋市に要望書を提出するなどの活動も行っている。二〇一五年には日本福祉のまちづくり学会の「市民活動賞」を受賞した。

その若手メンバーは一五名程度となり、フェイスブックやツイッターなどで積極的に情報を発信し、大学生のボランティアを集めるなどしてネットワークを広げていった。終了後には楽しく打ち上げをし、別れ際にはラインを交換してゆるやかにつながりを持ちつづけ、運動に巻き込んでいく。中堅メンバーが考えるような「ザ・運動」ではないスタイルがひきつがれ、活動は四年目を迎えた。

「無理なお願いはしない」

実際に活動はどのように行われるのか。私も参加したときの様子をつづってみよう。現実行委員長の小川直人さんからは、この活動が、店舗を訪ねてメッセージ性のあるステッカー（「店舗の利用に困難のある方へお手伝いします　お気軽にどうぞ」と記載された約一五センチ四方のもの）の貼付を依頼する、つまりお店側の善意を購買者に伝えるという趣旨のステッカーの配布により、障害の有無にかかわらず、誰もが入れる店舗を増やしていくこと、また同時に、障害者差別解消法について広く住民に知ってもらうことを目的としているという説明があった。対象となるお店は、飲食店、コンビニ、理容店、美容院、衣料品店、生花店、文房具店、医療機関などほぼすべてであるという。

グループにわかれて打ち合わせをした後、行動を開始した。私が参加したグループはリーダーの小川さん、学生ボランティア二名（うち一人は初参加）、車いすユーザー一名、介助者一名、スタッフ一名、私の七名。小川さんは「水分とってね」など言葉をかけながら、七名がはぐれることのないよう気を配りながら先頭に立って進んでいく。駅を出発して、エリアのなかにあった最初の店舗はコンビニだった。

まだ緊張感を隠せないメンバーを代表して小川さんと数名が店に入り、交渉を進めることになった。段取りとしては、まずはスタッフに時間をもらえるかどうかを尋ねる（ここで忙しそうであれば無理をしないで引く）。できれば店長の方とお話をさせてもらいたいと伝える。この店舗では店長は不在であったため、スタッフに活動の趣旨を手短に伝え、ステッカーを入り口に貼らせていただくことをお願いするといった感じ。スタッフからは「自分ひとりでは判断できない。上に確認をしてからにしたい」との回答があった。実はこのあと二つのコンビニを回ったが、ほぼ同じような対応だった。コンビニはフランチャイズであるため、店長がいたとしてもその裁量権を行使しづらいのが理由だろう。

二件目は不動産屋。まず入るのに段差があり、車いすユーザーの二人が四苦八苦して中へ入っていった。対応してくれた中高年の男性は、話は聞いてくれたものの何を言っても「検討します」の一点張りで、結局ここではステッカーを渡すこともできなかった。不動産屋は、コンビニと共に壁を感じる場所であるという。

次に訪問したのは街中の教会。「うちにも聴覚障害のある人が来ているから」と快くステッカーを貼ってくれた。お隣の、営業しているのかわからない小さな店舗にもおそるおそる入ってみる。奥から高齢の店主が出てきて、「うちはもうほとんど営業していないから」と言われるも、説明をつづけるうちに「車いすのお客さん来るよ。それ貼ってもいいよ」と言ってくれた。さらに道を進み、駄菓子やさんへ。ぎりぎり車いすが通れる入口を入ると、中は意外に広いスペースがあった。店主は「近くの老人ホームの利用者も来るよ。私は何のお手伝いもできないけど、入ってもらえればスペースもあるし」と快くスッカーを貼らせてくれた。

お店を探しながら歩く。
街中にある段差などのバリアに気づくことも多い。

実際に私も店主に説明を試みてみたが、短い時間でコンパクトに「誰もが入りやすい店舗」にするためのステッカー貼付の交渉と、障害者差別解消法施行の説明をするのは難しい。どのくらい伝わっているのか、とても心もとなく思えた。本来は物理的バリアのみならず、情報のバリアや「合理的配慮」についても丁寧に説明をするべきなのだろう。ただ、活動では必ず差別解消法のリーフレットを手渡すことにしており、その場の会話をきっかけとして理解を深めてもらう方に重きを置いているようだった。

やや意外であったのは、「無理をしてお願いするものではない」ことが強調されたこと。合理的配慮の提供を依頼するが、店側の過度な負担を求めるものではない。「それはぼくたちのわがままになってしまう」という。本音では「スロープ作ってよ」と思う時もあるが、ただそれだけで街は変わっていかないことは実感している。障害者の生活をまったく知らない人も含めた街の人の共感を得て、はじめて小さな変化を起こすことができると考えている。

活動の意味——「知らない」人に向けて

結局、約二時間でエリア内で訪問した九店舗のうち、その場で貼らせてくれたのが四店舗、返事を保留されたのが三店舗（すべてコンビニ）、ステッカーを渡すことができなかったのが二店舗であった。個人店舗に限れば、六店舗のうち四店舗、半数以上で試みは成功ということになる。この数字をどうみるか。初参加者からは「意外に熱心に聞いてくれる人も多かった」という感想の一方で、「もっと貼らせてくれるお店が多いと思っていた」という感想も寄せられた。

国府宮駅はその名が示すとおり、周辺にいくつかの大きな神社が点在している。おそらくお正月などは多くの人で賑わうのだろう。その時に、街の店舗に貼られた青色のステッカーが多くの人の目に留まることを期待している。

バリアフリー新法や差別解消法により、法律のかたちはある程度ととのってきた。しかし街を歩くと壁を感じることも少なくない。そうしたなかで、困難をもつ人が直接「私たちにも入りやすいお店に」と訴えるのはわかりやすい。そして、かれらが訴えるからこそ意味があるとも思う。言語障害のある人が話をした店舗では、スタッフは最初は彼女の言葉を「通訳」する介助者の方に目を向けていたのだが、次第に彼女の目を見てうなずくようになった。またいくつかの店舗では熱心に話を聞いてくれたり、渡したリーフレットをじっくり読んでくれていたり、とその場の反応は決して悪いものではなかった。こうしたプロセスも対面で訴えるならではの草の根の活動であり、とても大切なのだと思う。

おしゃれなブティックの入り口に貼られたステッカー

実際に参加してみて感じたのは若い世代ならでは

の活動であるということだ。かれらは空気を読むことができる若者らしく、相手に無理強いはしないし、「迷惑をかけたくない」という強い思いを抱いている。一見伝統的な障害者としてのふるまいにもマッチするようだが、「迷惑をかけないために縮こまっている」という姿とは明らかに異なる。そして障害の有無にかかわらずＳＮＳに象徴される若者たちのつながりはゆるくて軽い。これが新世代の運動なのかもしれない。

元気な若者のところには、学生ボランティアたちも多く集ってくる。若者のたどたどしくもピュアな熱意により、「障害者問題」や「障害者差別」とは距離をとっている人たちが話を聞いてくれることになる。

差別解消法についての集会やシンポジウム・研修は多く開催されている。けれど、そうしたところに足を運ぶのはすでに障害のある人とかかわったことのある人（いわゆる関係者）だけだ。まったく「知らない」人たちに働きかけるには、こうした地道な活動が効果をもつということなのだろうと思う。

元祖ＴＲＹの活動の精神は、愛知ＴＲＹの活動に確実に引き継がれている。県内各地でまかれ続けた種は、そろそろ芽を出すころではないか。

愛知 TRY 実行委員会
実行委員長：小川直人
設立年：2013 年 10 月
活動日：毎月 1 回
連絡先：
愛知県名古屋市昭和区恵方町 2-15
AJU 車いすセンター内
TEL：052(851)5240
FAX：052(851)5241
Email：aichi.try@gmail.com
http://mylifekariya.com/aichitry.html

要を支える会（足立区・台東区）

ひとりひとりの弱い人たちが

三井さよ

この会のメンバーは、カトリック梅田教会に通う人たちで、いわゆる障害者運動にかかわる人や福祉の「専門家」然とした人はあまりおらず、なんというか、「普通の」人たちである。

重症心身障害といわれる人が介助付きの一人暮らしをしているケースはまだまだ多くはないようだ。だのに、なんだか「普通に」それが実現してしまっているようにすら見える——これって何ですか。

というわけで、訪ねてみました、KST。

これって何ですか

堀川要さんは、一九九七年生まれで現在二〇歳。低酸素性脳症による脳性麻痺とてんかんのため、生まれた直後から療育を開始している。学齢期になると都立城北特別支援学校に通い、のちに光明特別支援学校に転学、二〇一六年に卒業してからは東京の足立区梅田で自立生活を始めた。

二四時間「NPO法人トータルサポートたいとう」から重度訪問介護としてヘルパーを派遣、平日の日中は電車で「たいとう」に通って日中活動、日曜は歩いて一五分程度のカトリック梅田教会に車いすで通っている。日中の時間をもっとも多く過ごしているのは、組織でみれば「たいとう」だが、いまの生活の礎をつくったのは「要を支える会」（略称KST）という小さな会に集う人たちであり、いまも要さんの生活支援にはこの会が欠かせない。

梅田教会と足立区と「シルビア」

カトリック梅田教会は東武スカイツリーライン梅島駅から歩いて数分のところにある。初回は子連れで行ったのだけど、子どもが梅田教会手前の公園にある丸い輪になぜかロックオン、「しゅっしゅっぽっぽっ」と機関車の真似をして延々と回るのでなかなか教会にたどり着けず。やっとの思いで着き、ミサを聴こうとして気づいたけど、いまの日本の教会って、すんごいグローバルなのだ。ベトナム系、フィリピン系、韓国系、その他いろんな人たちが子連れで来ておられ、子連れ専用の部屋もある。良かった良かった子どもが騒いでも大丈夫ね……と思ったら、子どもが断固入らぬと主張する。仕方ないので外で聴く。

なんか不思議なミサである。映画とかで見る神父さんって、もっと偉げでいかにも宙に浮いた「説教」な話をしてなかったっけ……この荒川神父の話は、やけに熱いというか、具体的だし、ひとりひとりに「話しかけている」感がすごい。なんかイメージしていたカトリック教会と違うんですけど……。

なんて思っているうちにミサが終わり、どやどやと人が出てきた。要さんらしき人を捕まえてご挨拶するが不審そうな眼で見られ（当たり前か）、子どもも不審そうな顔で「帰る」と言い出し、なんとかお菓子で釣りながら待っていると、あちこちで立ち話、お茶会、相談事。ああ、ここはいろんな人たちのたまり場なのだ、と思った。関係の結節点になっているよう見えたのだ。あとで聴くと、カトリック教会ならどこでも、というよりは、やはりこの梅田教会の特色らしい。

その後、要さんとヘルパー井上さんからいろいろと話を聴く（といっても要さんは発話が難しいので、話すのはもっぱら井上さんである）。井上さんは「たいとう」のヘルパーなのだが、実は「たいとう」に所属する前にまず、教会で荒川神父と「要を支える会」代表の改田さんにリクルートされたらしい。もともとカレーうどん屋で働いていた井上さんが、お姉さんの子どもの相手をするために偶然教会に来ていたところを捕まり、「どうだ、ヘルパーやらないか」と言われたそうである。だからといって引き受けるというのもすごいと思うのだが、まあでも、荒川神父と改田さんが誘うところを

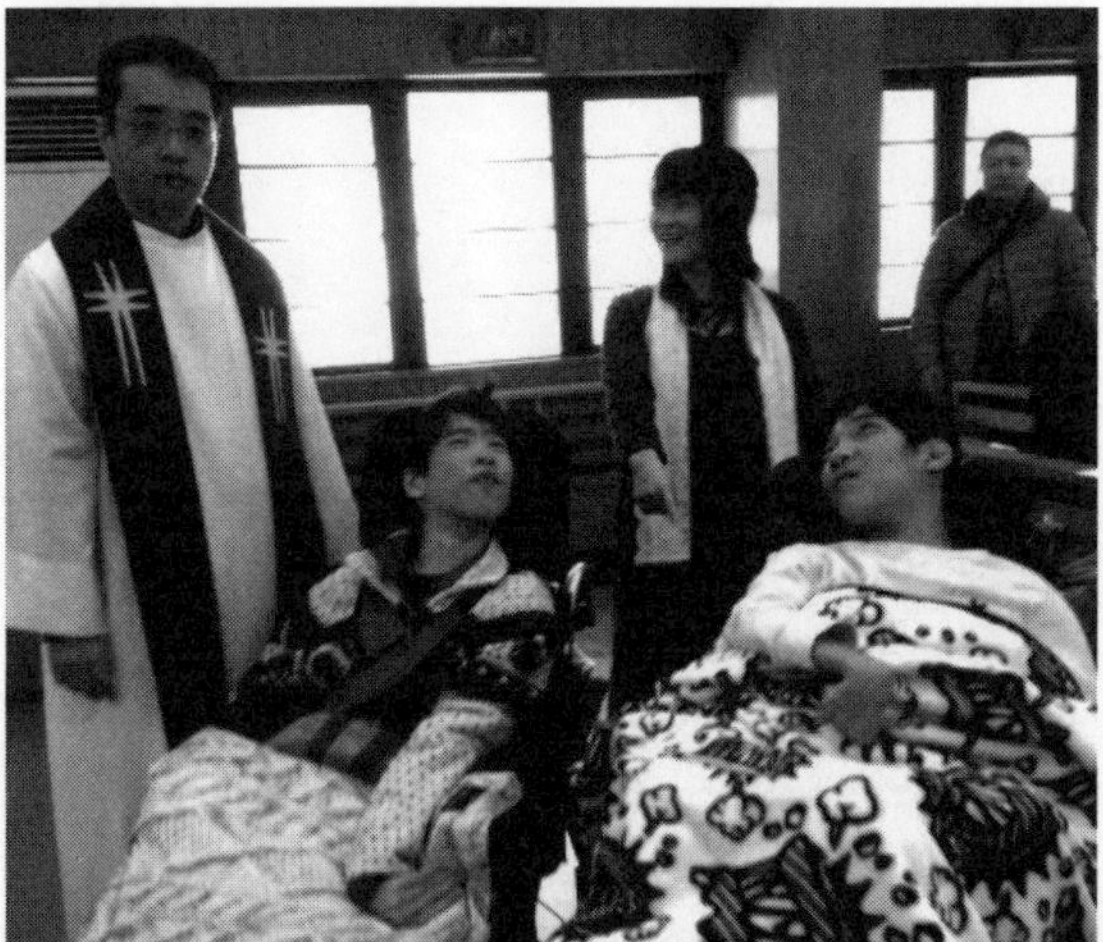

仲間を教会に招いた要さん

実際に想像してみると、なんとなく、それもわからなくない気がしてくる。

この井上さんが週四日の日中の介助を担っており、夜も一〇時まで介助に入っている。そのため要さんは、暮らしのさまざまな面を井上さんと過ごしている（全部で介助者は一〇人ほど）。といっても最近は、井上さんも他の当事者の介助に入ったり、他の介助者が要さんの介助に入ったりという機会が増えているそうである。

それから要さんと井上さんと一緒に、駅前の「シルビア」という喫茶店へ移動した。ところで、ここはすごい。梅島駅に行く用事がある人は、ぜひ寄るべきである。「足立区に文化を」と亡きオーナーが頑張ったという店内は、シャンデリアに虎のタペストリー、そして赤い絨毯と、理屈を超えている。ハンバーグもおいしくて、子どもは完食だった。

あとから改田さんと荒川神父が来てくれて少しお話を伺った。ただし、眠くなってきた子どもが床に寝転がるわ、あっち行きたいこっち見たいと騒ぐわで、話の半分もまともに聞けなかった。しまいには井上ヘルパーが子どもをあやす係を買って出てくれた。その感じはいいなあと思った。もしかしたら、要さんのヘルパーとして仕事中なのに不謹慎だ、という向きもあるだろうか。だけどそこには介助し慣れた荒川神父や改田さんもいる。ヘルパーが四六時中張り付いているだけでは、ヘルパーが当人と他の人がかかわる上での「壁」になってしまうこともある。そうではない、場としての介助が普通にあるのだと感じた一場面だった。

お昼ごはんのあとは、改田さんと一緒に要さんのご自宅に伺った。教会から歩いて一五分ほどのところにある一軒家で、土間がどかんとあり（キッチンになっている）、上がったところに畳の部屋、風呂も改造されていて快適そうである。一階は要さんの寝るところ、二階は洗濯物干しや物置がわりのスペースとなっている。玄関に昇降機を付けることも検討したそうだが、機械は壊れたときが大変ということから（後述する北海道旅行での経験らしい）、いまのような形になったとのことである。

カレーとバジルとTHE WHO

それから三週間後、「要を支える会」のミーティングがあるというので、もう一度伺った。台風のさなかだったので子どもは夫に託し、一人で参加してきた。

要さんのお母さんと弟さん二人も来ていた。弟さんたちは会議には参加せず、ハロウィンの準備に取り組んでいたもよう。

そしてなぜか、会議の前に始まったのが、カレー作りである。もとカレーうどん屋だった井上ヘルパーが下ごしらえした材料を持ち出して、でかい業務用コンロでおもむろにカレーを作る。なんでこんな業務用コンロがあるのか。そしてなぜか、荒川神父は大量のバジルの枝を持ち込み、葉をむしっている。バジルペーストを作るらしい。教会って、カレー作ってバジルペースト作る場所だったのか……私もまだまだ世間を知らぬ。

皆でカレーを食べてからミーティングの開始である。遅れて「たいとう」の副代表の宮尾さんも登場した。本当にどうでもいい話なのだが、合羽を脱いだ下に着ていたのがTHE WHOのTシャツだったことは、カレーやバジルと同じくらい印象的だった。あとで聞いたところによると、ロックミュージシャンらしい。

ミーティングでは、日常の生活をどうまわしていくか、お金のことはどう整理するか、皆で行く旅行（すでに北海道にも二回、長野にも一回、そして今度はエルサレムへ行く計画があるのだとか）をどうするか、過日、本人が使ってとてもうれしそうにしていた歩行器をどう

2016年夏、北海道旅行にて

やって入手するか、そんな話がなされた。

それを聴いていると、「たいとう」が単なるサービス提供者としてかかわっているのではなく、またKSTも変な口出しだけしようとしているのではないことがよくわかる。「たいとう」のイベントにKSTメンバーが参加したり協力したり、制度的なことに対して一緒に取り組んだりしている。さらには、なかなか進まない手続きに際してKSTが他の手を同時に進めるなどの話にもなっていた。お互いに頭を寄せ合って考え、協力しながら、二人三脚で進めようとしているのである。

「助けてくれ」と声をあげる

「要を支える会」がスタートしたのは、二〇一一年三月のことである。二〇〇六年に要さんのお父さんが亡くなり、その葬儀がカトリック梅田教会で行われた。その一年後、要さん一家は受洗、梅田教会に通うようになる。そうしたなか、当時要さんは城北特別支援学校等の寄宿舎や短期入所を利用して暮らしていたのだが、二〇〇七年に都が寄宿舎廃止計画を発表した。要さんのお母さんは要さんの弟二人を抱え、とても家で生活することはできない。そこから、教会の有志で障がい者福祉の勉強会が始まったのだそうである。

寄宿舎廃止に対して反対運動を保護者が呼びかけているとき、要さんのお母さんは他の保護者から「あなたのところは入れたからいいけど、私のところは入れなかったのだから、協力はできない」といわれたそうである。荒川神父はその話をしながら、「保護者たちで手を取り合うことができない仕組みになっているんですよ」という。障害を持つ子どもの親は、境遇が似ているのだから、助け合う方にも向かいうるが、現状の仕組みは、そうでない方向に向かわせるところがあるのだろう。どれだけの孤独の中に多くの人が置かれているかと思うと、言葉を失う。

逆にいえば、それがわかっていたからこそ、教会の有志が立ち上がったのだろう。広く支援を求めるための基盤として、会が発足した。代表である改田さんによれば、荒川神父が「とにかく何か始めよう」といったそうである。そして、呼びかけた。いろんな人に対して呼びかけ、「助けてくれ」と声をあげれば、きっと誰か、何か、現れる。

この姿勢は、「要を支える会」の基本姿勢なのだと私は思う。ひとりひとりは、弱い。だから、「助けてくれ」と声をあげる。何も来ないかもしれない、それでも声をあげつづける。だって、必要なことだから。その姿勢が、いまの要さんの生活につながっていったのだと思うのだ。

一人暮らしのほうへ

寄宿舎の廃止自体は止められなかったが、都教委との交渉によって、寄宿舎のある光明特別支援学校（世田谷区）に転学が認められた。ただ、足立区から世田谷区に通うことになる。これはなかなか無理がある。そこで送迎について支援を呼びかけたところ、カトリック高円寺教会の吉池神父が答えてくれ、そこから杉並移送サービスや「世田谷チーム要」というボランティアチームが送迎支援をするようになった。

これで、卒業まではなんとかなる。だが、その先はどうなるのか。「要を支える会」のメンバーは卒業後について考えるようになる。そのためにいくつかの施設や個人宅を見学したという。そのひとつとして、代表改田さんと研究会で知り合いだった私に連絡があり、多摩市のたこの木クラブを見学したこともある（私が「要を支える会」を知ったのはこのとき）。

この会の人たちが面白いのは、その見学先が、失礼な言い方だったら申し訳ないのだが、なんというか、「むちゃくちゃ」なことである。入所施設だろうが、自立生活運動やっているところだろうが、なんでも見に行っている。あまり余計な前提がないのだろう。とりあえず、「入所施設はなんだか違うのではないか」という話はあったそうなのだが、だからといって最初から全否定ではない。最終的に一人暮らしという形態を選ぶのだが、その前にグループホームについても検討している。それも、グループホームがいいか悪いかという話の前に、入れそうなところがない、だったら自分たちでいちから作ろうか、でもそれは無理だろうか、というように、発想がやけに自由なのである。さらには、日本だけ見ていると視野が狭くなる、とのことから、教会のコネクションを使って、まず最初にドイツとベルギーとイタリアにも視察に行っている。

そのベルギーでの経験は大きかったという。あるベルギーの女性が、海外で生まれた子どもと養子縁組したところ、その子どもに重い障害があるとあとからわかったそうである。その女性はそのまま子どもを引き取り、一定の年齢になったら子どもはグループホームで暮らしている。「母親が障害児の世話を一生し続けなければならないということはない」とその女性は語ったのだそうである。「障害を持つ人であろうがなんだろうが、その人と出会って一緒に暮らしていきたい人はたくさんいる。だから任せればいいのです」。そう言い切られたことは、大きかったという。

それとは少し別のこととして、國學院大學の柴田保之さんによって要さんの言葉に出会い、要さん自身が一人暮らしを望んでいるようだとわかってきた。こうして、少しずつ、一人暮らしという像が見えてきたそうである。

具体的にどうするのか

だが、一人暮らしといっても、まず家が見つからない。「いい大家さん紹介して」と全国に呼びかけていたところ、なんと足元の梅田教会で、クリスマスイブに見つかった。いま暮らしている二階建ての一軒家がそれで、築四〇年超えの賃貸物件である。大家である崔さんの家を貸す方針は「外国人と障がい者を差別しないこと」。実は堀川家が家族ぐるみで付き合っていた、美味しい焼肉屋「クリークパンチャン」のマスターだったそうである。

では、改造はどうするか。これまた梅田教会信徒の大工である高木さんにお声がかかる。といっても、単に大工仕事を請け負っただけではない。要さんの学生生活最後の旅行である北海道旅行に同行し、要さんの入浴介助もしている。そういう人が、家の改造を引き受けているのだ。改造にあたっては、専門家である高木さんはもちろん、「要を支える会」のメンバーがひとつひとつ皆で検討したらしい。代表改田さんは、「楽しかったですよ」と顔をほころばせる。

そして、介助者はどうするか。「福祉に厳しい」という足立区で、二四時間介助は受けられないだろうから、監視カメラを取り付けるか、非常用のベルを考えるか、あるいは災害時のためにシェルターを作る必要があるのではないかなど、いろいろ頭を悩ませていたらしい。

そこへ、足立区で暮らしていた障害の当事者であり信徒である片山功一さんが、「カトリック障害者のためにミサをあげてほしい」と荒川神父のもとをふらっと訪れ、片山さんが働くＮＰＯ団体を紹介してくれた。それが「トータルサポートたいとう」との出会いである。

「トータルサポートたいとう」はそれまでは主に身体障害の人たちへの介助が中心だったようなのだが、そのノウハウを活かしながら、要さんの自立生活の支援に入ることとなった。「そのハードルは高くなかったですか」と聴くと、副理事長の宮尾さんは、案外とあっさりと、「お母さんもやりやすい人だし、身体障害もあるから制度もいろいろ使えたし」と答える。ただ、ニュースレターに書かれた文章からすると、いろいろな思いがあったようで、「我々支援者は、もうこれからは受動的ではダメ。もっと能動的にならなくてはいけない。参画しなくてはいけない。共に創らなくてはいけない。そして、その意識が芽生え形成され始めたとき、当事者に本気で関わっているという意味で我々支援者も当事者に成るのだと思います。それが新しく真の意味での〝当事者主体〟となるでしょう」とある。

そして、実際にヘルパーを担う人をどうやって探すかというときに、井上さんが姉の子どものシッターとして教会を訪れたのである。

このように、呼びかけ続けているうちに、次々と出会いが生まれていった。書いていても思うが、よくできた映画か小説のあらすじのようである。「要を支える会」のメンバーは「人間業じゃない大きな力に導かれた」と表現するが、確かにそうとしか言いようがないところがある。

ただそれも、やはり呼びかけが最初にあったからだ。ひとりひとりは弱い人たちが、声をあげたからなのだ。それも、「堀川家のため」や、「こうすべき」といった強い「べき」論に導かれたというより、「要さんは卒業してからどうやって暮らしていくのか」「どうしたらサポートできるのか」という、もっと率直で生活に根差した中から出てきた声だったからなのだと思う。

教会コミュニティ……とかいう前に

ここまで述べてきたことは、「要を支える会」と要さんのいまの生活とが、梅田教会を取り巻くコミュニティによって支えられている、と言い換えてもいいだろう。信仰もあるだろうが、何より教会を介した人々のつながりが、要さんのいまを作ってきた。

ただ、見ていると、どっちが先かはわからないよなと感じる。たとえば家の改造について皆で考えたのは楽しかったと改田さんが笑うとき、あるいは要さんがカトリック障害者連絡協議会に参加するのをサポートするということで何人ものメンバーで北海道に行っている写真を見るとき、要さんがいたからこそ、このコミュニティは強まったのだとも感じる。要さんを支えた人たちだけど、要さんがいたからこそつながった人たちでもあるのだ。

荒川神父がこの会やコミュニティの仕掛人であることは確かなのだと思う。普通なら配置転換のあるはずが、なぜかもう長く梅田教会にいるそうで、堀川家をはじめとした幾人かのメンバーがこの教会にかかわり始めた頃と、荒川神父が来た頃は重なっている。

だが、「要を支える会」のミーティングを見ていて思ったのは、この会は明らかに、荒川神父が引っ張る会ではない、ということである。別の側面からいえば、要さんのお母さんは確かにいるのだが、お母さんが引っ張る会でもない。もちろん二人とも重要人物ではあるのだが、それは単に、荒川神父には教会のコネクションがあり、要さんのお母さんは要さんが生まれてから今日までかかわってきたという意味で、要さんがかかわる整形外科医などのコネクションがあるからである。それらのコネクションを使って、要さんの支援に貢献しているだけなのである。

では誰が中心なのか？　実はそれは最後までよくわからなかった。むしろ私は途中から「中心」を探す気持ちを失っていた。それより、この人たちひとりひとりにライフヒストリーの聴き取りがしたいわ……と思っていた。そのくらい、それぞれの人たちがいて、それで出来上がっている何かだったのだ。なんという

2017、小回りが利き機動力が高い KST で信濃路へ

か、それぞれの人がそれぞれの生きてきた軌跡を持ち寄って、できることをしている――そんなふうに見えた。

行く前は、「これは何ですか」と思っていた。こんなことあるのか、と。ニュースレターを見ても、なぜか次々にことが起きていくさまに、「なかなかこんなこと普通には起きないだろうな」と思っていた。

実際に行ってみて、確かに、ここだからこそ起きたことだ、とは思った。梅田教会という場なくしては起きなかったろうし、それぞれの人が生きてきた軌跡の持ち寄りで生まれたことであって、一人が欠けても違う展開になっていただろうと思うからである。

だが同時に、本当はどこでも生じうることなのだという感を強くした。ここには英雄や特別なリーダーがいるわけではない（とても「キャラが立った」人たちだとは思うけれども）。ただそれぞれが暮らしに根差した率直な発想を出してきたこと、そしてひとりひとりは弱いながらも「声をあげる」という姿勢を一貫させてきたことが、今日につながっている。だとしたら、本当はここだけでなく、どこでもありうることなのだと思う。

もちろん、形は違うだろうけれども。そこにいる人たちひとりひとりの生きてきた軌跡によって、形は違ってくるのだから。

要を支える会
(Kaname Supporting Team)
〒123-0851
東京都足立区梅田7-19-22
カトリック梅田教会内
TEL: 03-3880-4718（代）
FAX: 03-3880-2021（代）
E-mail: kanamekst@gmail.com

エッセイ

道草

宍戸大裕

彼女はどこへ行ったのだろう

映画をつくる仕事をしている。ここ四年は障害のある人を映画にすることが多い。二〇一五年に公開したドキュメンタリー映画「風は生きよという」(八一分)では人工呼吸器を使いながら地域で暮らす人たちを主人公にした。一六年には知的障害者の入所施設に暮らす人たちを主人公に映画を製作した。定員一〇〇人の大きな入所施設で、創設五〇周年を迎えるにあたっての記念事業として園からの依頼を受け製作、DVDを納品した。

その施設で出会った、二〇代の女性入所者がいた。彼女には自傷や他害という行動障害があった。彼女は施設がきらいだった。入院すれば施設にいなくてすむし家族が会いに来てくれるからと、セミや金魚、粘土を飲み込んだりしては病院に搬送されていた。高齢の入所者や職員を殴ることもつづいた。彼女は力が強く手加減がないため、ケガ人が続出。結果、彼女は退所になった。家ではとても見られないからと入所してきたのに両親の元へ戻ることになり、家族は困り果て怒っていた。それからの彼女のゆくえを僕は知らずにいる。家の中で居場所をなくし、施設にもいられないとしたら、彼女はどこへ行けばいいのだろう。

そんなある時、早稲田大学教授の岡部耕典さんが「風は生きよという」の上映会を企画してくれた。その夜の懇親会、「息子のことも映像に映してくれないか?」と思いがけない提案をくれた。何でも息子のリョースケくんには重度の知的障害があり行動障害があるけれど、施設でも親元でもなく、介護者と一緒にアパートでひとり暮らしをしているという。グループホームの集団生活にも向かないタイプだから、彼にはこの暮らししかないだろうという。そんな暮らし方ができるのか?施設を退所させられた彼女のことを思った。いま、どこでどうしているのか。リョースケくんの暮らし方がかすかな希望のように思え、ふたつ返事で快諾した。

フーフーふみふみ

リョースケくんと初めて会ったのは、それからすぐだった。ある夜、岡部さんの自宅で食卓を囲み話していると、介護者とともに通所先から帰ってきた。「で、でかいな……!」圧倒的な存在感で、風圧を感じた。その日は月に一度の親元へ帰る日。食事がはじまると、彼はまるで王様のようだった。ひととおり両親との食事をめぐる「格闘」を終えると、ソファーに横になってゲームをはじめた。その姿に、どことなく不思議な愛嬌がみちていた。

初撮影の日は休日だった。春も終わりかけた道ばたに、たんぽぽが咲き乱れていた。アパートの部屋から介護者と散歩に出かけた彼は、道中、綿毛をふんわり付けたたんぽぽを見つけると立ちどまり、その場に座りこんだ。そしてフーフー息を吹きはじめた。綿毛を飛ばすのだ。介護者はそんな姿を、「またこの季節が来たなあ」とつぶやいて、ジッとそばで見つめている。気がすんだのか、おもむろに立ちあがった彼は何やらステップを踏みだした。どうやらマンホールの蓋を踏んで歩いている。ステップは体格に似ず、軽やかだ。このマンホールふみふみ、たんぽぽフーフーが、彼の春の迎え方のようだった。散歩の間、それがずっとつづいた。「おい、リョースケ。これじゃあ一生帰り着かないよ」とさすがに介護者が口を挟んだが、かまわず綿毛を飛ばしている。彼らが歩いたアスファルトの上に、綿毛がいくつも流れていた。

「種まく人みたいだなあ」

自由でのびやかな魅力に惹きこまれた。その日から、重度の知的障害があり行動障害をともなう人が重度訪問介護制度をつかい、「介護者付のひとり暮らし」をする風景を映画にするべく、取材がはじまった。

「頭ある?」

身体障害の当事者で自立生活をする人には幾人も出会ってきた。だが、知的障害の当事者で自立生活をする人と出会うのは初めてだった。いちから学びはじめたとき、初めに気になったのは介護者がどんな風に関わるのか、ということだった。

映画の登場人物のひとり、ヒロム君は二一歳と若く、三年前に精神科病院から退院して介護者付の生活をはじめた。彼はとにかく歩く。平日、通所先の生活介護事業所からバスに揺られて帰ってくると、アパートに荷物を置いて散歩に出かける。

同行する介護者のフジワラさんとは、父と子ほどの年の差だ。フジワラさんが介護のとき、彼はよく「ター!」という大声をあげる。すれちがう人が驚いて振り返る。「ター!っていっちゃダメだよ、みんなびっくりするでしょ」とたしなめるフジワラさんの反応を楽しむように、何度も繰りかえす。フジワラさんの存在に安心しながら、どこかからかってるように見える。

電車のホームやお店などで大声を出してパニックになっている人を見かけることがある。あの時のいいようのない不安感。見てるこっちが不安になる。そこに居合わせた人の視線が、声の主とその周辺に注がれる。介護者はこういうとき、どんな心境になるのだろう。フジワラさんは「能力主義の世界で生きてきた」という。ヒロム君のような人たちと接することで自分が揺り動かされるという。

「フジワラさん頭ある?」

こんな問いが、ふとした拍子にヒロム君から出されるときがある。フジワラさんは答える、「あるよ。ヒロムくんは?」「ある」(ヒロム)「あるね、みんなあるよ」(フジワラ)。それだけのやり取りが、どこかあたたかくてユーモラスに響く。散歩コースはほぼ決まっていて、自宅から東京都練馬区の石神井公園を折り返し地点に往復三時間は歩く。春夏秋冬、雨の日も風の日も雪の日も、ふたりは歩く。歩きながら彼は尋ねる。「フジワラさん頭ある?」「あるよ。ヒロムくんは?」「ある」「あるね、みんなあるよ」。公園に羽を休める鳥や、エサを運ぶ虫、木々がふたりのやり取りを眺めている。

引きうける

重度の知的障害当事者の中には、言葉を使ったやりとりが苦手で、こう言いいたけど伝わらない、こう思ってるのに伝わらない、その「伝わらない」感情にずっと苦しんでるように見える人がいる。言葉じゃ伝わらない、だから身体で表現する。それが他害行為とか自傷行為というかたちで表れるのだろうかと思うことがある。

取材している人の中に、現在精神科病院に入院している二〇代の男性がいる。他害・自傷がやまないことから、ひとり暮らしを始めて三年で三度目の入院中だ。お見舞いに行ったときのこと、あごの辺りの血の跡が気になって「ひげ剃りで切ったの?」と聞くと「かきむしった」という。

彼が介護者とあちこち遠出する様子を何度も撮影してきた。混雑する電車内で、イライラし独り言を発しながらも耐えていた彼。外出制限がされる中、「〝いい人〟でいたらまた外出できる」と、精一杯介護者に落ち着いた〝いい人〟ぶりをアピールしていた彼。ベッドしかない閉鎖病棟の個室で病衣を着た彼は、青白い顔をしていた。今夜も翌日も、その翌日もひとりですごす彼を想像する。彼をひとりにさせてしまっていること、思いを理解できていないこと、ずいぶん前から彼が私たちに手を伸ばしていること。そんなことを考えた。

介護者の話を聞いたり、書いたものを読んでいると、自分自身の人との関わり方を問いただされる思いがする。他者との関係がうまく行かないとき、その責任を相手ひとりに負わせない。自分の関わり方にも問題があったのではと、自らその責任を引きうけようとする。相手が安心できる雰囲気をどう自分がつくれるかと心を砕いている。いずれ彼が退院してきたとき、どんな関わり方を僕はできるのか、問われている気がする。

道草

当事者たちはみな、カメラの前で名優だ。

リョースケ君はいいところを見せようとするのか、カメラの前では一度だって暴れたことがない。介護者が気を利かせてくれてか(?)苦笑しながら声をかける。「そんなシーンいらないんだってリョースケ。いつもみたいに暴れていいんだって」。冬の夕暮れ時。大好きな公園のブランコをこいでいるリョースケ君の姿を撮影していると、おもむろにブランコを止め、ゆっくりと近づいてきた。お、どうするんだ?と思って見ていると、カメラの横に来てモニターを覗き込む。と、突然僕のほっぺにチューをするではないか。「……?!」呆気にとられていると、軽やかにステップを踏みブランコへと戻っていった。介護者いわく、「親愛の表現」らしい。それにしても、積極的……。

ヒロム君はカメラが入るとき、ふだん以上に「ター!」が多いという。たしかに声を出す前、チラっとカメラの位置を確認する。「ここで声出したらおもしろいよね?」と「約束」を果たすのが楽しみで仕方ないというように、先回りしてうふふと笑いだす。「あ、おじいちゃん来る、ダメだよ。ターはだめだよー」。フジワラさんの注意も、彼にはネタの前振りでしかない。笑いが止まらなくなり、渾身の力で吠える。「ター!」。

入院中の男性は、外出中に調子が悪くなると「宍戸さん、カメラで撮らないでください」とはっきり口にする。「わかった」と言って僕はカメラを下げる。自分がどう見られるのかを彼は心配している。〝いい人〟でいないと外出制限されてしまうから、そういう姿は見せたくないのだと言ってるように僕には思えた。言葉で、こういう訳だから、こうしてくださいとは言わない人たちは、でも別な方法で何事かを伝えてくる。それを正確に理解できてるか自信はないけれど、理解することより理解しようと努めることが大事だと、取材した介護者たちが教えてくれる。

自分のリズムや旋律をつかみ暮らしている人と、それをつかもうと、もがいている人。その介護者たち。そこで交わされているやり取りと、その間に流れる空気を映したい。タイトルは「道草」(仮題)。自由で広がりのある暮らしと、のびやかに生きる様が、困り果てている人の一抹の希望になればと思う。(映画は二〇一八年春完成予定)

特集2

みる、きく、はなす

本誌六号（二〇一六年刊行）から、二つ目の特集を始めました。この時の特集冒頭に、編集サイドから、企画の意図について次のように書きました。「人のこだわりや、そのようにするのだと取り決めたルールについて、その中身を知るとともに、どうしてそのようなこだわりやルールがつくられるようになったのかということを知りたい。そのなかでも特に、人が生きていくために不可欠な行為をめぐるこだわりやルールに着目していきたい」。特集2のはじまりは「くう（食事）・ねる（睡眠）・だす（排泄）」でした。このように人間だれしも行う行為を取り上げ、その方法を、自身の生活に引き付けながら執筆者のみなさまにお書きいただく。そのことで、人々の暮らしの方法をめぐる多様性と、その人独自の〝暮らしの技法〟を描き出せたらと思っています。

本号では、「みる、きく、はなす」がテーマです。

死者の姿がみえたとき
――終末期の〈お迎え〉体験をめぐって

諸岡了介

1　死の前の〈お迎え〉

自分の死が近づいたときに、先に亡くなっている家族や知人の姿を見る人が少なくないという。一九九七年、宮城県名取市に在宅看取りのための診療所をつくった岡部健《おかべたけし》先生は、終末期の患者さんを診ているうちに、そのことに気がついた。次は、Wさんという患者さんについて岡部先生が記したエピソードである。

亡くなる一週間強前、岡部が患者の自宅で診察中に、W氏は、壁を指さして「先生、あそこに、戦艦陸奥に乗っていて呉で爆沈された兄貴が見えるよ。何にもいってくれないんだ」と言った。岡部が、「私はちゃんと見えるの？」と尋ねたところ、「先生のことはわかるよ」と答えた。そこで、ほかのことは正常に認識しているうえでの行動であると考えられた。

こうした岡部先生の気づきをきっかけとして、相澤出さん、田代志門さんに私という社会学者のチームが加わり、自宅で家族を看取った遺族の方に調査を進めたところ、やはりこうした〈お迎え〉体験が広く生じていることが確かめられた。

部屋の隅にだれかいるって言うので、「だれなの」って聞くと、「母ちゃんだ」。迎えにきたのかって会話してました。亡くなる一ヶ月ぐらい前です。

義父の亡くなる一〇～十二時間前くらいに両手をあげて亡友人達の名前を言い、出会いのよろこび(?)に顔がほころんで、自分たち家族としてはもうお迎えがきているということを感じました。

二〇〇七年・二〇一一年・二〇一五年と調査を続けてきたが、それぞれ三二～四六パーセントの遺族から、故人にこのような体験があったという回答が得られた。ごく単純に言って、三～四割といえば、無視することのできない、なかなかの割合である。それにどうやら、海外の文献にあたってみると、イギリスなどの国でも似たような出来事が珍しくないらしい。

2 「それは幻覚だ」

このように、〈お迎え〉体験というものがよく報告されるんですよ、と調査結果の話をしたとき、多く返ってくるのは次のような反応である。ひとつは、「ああそれは幻覚にちがいないですね」とか「死の恐怖を和らげる脳のはたらきなんでしょうかね」といった解釈をする人である。もうひとつは、「それは魂やあの世が存在する証拠ですね」と受けとめる人である。

あの世の存在や、それを信じる人のことを否定するつもりはない。しかし、研究者の立場からすると、遺族に話を聞いただけの調査結果を、あの世が存在することの「科学的な証拠」として受けとめられると困ってしまう。あの世や魂の存在を語るには私たちの調査結果はまったく証拠不十分というもので、そういった受けとめ方は「科学的」とはとうてい言えない。

と、ここまでいかにも科学者――私のような社会学者も科学者だとして――が言いそうな話であるが、だからといってそれよりも幻覚として解釈する方が科学的なのだ、と言いたいわけでもない。こちらの立場はこちらの立場で、根拠がないという意味ではまったく同じくらい、「非科学的」である。「幻覚にすぎない」派の人は、〈お迎え〉体験は脳の反応だろうと言うけれども、それを言えば、人間の知覚や行動はどれもたいがい脳の反応ではあるのだから、〈お迎え〉体験だけを幻覚とする理由にはならない。要するに、

「そんなことは幻覚にちがいない」という個人の信念を述べているだけなのである。遺族からの報告を聞いただけでは、それが幻覚かどうかを判断するにしても、証拠不十分である。

3　みえたものはみえたもの

「みる」と言うと、それはその人の主体的で能動的な行為のように思える。しかし、自分の意志で能動的にできることといえば、顔をそっちに向けるとか、まぶたを開くとかいうことであって、みえないものをみることはできない。逆に、自分の意志に反してみえる、ということもある。「みる」はつねに一面「みえる」であり、「みえてしまう」ということでもある。〈お迎え〉体験があって、死者の姿をリアルにみてしまった本人としてみれば、みえてしまったものはみえてしまったものであり、——その死者が「本当に実在する」かどうかはまた別問題として——みえたというそのこと自体は否定のしようもない。

とくに〈お迎え〉については、体験をしている人の様子をみていて「幻覚幻聴と一蹴することを逡巡させるなにか」(これは岡部先生の言い方)を感じる場合が、しばしばあるという。〈お迎え〉体験のことをよく知っているナースの方によれば、病的なせん妄のときの幻覚と、〈お迎え〉のときとでは患者さんの「ムードがちがう」と言い、区別することは難しくないという。「幻覚にすぎない」という説明のしかたからは、ときに周囲の人にさえ感じとることのできる、「みえた」という感触のリアルさが抜け落ちてしまう。

4　〈お迎え〉とケア

死が近い人には、手厚いケアが必要だ。そんな状態の人に「おかしな幻覚」があったら、なにかまたケアや治療をしなくてはと感じることは当たり前かもしれない。だがいわゆるせん妄とはちがい、〈お迎え〉体験はケアの対象にはならない。まず第一に、それは本人にとって苦痛であることは少なく、懐かしい人との再会として、むしろ嬉しい体験であることも少なくないからである。第二に、〈お迎え〉体験が、他人にはみえないものをみる「異常な」体験であったとして、それをむりに消す必要があるのかどうか。精神医学による治療は人を「正常」に戻し社会復帰させることを目的のひとつとしているが、これからこの世を離れようとする人に社会復帰という目標はあまり意味を持たない。だから、本当は、ホスピスケアにおける精神医学は、通常の精神医学とはまったく別の発想を採らなくてはいけないのかもしれない。「幻覚」という診断は、当たり前の社会生活なるものを前提してはじめて意味をもつ物言いなのである。

5　ふしぎの海の中で

〈お迎え〉体験という相手を前に、「あの世の証拠」派の人も、「幻覚にすぎない」派の人も、どこか腕まくりをしてむきになって臨んでいるようなところがある。研究をしてきた当人がこんなことを言うのもおかしいのだが、〈お迎え〉体験がそんなに特別なことだろうか。

私たちはふだん、人間にはたいていのことが分かっているというような顔をして生きている。しかし実は、どうして宇宙というものがあるのか、どうして生命というものがあるのか、人間の意識とはなんなのかなどと、ずいぶん基本的なことからして分かってはいない。分かっているのはせいぜい表面的なメカニズムぐらいのことで、それでも毎日生きていけているから、平気でいるだけである。本当は、生まれてきたこと、現に生きていること、死んでいくこと、こうしたこと自体が、理由もよく分からない「ふしぎ」である。こうしてみると、人間の生活とは、「ふしぎ」の大海原の上に浮いている舟みたいなものだ。だとしたら、これから人が死ぬというときならなおさらのこと、〈お迎え〉体験くらいの「ふしぎ」があったところで、なんの不思議があるだろうか。

「あの世の証拠」派の人にしても、あの世の証拠や説明にばかり熱くなるのは、この世のことはすっかり分かっていると油断をしているからではないか。本当は、今夜の月がきれいなことも、夏にセミが鳴くことも、子どもの乳歯が抜けたことも、どれもこれもが〈お迎え〉体験に負けず劣らずの「ふしぎ」であるはずである。

6　医療とふしぎ

私たちはふだん、大きなものから小さなものまで、たいがいの「ふしぎ」を棚上げにして暮らしている。一方で、科学としての医療は、からだや病気にまつわる「ふしぎ」をぐいぐい追いつめることで、知識や治療法を進歩させる営みである。「ふしぎ」を「ふしぎ」のままにしておかない、というのがそのモットーであり、医療のありがたさは、そうした「ふしぎ」に対する不寛容によって生みだされているのである。

そんなわけで、医療に関わる領域では、「ふしぎ」の放置を許すまじという空気も強い。そのことは一面たしかに頼もしいことでもあるが、実験室にまで追い込むことのできる「ふしぎ」、実際に解明できる「ふしぎ」は限られている。科学が特定の追究の方法に固執するとき、「エビデンス」を揃えられないものは、やすやすと無視されてしまう。しかし、たとえ科学的に追いかけることができなくとも、それが存在しないというわけではなく、舟の外には依然、広大な「ふしぎ」の海が続いている。

7 〈お迎え〉の科学的解釈……？

「あの世の証拠」派の人と、「幻覚にすぎない」派の人は、〈お迎え〉体験になんとか納得のゆく説明を与えたいと急いでいるところで、どちらも同じように「ふしぎ」に対して不寛容である。しかし、〈お迎え〉体験のような、死を前にした人の体験の実際は、余人には追体験することができないし、事後に本人に訊ねるわけにもいかず、真相は自分自身が死を迎えるときのお楽しみとでもするほかない。

先に述べたように、個人的な信念は別問題として、データに即してものを言おうとすれば、〈お迎え〉体験をめぐる情報を「あの世がある証拠」と解釈するのも非科学的なら、「幻覚にすぎない」と決めつける立場も非科学的だろうと思う。ではどうなるかというと、むしろ、「へえー、ほんとかな？ほんとかも？いや、でも待てよ？」と、謎を謎のままに受けとめるのが、二つの立場よりも科学的に正しいやり方だ、とまでは言わないにしても、科学的にもっとも誤りが少ない姿勢、ではないだろうか。

8 死というふしぎを前に

そして実は、〈お迎え〉体験をどう説明しようかなんて身構えて、意気込んだり悩んだりしているのはたいてい部外者の方で、実際に体験した患者さんを見守ったご家族の方では、案外と率直に「そんなこともあるのか」に受けとっていたりする。身近な家族を看取ったばかりの人にとって、実際に目の当たりにしてきたその死の過程と事実こそ、ずっしりと重く大きな「ふしぎ」である。親しい人が今までのようには存在しなくなってしまったという死の事実を、「幻覚」や「超常現象」といった説明でもって片づけるわけにはいかない。亡くなっていった人がそこで体験した〈お迎え〉

も、それが死という根源的な「ふしぎ」の一環であるとしたら、きっと同じことであろう。

ホスピスケアの実践では、患者は支援を求めるクライアントで、ケアスタッフは支援を与える専門家という関係に置かれる。しかし、死という「ふしぎ」を前にした場面では、誰もがその真相を知らず、そしていつか必ずそこへ赴くべき存在として、まったく等しい立場にある。むしろ、死にゆく人は、ほんのちょっとだけ先をゆく先輩でもある。もちろんそれは研究者にとっても同じことで、〈お迎え〉の話を聞くとき私は、そんな先輩たちの背中を眺めているような気持ちがする。

幻視は〃まぼろし〃ではない

樋口直美（聞き手：井口高志）

レビー小体型認知症（DLB。レビー小体病の一つ。以下レビー）は多様な病態を示す。記憶障害などの認知症症状が目立たない初期から幻覚が現れる人たちがいる。私たちに強い印象を与える症状である。二〇一三年にDLBと診断された樋口直美さんは、レビー小体病当事者としての経験を、著書[1]や講演などの形で社会に伝えてきた。今回は、樋口さんに幻視を見るとはいかなる経験なのかをうかがった。

1　最初に人が見えた

Q：レビー小体病には、幻視と呼ばれる症状があると言われていますが、そもそも樋口さんには何が今まで見えてきたのか教えてください。

樋口：はい。色々なものが見えるんですけども、最初に見たのは人です。夜に、定期的に運動をしていたので車で帰ってくるんですが、マンションの駐車場に停めるとき、ふと右を見ると、右隣の車の助手席に中年の女の人が座っているのを見ました。突然人がいるので、すごくびっくりするんですけど、その瞬間に消えるので、目の錯覚なんだなって。でも、何度もあって。夜、同じ車の助手席に、同じような人を何度も見て。さすがに気持ちが悪いなと思いました。

私は幽霊を信じていないので幽霊とは思わなかったんですが、気持ちが悪くて、その方向をわざと見ないようにして車から降りるようにしたら見なくなりました。それきり忘れてたんです。それが三〇代の終わりだったんですけども、それからずっとなくて。

診断される一年ぐらい前には、夜、車を運転中に、道路の路肩とか変なところに人が座っていたり、中腰とか、何かとても不自然な格好でいるのを何度も見ました。どうしてあんなところに、人があんな格好をしているんだろうと思ってよく見ると、ぱっと資材とか、看板とか、全然形の違うものに変わったんですが、それもやっぱり目の錯覚だと思っていました。

2　細かく見えすぎる虫

幻視とわかったのは、机の上に丸い小さな甲虫が、つつつと歩いたときです。こんなところに虫がいる、どこから入ってきたのかなと思って見ていたら、ぱっと一瞬で綿ごみに変わって。それは正確には、幻視ではなく錯視[2]と言うんですけども。さっきまで間違いなく虫だったものが、今は綿ごみになっていて、風で動いたのかなとも思ったんですけども、窓も閉まっているし。そのときに、これは間違いなく幻視だ、私はレビー小体型認知症（DLB）なんだって思いました。とんでもないことになったと。その前からDLBの症状に自分はよく当てはまっていると思っていたんですが、幻視はないし、まさか認知症じゃないだろうという気持ちがありました。

私は、数からいくと虫を見ることが多くて。一度は、運転をしていたときに、バックミラーのちょっと下に、握りこぶしぐらいの足の短いタランチュラみたいなクモが、いたんです。ものすごく驚いて、うわ、何だこれはと思ってじっと見たら、毛の一本一本まで拡大鏡で見たように細かく見えたんですね。うわーっと思ったら、それがボトンと落ちたんです。でも、そのときに、ガサッとかいうはずなのに、何も音がしなくて。必死で探したんですけどもいなくて。見たときは確かに本物だと思っていたんです。でも、いくら探してもいなかったときに、あんな虫、見たことがない、あれが実在するのかって考えました。そして、肉眼であそこまで細かく見えるのはおかしいと思ったんです。毛の一本一本なんて、普通見えないだろうと思って。じゃああれは幻視かと思ったんですけど、でも、見ているときには紛れもない本物だと思っていたので、ちょっと自分でも信じられなくて。でも、冷静に論理的に考えれば、あれは現実にはあり得ないだろうなって頭では思いました。最初は、歩く虫が多くて、だんだん飛ぶ虫が増えました。

Q　：歩く虫から飛ぶ虫へ、というのは、だんだん成虫になってきたというような感じですかね。

樋口：よくわからないです。あり得ない、実在しないような虫はそのときのクモぐらいで、あとはハエとかショウジョウバエとか、現実にいるものなんですよ。新聞を読んでいるときとかにプーンと飛んできて、目の前を蛇行して飛んでるんですよ。なんて人懐こい虫だろうと思って、じーっと見ていたら、目の前でぱっと消えて。そのときに初めて幻視だったってわかるんです。でも消える瞬間までは間違いなく本物だと思っているんですよね。

一回、羽虫が目の前に飛んでいたとき、じっと見てみたら、羽の模様まで見えたことがありました。羽の模様とか、赤い目の模様とかまでくっきりと見えて。そのときも、そこまで見えるのはおかしいって思いました。異様に細かく見えたのは、その2回くらいなんですけども。

一時期は、虫を追いかけ回していましたね。本物か幻視か確認しようと思って。でも見た目からは、全然わからないですね。プーンって飛んできて、すーっと机の下に入るときがあるんです。ぱっと見てももういない。でも本当にいなくなるときもあるので、そうなるともう、それが幻視だったのか本物だったのかはわからないままです。

Q　：細かく見えるっていうのは、細かく見たことのある記憶があるから何か見えたとか、虫が好きだったから見えたとか、そういうことなんでしょうか。

樋口：いや、クモを虫眼鏡で見たことはないので、何でしょうね。子どもと一緒に図鑑では見たことがありますけど。蝶とかトンボとかカブトムシとかは好きですが、幻視で見る虫は、親しみを持てない虫ばっかりですね。クモとかハエとか。虫をじーっと見たら、すごく細かく見えるっていうのは、そのときには、全然不自然な感じはしないんですよ。自然なズームという感じで。後になって考えたときに、あんなに見えるはずないよなって思うんですけども。

Q　：見え過ぎちゃう、こんなに普通だったら見えるはずのない細かさまで見えてしまうこと自体が幻視ということ？

樋口：でもそれも、二回だけなんですよね。じーっとアップで見た二回が、そうでした。他には……。あ、そのクモを見たころに、やっぱり運転していたときなんですけど、信号で止まっていたら、白いサギのような、でももっと大きくてもっときれいで、何かこうきらきら輝いているような真っ白な鳥が、ふわーっと舞ったんですよ。わー、なんてきれいな鳥だろうと思って、感動して見とれていたんです。そのときも羽の一枚一枚までくっきり見えました。細かく。そうしたら、ぱっと、風に舞い上がったスーパーのレジ袋に一瞬で変わって。すごくびっくりしました。信じられない感じでした。

3　火のないところに煙が立つ

Q　：見えやすい場所とか、こういうシチュエーションのときに何かが見える傾向があるとか、そういうことはあるんですか。

樋口：人は、わりと暗いところで見えやすいです。昼間でも何回か見たことはあるんですけども、夜とか暗い部屋のほうが多いですね。寝ようと思って扉を開けたら人が布団で寝ているとか、箱とか何かが人に見えるっていうのも暗いところでした。

逆に、虫は明るいところで見えるんですね、昼間。なぜかわからないんですけども、虫を暗がりで見たことはなくて、虫はだいたい昼間、明るい室内で見ますね。でも、いつどこで出るかは、全然わからないです。健康状態とか精神状態とも関係がないとずっと思っていました。

Q　：何年か暮らしてきて、見えるものが、傾向が変わってきたとかそういうことっていうのはあるんですか。

樋口：今は、そもそも幻視自体が少なくはなっていますね。最近時々見るのは、煙です。

Q　：煙？

樋口：煙は、以前はそんなに見えなかったんですが。例えば、こういうところに、もわもわっと煙があったりするんですよ。

Q　：全然こう、普通のテーブルとかでも？　火があるところとかじゃなくて。

樋口：火がないところです。だから、「えっ」て、一瞬びっくりします。

Q　：火のないところに。

樋口：はい。いろんなところに。人の車に乗せてもらっていたときに、その車の中に煙の塊があったり、お店の角に煙があったりとか。一瞬火事かなって思います。

本にも書きましたけど、壁を見ていたら、壁がぶわーんって盛り上がってきたりとか、カーペットの模様がひゅーっと動いたりとか。小さくてコントラストの強いものはよく動くんです。例えば、白い机の上の黒ごまとか、小さいものが、ひゅーっと動くのは今でも時々あります。

4　幻視の何が怖いのか

Q　：幻視は怖いものなんでしょうか。

樋口：幻視自体は怖くないです。クモやゴキブリでも。私は、元々虫は怖くないんです。クモといえば、すごく長い足のクモが台所の調理台を歩いていて、足の動きもくっきり見えて、うわーっこれは気持ち悪いと思ったら、ぱっと足が消えて乾燥ワカメになったんです。でも、虫は怖くないし、人も別に襲ってくるわけじゃないし、ただいるだけなんです。びっくりしますけどね。扉を開けて人がいるっていうのは、びっくりするし、怖いですね。

怖さにもいろいろあります。例えば人を見てしばらくは、トイレを開けるのが怖くて。トイレで人を見たことはないですけども、扉を開けて、もしいたらどうしようっていう恐怖心が一時期ありました。

いつ、どこで、何が見えるかわからないっていうのが、怖かったですね。なぜ見えるのかわからないし、本物との見分けもつかないし、わけがわからない。すごく異常っていう感じが、偏見というか、自分の中にあって、そんなに私の頭はおかしくなってしまったのか、私の精神は異常なのかって思って、自分が怖い。それがすごく恐ろしかったですね。それから、この病気は「進行が早くて、悪くなる一方だ」って書いてあるので、虫一匹を見ても、じゃあ明日は何が出るんだろうって、これからどんどん幻視が増えていって、毎日幻視だらけの世界で、振り回されて生きていくようになるのかっていう恐怖もありました。

また、こういう症状を人はいったいどう思うんだろうかっていう恐怖もありました。こんなことを言ったら、もう私の人生は終わりだな、もう誰も私を正常な人間としては扱ってくれないだろうなっていう恐怖もありました。

5　幻視と幽霊

Q　：幻視について、そもそも私はどんな風に見えるのかあまり想像ができないんですが…。

樋口：私の場合は、どれも本物と同じに見えます。現れ出る瞬間は見ないで、気がつくと存在していて、ぱっと一瞬で消えたときに幻視だったとわかります。ぼやけたり、透けたり、ゆがんだりは、全然ないです。原寸大で立体感も存在感ももちろんあります。写真や映像っぽい感じとか、作り物っぽい感じはまったくないです。虫は、リアルに動きます。今でも見ますが、消えるまでは、本物か幻視かは判断できないです。人は、「いるだけ」のところを見ることが多いです。ただ私が見る人は、常に知らない人で、無表情ですね。生き生きした感じはないです。見え方も人によって違うようで、目の問題があって普段から物が二重に見える人から幻視も二重に見えると聞きました。普段眼鏡をかけている人から、「眼鏡をかけているときは幻視もクリアーに、外したときは、幻視もぼやけて見える」と聞きました。私も同じですね。暗いところでは、暗く見えますし、明るいところでは、より明るくくっきり見えますし。血だらけの人とか、怖い幻視を見る人は、少ないと思います。無邪気に遊ぶ可愛い子どもとか、ふわふわの子猫とか、しあわせになる幻視の話を聞くことの方が多かったです。その人の性格とか人生とか精神状態も影響するのかもしれません。

幻視を異常視するのは、たぶん統合失調症の人たちに対する偏見ですよね。幻覚がある人は、狂っていて、何をするかわからないという誤った認識があって。ナイフを持って襲い掛かってくるんじゃないかみたいな。私は、「幻視がある」と言ったとき、後ずさりされたことがあります。

私は幽霊を信じてないんですけども、想像以上に皆さん、霊とも結び付けて考えるようで。講演会の後に「樋口さん、あなたは病気じゃありません！あなたはただ霊感が強くなっただけです！」って真剣に言われたことがあります。幽霊とどう違うのかと質問されたことも何度かありますね。

Q：あれかもしれないですね。ここの店員さんが今この話聞いてて、この人たちは霊の話をしてると思ってるかもしれない（笑）。

樋口：また皆さん、そういう話が好きなんですよね、霊とか座敷童とか。だから、興味本位みたいなものもあるし、怖いもの見たさとかもあるし。

6　幻視への対処はできない？

Q：雑誌的に、ちょっと日々の生活の話に戻していきましょう…。色々なものを見るようになっていった後、幻視への日々の対処って何かありましたか。こういうことをしていたとか、今振り返るとこうすれば良かったとか。

樋口：あんまりないですね。自分を観察しても、どういうときに見えるという条件もわかりませんでしたし、対処のしようがなかったです。でも抗認知症薬治療を始めてから見る頻度がすごく減ったんです。でも、見えなくなったと思って喜んでいたら、駐車場に置いた車が自分に向かってずるずる動いてくるように見えて。驚いて、思わずそれを止めようとして、一緒にいた自分の子どもに、「気でも狂ったか」って言われました。そのころ、子どもには、幻視があることは、隠していたんです。ちょっと堪えましたね。また見えたことも、子どもに知られたことも、自分が幻視を見て異常にしか見えない行動を取ってしまったことも。やっぱり見えるんだ、幻視は治らないんだって思いましたね。

でも、病気を受け入れて、実名を公表して活動していこうって決めたころから見なくなったんです。一年ぐらい全然見なかったんです。やったーっていう感じで、すごく嬉しかったです。でも、ある医師から「この人は自分で勝手にレビー小体型認知症だと思って暴走しているだけだ。ただのうつ病だ。この人の本は間違っている」と学術誌に書かれて。それがすごくショックで、体調もしばらくひどく悪くなったんですけど、そのときからまた見え始めたんですよね。幻視はストレスと関係があるのかって、そのとき、思いました。

治療前は、頻繁に見えていたんですが、体調とか精神状態とは関係ないと思っていたんです。体調が急に悪くなることが多かったんですが、ぐったりして、頭も朦朧として、自分では意識障害と感じましたが、そういうときには、一度も見なかったんです。

最近も、『臨床心理学』（増刊第九号）の六〇〇〇字の原稿（熊谷晋一郎編「みんなの当事者研究」）を書いていたときに、頭がすっかり疲れていて、異様な頭痛がするのに、それでも締め切りに間に合うように毎日書かなくちゃいけなくて。そのとき、また色々なものが見え始めて。やっぱりストレスとか、脳の疲れと関係あるのかなと思ったんですけども。だから、対処はできないですよ、やっぱり。いつどこに何が出るかわからないので、予防できないです。予防方法があるとしたら、ストレスを受けずに、脳を疲労させずに、良い状態でいることぐらいですよね。

Q：実際見えたものと何かやりとりをすることってあるんでしょうか。例えば、先ほどの車がずるずるっと来たとき、実際にそれを止めようとするとか、あるいは、見えた人に話そうとするとか、虫を叩こうとするとか。幻視とわかっているからそういうことはありませんか。

樋口：いや、幻視か本物かは、わからないですけど。

Q：そうか、わからない、そうですよね。

樋口：はい。わからないですけど、虫だからってすぐ叩こうとは思わないし、人はそんな長くは見えないですし。ずっと見えてたら何かしようとするかもしれないですけど。でも、家の中に人がいれば、常識的に考えて幻視だとわかりますね。虫はずっと見えてるんですが、ずっと本物だと思っているので。高齢者の場合は、よく幻視の人に話しかけるとか「出て行け」と怒鳴るとかはあるようですが。殺虫剤を撒き散らすとか。私は、ないですね。いつも一匹しか出ないですし。(何かするとしたら)とっさのあれですよね。車がずるずる来たらやっぱり慌てます。

Q：まあ、それはそうですよね。車がずるずる来たのは、そのときの初めての出来事なんですよね。

樋口：初めてですね。あと、叫んじゃうことはありましたね。夫の運転してる車の助手席にいたときに、信号で止まっている車が、ぐしゃぐしゃにつぶれた事故車に見えたんです。そのとき、うわって声を上げたら、夫が、「何、変な声出してるんだ。びっくりするじゃないか」って怒ったんですけども。幻視を見て、思わず叫んじゃうというのはあります。

7　幻視はぼやけていない

Q：何かを見間違えることと幻視とは違うんでしょうか。

樋口：どうなんでしょうね。ただ私、幻視を幻視と思っていない人のほうが多いと思うんですよ。結局、本物にしか見えないので本物と思っているとか。ある医師から言われたんです。「私、幻視が見えますなんて診察室で言った人は一人もいません。だから、幻視幻視っていうけど、実はそんなに多くはないんじゃないか」って。

その理由は、いくつかあって。本物と思い込んでいて、まさか幻視とは思ってない。実際に直接本人からうかがったんですが、「うちは虫が多いなとずっと思っていて、夫に指摘されるまで幻視とは気がつかなかった」と。

あとは、消えるから幽霊だと思ってるとか。おはらいに行ったというのは、よく聞く話です。私もですが、認知機能の低下とか他の症状に気づく前に、まず幻視から出る人も結構いるので、そういう人は、まさか自分が病気だとは思わず、幻視とも思わず、おはらいに行ったり違うところに行っちゃう。それから、幻視を自覚した人は、必死で隠す。医者にも隠すし、周囲にも隠そうとします。「私は幻視が見えます」って平気で言う人は相当少ないと思うんですよね。

Q：そうですよね。すごくリアルに見えるわけだから気付かない、気付かないっていうか。それで別に何の支障もなければそれで済んじゃってるってことでしょうか。

樋口：そうなんです。ただ虫がいるだけだったら、虫がいるなって思うだけで。家に幻視の不審者がいるとなると、警察に電話したり、退治しようとしたりしてよく大騒ぎになりますが、家族のお客さんだろうと思っていて「お茶ぐらい出さなくていいのか」っていうような穏やかな話も何度も聞きました。

私、最近、講演のときに、写真をちょっと加工して、透き通った人と、煙みたいにぼやけた人と、普通に写ってる人を見せて、「幻視ってどういうふうに見えると思いますか」って聞くんですが、多くの方が、人間か何かよくわからないぐらいぼやけたものに手を挙げるんですよね。幻視の幻という字のイメージが強いんです。だから本人だって、幻視っていうのは、ぼんやり見える幻で、本物とまったく同じに見えるはずがないって思うんだと思います。

Q：幻視っていう言葉のイメージ自体がもう、その幻(まぼろし)的なものだと。

樋口：この前、介護職の方三〇〇人に手を挙げてもらったら、九割ぐらいの人が、何だかよくわからない煙のような人に手を挙げたんですよ。日々接している人たちですよ、認知症の人と。

Q：リアルだからこそ幻視なんですよね。

樋口：うーん。「レビー小体型認知症の幻視はリアルに見える」と、最近はあちこちに書いてありますけど、「本物にしか見えない」とはどこにも書いてなかったですし、症状のイラストレーションも、必ず透明とかぼやけて描いてあるんですよね。

私、『クロワッサン』という雑誌の取材を受けたときに、幻視のイラストを入れるって聞いたので、「絶対に透けないように、本物と同じに描いてください」ってリクエストしたんです。そのぐらい、幻視といえば、常にもやもやっと描かれるんです。そういう思い込みがある。

Q：何か今のお話はすごくよくわかったというか、なるほどなって思いました。

8　幻覚は妄想ではない

Q　：樋口さんの本の中に出てくるんですが、臭いがわからなくなったという話がありますよね。今回のテーマの「見ること」って、もちろん目を使って見ていることもあるとは思うんですけど、私たちが世界を見る際には、同時にいろんな感覚を使って見てるんではないでしょうか。そうだとすると、視覚に関する幻視だけじゃなくて、他の感覚っていうか、幻聴も含めて、目からだけじゃなくて他の感覚から受けるものも、それが本物なのか幻なのかってわかんないことってあるんでしょうか。

樋口：私は、幻覚は全種類あるんですけども、やっぱり全部本物としか感じられないですね。幻聴は物音とか音楽なんです。幻臭はだいたい悪臭で、でも、幻臭はもうなくなりましたね。幻臭は、たぶん嗅覚が低下したころに集中的にありました。あと、体感幻覚っていうナイフで切ったような痛みとかタバコの火を近づけたような熱さとか、他には、人が後ろをすーっと通った感じとか。全部本物でしかなくて、幻とは全く思えないので、振り回されたりしました。一人でいるときに起こると、確認する方法がないんです。色々な幻覚が、毎日のように次々と起こったころは、精神的にきつかったです。本の中に書いてありますが、私の五感は全部狂ってる、みんな狂ってるって思いましたね。

不思議に思ったのは、後ろを人が通ったとか、人がいる物音がするとか、人と結び付いた幻覚が多い。レビーは、よく「人がいる、家にもう一人住んでいる」っていうような妄想を持つって書いてあるんですが、当然だろうと思って。見えるし聞こえるし後ろは通るし。それは当然、人がいると思うでしょ。不思議な症状だと思うんですけど。

Q　：なるほど。感覚全体でそういう人の存在みたいなのを感じる…。

樋口：はい、そうですね。現実と同じリアルさで。

Q　：そう考えると、そうですよね。妄想っていったい何なんだろうか。

樋口：そうなんですよね。勝手に外から見て妄想と決めつけられていることも多い。幻覚って、症状として説明されるとき、幻覚妄想って、いつも妄想とセットで書かれているんですけど、幻覚と妄想は全然違うものだし、妄想って決めつけられていることも多いです。例えば、レビーの人がよく、「私の家に不審者がいます」って警察に電話するとか、子どもがいるからって料理を作るとか、「出てけ」って叫ぶとかいう言動は、妄想とかBPSDって説明されてきましたけど、全然妄想じゃないと思います。

Q　：そういう感覚がすごく、いろんなことを感じるときっていうのは、やっぱりすごく疲れるんですか。

樋口：どの幻覚も本物かどうか確認できないのが困るし、疲れますね。幻臭が一番困って。例えば、台所でガスの臭いがするときに、それが本物か幻臭かは大きなことなので、すごく困って。台所で魚の腐った臭いがするとか、下駄箱の中からとんでもない悪臭がすると、本当だったら大変なので探し回るんです。本当に魚が落ちてるんじゃないかって探し回って、ないから幻臭なんだろうなとは思うけど、自分では確認のしようがないので。家族がいて、そんな臭いはしないよって言えばそれで終わりなんですけど、だいたい一人でいるときだったので、毎日それに振り回されていたときがあって。精神的にまいってきますね。電車の中で隣の人から強烈な汗の臭いがするときとか、席を変えても隣の人から同じ臭いがして、幻臭だったんだって気づくんですが、臭いは消えはしないんです。ずっと吐きそうな臭いに耐えないといけなくて、それも辛かったですね。今でも変なものを見たり、聞いたりすると、いつも「これは幻覚？本物？」って一生懸命考えますね。考えたって、自分では判断できないんですけど。

9　幻視と暮らす

樋口：今まで聞かれて驚いた質問で「うれしくなるような幻視はないんですか」っていうのがあって。若い子だったんですけど、「例えば、札束とかケーキとかステーキとかは見えないんですか」って言われたんですけど、物は見ない。料理の上にウジ虫とか、ご飯の上にアリが群がっているとかいう幻視はよく聞きますし、私も見たんですけど。「好きなものとか見えないですか」って時々聞かれますけど、見ないです。亡くなった祖母とか見えたらいいのにって思いますけど。

消し方もよく聞かれますね。基本的には触れば消えるって言われていて。「私は触っても消えません」って言う人もいたんですけども、だいたい触ると消えます。でも、私は怖くて触れないんです。うじ虫とか、人でもちょっと触れなくて。そういうときは家族が代わりに触れば消えます。他には、照明をぱっと明るくすると消えるとか、パンパンって音を立てると消えるとか。でも、それも介護職の人もあまり知らなくて、触ると消えますっていうと、びっくりします。介護職の人は「人がいる」って言われると、「またそんなこと言って〜」とか「もう、何々さん変なこと言わないで〜」みたいに受け流すことが多いみたいで。でも逆に否定してはいけないっていって「はい。いますね〜」と言うと、現実になるので、怖いし、じゃあ、なぜいるんだろうと理由を一生懸命考えますから、妄想に発展してしまったりしますよね。

Q：その消し方みたいなのっていうのは、どういう風にして知ったんですか。

樋口：介護家族から聞きました。家族も最初は驚くし、「何言ってるの。そんなものいないでしょ」と叱りつけたりして、本人を混乱させて大騒ぎになるんですが、慣れれば平気になるんです。本人も最初は幻視とわからないから騒ぐんです。家族が、それは、この病気の症状だと説明して、本当に見えることも、見える辛さもきちんと認めた上で「私には、見えないの」と伝えていけば、レビーは、初期中期では、記憶力があれば思考力がありますし、アルツハイマー病と違って記憶力もありますから、幻視だとちゃんと理解できるんです。本物にしか見えないけれども本物ではないから、襲ってくることもないし、悪さはしない無害なものなんだと理解すれば、本人もびっくりして騒ぐこともなくなります。慣れた介護家族の方は、知的好奇心を持って「で、今は、何が見えるの」と、本人に訊ねて、幻視を実況中継してもらって、一緒に楽しみます。夢の話を聞くみたいな感じで、面白いんです。一緒にゲラゲラ笑うという話も聞きます。そんな風に幻視の話を面白がって聞いてもらえるのは、本人にとってもうれしいし、救われるんです。

Q：見えるものっていうのは、だいたい人とか虫とかってよく言われてますけど、そこでだいたいメジャーなものっていうのが決まってるっていう感じなんですかね。

樋口：そうですね。人が見えるというのが多くて、年齢も性別も色々です。兵隊とか、現実的でない人を見る人もいますね。虫はハエとかクモをよく聞きます。小動物、猫とか犬とかも多いって言われてます。幻視でなく錯視ですが、長いものがヘビに見えるというのも多いです。コードとかホースが、リアルに動くヘビに見えるんです。それらがメジャーですね。でも、部屋に川が流れているとか、水たまりがあるとか。よく聞く幻視のバリエーションもいろいろですね。風景が見えるっていう人もいるし、何かものすごくきれいな光がきらきら天井から降ってくるとか。

指先から糸みたいなものがするする出てくる、引っ張っても引っ張っても出てくるっていうのも、時々聞きますね。何でそんなものが共通するんだろうと思うんですけど。

Q：指先からこう出てくるって場合は、すごく能動的な感じがしますね。

樋口：そうですね。何でしょうね。そういうの、私は見たことないですけど。

あと、ある医師が、レビーの患者さんを数多く診ている医師ですが、自分の患者さんで、すごくかわいい猫を触ったら、ちゃんとその触覚もあったそうです。幻触っていうんですかね。

Q：幻触。

樋口：触覚もあったって言われたんですよ。そんな話は初めて聞いたので、それを友人の医師に言ったんですよ。「そういうのもあるそうですよ。びっくりですね」って。そしたら友人は「あり得ない」って。

Q：それは本物ですよね。もう、触覚まであったら。

樋口：そう。友人も「それ、幻視じゃなくて本物でしょ」って。でも、家族が見えない猫を撫でている様子を見てたっていう話なんです。よくわかんないですけど。

Q：それだったらもう、普通に猫と暮らせそうですね。

樋口：そうですよね。

Q：触覚まであるってなったら、そうですね。

樋口：でも触感がなくても、一緒に暮らしてる人も割といるんですよ。レビーって、なぜか同じものが、私が同じ車の同じ場所に同じ人を見たように、繰り返し同じものを見る人が多くて。例えば、同じ子どもを毎日居間で見る人がいて、もう家族みたいなものですよね。名前まで付けて、「あら、たーちゃんが今日はいないのね」みたいな。

Q：それはあり得ますよね。例えば、ロボットと一緒に暮らすなんてことを考えると、それが幻視だって別にいいわけですね。

樋口：そう。それが本人にとって楽しみになっているから。たとえば、いつも来る猫のみーちゃんが、幻視だろうが何だろうが、それを楽しみにしていて、孤独感も癒されているんですよ。それでいいじゃないかって思います。

Q：確かにそうですよね。結局、普通に生きてても、その自分と違うものって、自分の意思と関係なく来るものが、猫にしろ何にしろ、楽しい、関わってて楽しい。で、幻視も、別に自分で見るぞって思って見てるわけじゃなく、ぱっと来るわけだから、それは、他者みたいなものとしてあってもおかしくはないですよね。それと一緒に暮らすとか。

樋口：そうですね。そういえば、本にも書いたんですけど、シャルル・ボネ症候群[3]っていうものがあって、それは、認知機能の低下が一切なくて、本物にしか見えない幻視が見えると。それを読んだときに、ほとんど同じだなと思ったんですよ。そしたら最近、シャルル・ボネ症候群の人が、レビー小体型認知症に移行するとかっていう論文[4]があって。詳しくは知らないんですが、驚きました。シャルル・ボネ症候群は、V・S・ラマチャンドランとサンドラ・ブレイクスリーの『脳の中の幽霊』という本で読んで知りました。そこには、視覚障害者の一定の割合の人に幻視があるって書いてありました。医師から聞いたんですが、人間の脳って常に刺激を求めていて、何も見えないところに閉じ込めておくと、幻視が出てきて、何も聞こえないところに閉じ込めておくと幻聴が聞こえてきて。それは、誰にでもある。脳は無刺激には耐えられないって。だから、嗅覚が低下してきたときに幻臭が出てくるって、そういう仕組みなのかなって。

10　幻視について聞かない、言いにくい

Q：幻視について言いにくいともおっしゃっていましたが、それでも、人と話すことはあるんでしょうか。話したきっかけや、話したときに受けた反応について教えてください。

樋口：あんまり覚えてないんですけども、よく覚えているのは、親しい昔からの友人に、「どんな症状があるの？」って言われて、「人が見えたりする」って言ったときに、飛び上がって驚いたんです。「えー」って言って。で、親しい友人なんですけど、言わなきゃ良かったなと思ったのは覚えてますね。

まあ、みんな聞かないんですよ。病気のことを話しても、何が見えるとかどう見えるとかって、誰も聞かない。

Q：他の、いわゆるその他の症状のことは聞くけども。

樋口：体調はいつも聞かれますけど、幻視のことだけは、聞かないですね。

Q：それはなぜなんでしょうか。

樋口：やっぱり異常っていう感覚が強いんだと思います。タブー視されてますね。触れてはいけないと思うし、本人も聞かれたくないだろうと思うんだと思います。認知症のセミナーに行ったときに、五分間隣の人と自己紹介し合ってくださいっていうときがあって。隣の方が若い女性で、「認知症の人に優しい製品の開発をしてます」って。「素晴らしいですね」って聞いて、私の番になって、「私は若年性レビー小体型認知症の当事者で」って言ったら、すごく驚いて。何か、「私はがんで余命半年です」って言ったときのよ

うな反応をされたので。「いやいや、私、全然大丈夫なんですよ。記憶力もありますし」って言ったら、驚きと疑惑の目で、「じゃあどういう症状があるんですか」っておっしゃったんで、「自律神経症状とか、幻視とか」って言ったら、「怖い。助けて」みたいな顔をされたんですよ。「お願いだから私に近寄らないでください」みたいな。

Q：そんなイベントに来ているのに。

樋口：そうそう、そうなんですよね。私、そういうところに来ていてそういう反応をすることが逆に面白かったんですけど（笑）。でも、そうなんだろうなって。幻視があるなんて言ったら、やっぱり「何するかわからない。近寄りたくないな」って思うのが一般的なんだろうなっていうことは思いましたね。

Q：家族・親族にも基本的にはあまり話さないんでしょうか。

樋口：話さないですね。親戚はみんな知ってるんですけど、一言も触れないですね。うちの子どもにも幻視の話はしたことないです。心配かけたくなくて。夫ともほとんどしないですね。夫は完全に受け入れていますけど。

Q：しない？　基本的にはしないと。その当事者研究やってる人とか、レビーの人たちには。

樋口：私、グループで当事者研究をやったことがないんです。一人で勝手に書いているだけなので。ただ、同じ病気の人と話したときは、幻視で話が弾みますよ。あれが見えた、これが見えたって。なんの抵抗もなくなんでも話せます。心配したり、驚いたりしないですし。

その方は、私よりも三つぐらい上の女性なんですけど、よく人が見えるそうで。夜中にトイレに起きると死んだおばあちゃんが居間にいて、「どうしておばあちゃんがいるんだろう。死んだのに」って考えたそうです。で、「虫は見えないですか」って聞いたら、「私は虫は見たことはないです」って。それからしばらくしてから「見てました」って。

Q：見てた。なるほど。

樋口：そう。「私は本物だと思っていて、何でうちの天井にはこんなにたくさんハエが付いてんだろうと思って、夫に、このハエ何とかしなくちゃねって言ったとき、夫に驚かれて、なんだ、これ幻視だったのかって思った」って。

Q：逆に、樋口さんは、そういう、実は見てたのを後から気づいたみたいな経験ってのは何かないんですか。

樋口：あんまりないですね。目の錯覚だと長年思っていた人が、幻視だったっていうぐらいでしょうか。

すみません。私、質問をすぐ忘れてしまう。何でしたっけ、質問。そうだ、人はどういう反応するかですね。

Q：はい。そのこともですね。

樋口：そうですね。何年か前から夫には、虫が出てきたときに、指さして「これ見える?」って躊躇なく聞けるようになったんです。そうすると、「うん、見えるよ」って言うので。それはすごく安心っていうか、ほっとするんですよね。人で確認できるとほっとします。

Q：区別するときに、とにかく自分一人でやらなきゃいけない場合は、非常に大変っていうか、わかんないってことですよね。

樋口：わからないです。本物にしか見えないので。目の前で消えない限りは。

Q：他の人の基準というか、他の人の目が使えればちょっと楽になるっていうのが。

樋口：そうですね。言えなかったころは、周りの反応を見たりしてたんですよ。例えば、家族でレストランに行ったときに、料理が運ばれてきて、その上にうじ虫が何十匹もうじゃうじゃはってたんですよ。すごく驚いて。そういう状況はあり得ないと頭では思うんですけども、でもどう見ても本物なので、ぱっと家族を見て、何も反応してないので、ああ、見えてないいんだなって。

Q：そのとき、虫がいる食べ物は食べられるものなんですか?

樋口：食べられないです。

Q：ひとまず本物ではないとわかっても、やっぱり食べられない?

樋口：食べられないですね。うじ虫がはっているのを見ながら、食べられますか?

Q：なるほど。そういうことは頻繁にあったんですか。

樋口：いや、頻繁にはなかったです。

Q：それは頻繁に起きちゃったら、結構ものが食べられなくなったりとかしちゃう。

樋口：そうですね。頻繁に起こったら、スプーンか何かで突けば、たぶん消えるんだろうとは思うんですけど。消えても、もうおいしいとは思えないでしょう。虫がいるからって食べなくて困っているという話は、介護家族の方から何度か伺いました。

そういえば今思い出したんですけど、ネットで読んだことがあります。喫茶店で、「このコーヒーカップの中にはミミズが入ってる。気をつけたまえ」って言った紳士がいたと。どう見ても立派な紳士だし、クレーマーでもないし、本当に従業員のことを思って、「君、気をつけたまえ」ってそっと耳打ちしてくれたんだけど、あれはいったい何だったんだろうって書いてるのを見て、「レビーでしょ！」って思ったんですよね。

Q：その人はもう、全然レビーとか知らない文脈で書いてるんですね。

樋口：そうです。理解ができないって。あの人はなぜそんなことを言ったんだろうみたいに書いてあったんですよ。レビーだなって思いましたけど。私もですが、幻視が、早期に出てくる人たちがいるんです。心身ともに健康で、認知機能にも何の問題もない段階で。だから、まさか幻視だなんて考えないんです。家族も見間違いだろうとか、メガネが合わないんじゃないかとか。目の前でぱっと消えたと言えば、霊感だとか、おはらいをしなくちゃとか。だれも病気だとは、思いつかないんです。

Q：今、樋口さんは本やエッセイ[5]なども書かれていて、結構幻視とかいろんな感覚に関して、ある程度、論理的に話せる感じになってるように思うんですが、やっぱりそれは、後から振り返ることで可能になってるんでしょうか。渦中にある当時は、とてもそんな説明とかそれどころではなかった感じでしょうか。

樋口：当時も、冷静に質問されたらどう見えるかは、詳細に話せたと思うんですけど。ただすごく怖かったし、見えること自体がつらかったので、自分の中で消化はされてなかったですね。必死で隠していましたし。今は、本当に異常だと思ってないので。異常は異常なんですけど。でも、別に精神が異常とかではなくて、脳がちょっと誤作動を起こして、たまたま見えているだけで、それは私の精神とも人格とも知性とも何の関係もないと思っているので、見えても平気ですね。

でも、一年間ぐらい見えなかった時期があったのに、また見え始めたときに、「また見えるようになりました」っていうのがとっても言いにくくて。友達とか親しい人は、「見えなくなって良かったね」って、みんなすごく喜んでくれていたんです。それなのにまた、「見えます」っていうのが、失望させるみたいで言いにくいし、人前で言うのも、やっぱりどこかで引っ掛かるものがあったんですね。何かとっても言いにくいなっていう感じがありました。

本を出したころは、幻視も消えていて、ほとんどの症状が目立たなくなっていたので、自分でも改善したことがとてもうれしかったし、同じ病気で、自分と同じように絶望している人に希望を与えたい、「つらい症状も改善するんですよ、悪くなる一方なんかじゃないんですよ、大丈夫ですよ」って伝えたい気持ちがすごく強くあったんです。「良くなることはない、進行する一方だ」っていう医療情報で絶望を経験したので。それなのに、「また悪くなりました、また幻視が出ました」って言って、同じ病気の人たちをがっかりさせるのは嫌だなっていう気持ちもありました。偏見に対しては、「えいや」っていう感じで、人前で言っちゃえば、そのあとは何でもないんですけど、「見えますよ〜」って笑顔で明るく言っちゃえば、別にそれでOKなんですけど。でも、やっぱり講演の中で「今でも幻視が見えます」って言うと、ざわざわってなります。幻視は異常じゃないって、言い続け、書き続けていくしかないんだと思っていますけど、果てしない道だなっていう感じは常にありますね。

■注

1 樋口直美 2015『私の脳で起こったこと——レビー小体型認知症からの復活』ブックマン社

2 何もないところに実像が現れるのが幻視で、実際にあるものが、全く違うものに見えるのが錯視(例：コードが蛇に見える)。

3 シャルル・ボネ症候群とは、視覚障害に伴い、そこにないことを自覚している幻視を見ること。

4 シャルル・ボネからＤＬＢへの移行について書かれた二つの論文として、武井茂樹・工藤由佳・濱田秀伯 2016「シャルル・ボネ症候群」『精神科』Vol.29: 462-465, Terao T, Collinson S 2000 Charles Bonnet syndrome and dementia, *Lancet*, 355(9221): 2168

5 樋口直美「誤作動する脳——レビー小体病の当事者研究」『かんかん!-看護師のためのｗｅｂマガジン』(医学書院)に連載中。

「訴える人」から「対話の相手」へ
――補聴器ユーザーとして国際協力活動にチャレンジ

斉藤龍一郎

1 補聴器ユーザーになって一五年

昨年八月、右耳用の補聴器を購入した。一五年前、デジタル補聴器を使い始めた。四年前、左耳用補聴器が故障した時、この機種の部品はもうありません、とのことで、新しい補聴器を購入した。その時、右耳用補聴器の再調整ができないかと相談したところ、再調整を試みて故障したら修理できないのでそのまま使った方が良い、とのことだった。で、そのまま使っていた右耳用補聴器、いよいよ耳の状態に合わなくなったので、耳鼻科で聴力検査を受け、耳の状態をチェックしてもらった。その結果、聴覚障害第六級の障害者手帳が交付され、社会福祉の支援対象機器を購入することとなった。

一五年前、両耳用に補聴器を購入した時の価格がセットで四〇万円余り、四年前に左耳用の補聴器を更新した時は一六万円弱だった。それに対して、今回は、約六〇〇〇円。補聴器利用への支援の重要さを痛感した。以前、障害学会学会誌『障害学研究』のエッセイ選考にあたった時、補聴器があまりに高いので購入をためらったことを記した原稿を見て、迷わず掲載と決定したことを思い出した。

小学生の時、一時期、首から下げる形態の補聴器を使用した覚えがある。どういう経緯でその補聴器を使用することになったのか、全く覚えていない。五歳時に肋膜炎・中耳炎を患い、祖父に手を引かれて耳鼻科へ通院し、小学四年生の時に四〇日近く入院して両耳の鼓膜再生手術を受けた。この手術の前も、またその後もずっと難聴だったので、僕が聞こえていない／聞いていないことを気にした祖父が補聴器を購入したのだったろう。

しかし、その補聴器を利用したのはほんのしばらくのことだった。補聴器を持ち歩き、また耳にイヤホンを装着することは面倒だったし、使用しなくても特に困らなかったからだ。

三〇代後半の頃、耳小骨にまでメスを入れる耳腔形成術によって聴力回復が可能になったことが話題になった。伯母の勧めがあり、新聞で耳腔形成術が健康保険の対象となったことを知り、大学病院で聴力回復が可能か検査を受けた。担当医の診断は、聴力が弱い左耳は小学生の時受けた手術での切除部位が大きくて手のつけようがない、左より聴力がある右耳は手術によって聴力を回復できるかもしれないが絶対に大丈夫とは言えない、聴力の弱い方の耳が手術可能であれば手術を勧めるところだがここは補聴器使用を勧める、というものだった。病院の紹介で試聴器を使用したところ、使い始めて二時間ほどで気分が悪くなり、補聴器を外した後もほぼ一日船酔いしたような状態が続いた。それで、補聴器を使用する気にはなれなくなった。

それから一〇年、五〇歳にさしかかろうとする頃、補聴器ユーザーになった。NGOの事務局長になったからだ。またデジタル補聴器を試聴して、装着すると少し鬱陶しいものの気分が悪くなったりはしない、と実感できたからだ。

2　会議を切り盛りするために補聴器を使用

NGOの事務局長になる時、会議を切り盛りし、また、会員の声を聞き取るために、聴力を補う手段を取る必要がある、と考えた。というよりも、そうしたことが必要になるだろうなと考えていたので、手をあげてまで事務局長になろうとは思っていなかった。そのNGOの事務局で一部業務を担っていた会員が運営に携わる気持ちを持っていると知ったので、その人を事務局長に推そうとしていたところ、前任事務局長から「やらないの？」と聞かれ、引っ張られる気分で応募した。

事務局長になって、まず、録音機能のあるMDレコーダーを購入した。当時再生専用機は一万円前後で購入できたのに、録音機能がつくと値段は倍になった。NGOの運営会議（幹事会）に、七四分録音可能なMDメディアを二枚用意して臨んだ。会議で話す必要のあることをまとめたレジュメを用意し、会議の中で出された質問、意見への応答を担う位置についたのは、この時が初めてだった。

その頃、働いていた一五年目の職場（NGOの事務局長になって最初の五年間は非常勤だった）の同僚二人は、僕に用があると耳元までやってきて声をかけていた。その職場も含む所属団体の会議では、用意されたレジュメをもとに、その場で聞き取っていなくとも、後で不明な点を確認するという形で、仕事に関わることができた。

その職場を辞めて、NGOの事務局長に専念するようになってから、補聴器ユーザーになった。聴力検査を受け、状態をチェックしてもらったところ障害者手帳の対象とならず、自費で補聴器を購入した。先に記したとおり、四〇万円を超える高額の買い物だった。

3　座談会を開催して得た自信

NGOの活動の一環として、二〇〇七年八月、全盲のスーダン人と三人の日本人視覚障害者（二人は全盲、一人は弱視）による座談会を開催した。この座談会で、当時、東大先端研の研究員だった全盲の星加良司さんの以下の発言を聞いた時のことが、強く印象に残っている。

当時は、それで授業に関心を持ったのですね。突っこむためには一生懸命聞いてないと突っこめないですから。そのために一生懸命聞くようになったのですね。そうすると、その教科の成績が良くなっていって、その一つ……たぶん、その時は社会だったと思うのですけど、社会科の成績が良くなると、他の勉強に関しても、よく分かることとか、テストでちゃんと答えられることの面白さとか達成感とか満足感みたいなものを求めるようになってきて。（座談会「視覚障害者が高等教育機関で学ぶ　スーダンと日本の経験を語る」http://www.arsvi.com/2000/070809.htm）

小中高一二年の学校生活を振り返った時、そうした形で授業に関わったことがなく、また、周囲に星加さんのように教員とやり取りしていた人も見たことがなかった。

僕は、懸命に聞かないと授業時に教員が話していることが耳に入ってこなかった。もちろん、教員もそのことを知っているので、僕の席は常に最前列、教壇から近いところにあった。それでも、懸命に聞いても何が話されているのか理解できないこともあった。なので、けっこう早い時期から教室内で語られていることを聞き取る努力をしなくなってしまった。

授業中は、教科書を読み進めたり、図書館から借りてきた本を読んだりしていた。休み時間にも一人で本を読んでいることが多かった。それでも、授業中、ふと耳に入ったことばに反応して挙手して発言することもあった。だが、星加さんが小学校の授業で体験したようなやり取りにはならなかった。発言への教員あるいはクラスメイトたちの反応がよく聞き取れなくて、「聞こえなくてもいいや」と、一人本を読み始めることが多かった。

高校生の時、五〇人近いクラスメイトによる討論の議長をやったことがある、手を挙げて議長になったのに、クラスメイトの声が聞き取れず、討論を進めることができなかった。見かねて議長を替わったクラスメイトが、発言ごとに「〇〇ということだね」と確認し、次の意見を促していた姿を覚えている。

全盲の星加さんが、どうやって学んできたのか、その秘密を知ることができたのだが、同じ座談会の参加者だったやはり全盲のアブディンさんが、「耳学問」と繰り返していたことも記憶に残る。僕は、教科書や本、雑誌で文字を読んでことばを覚え、知識を得てきた。妹が、近所のおばあさんたちが話すのを聞いて、「むぞらしい(可愛らしい)」ということばを覚えたと語るのを聞いた時の驚きも甦る。

そして、何よりも、僕が司会を務めた座談会で、星加さん、アブディンさんが興味深い発言をしたことに励まされた。補聴器を使えば僕も座談会やセミナー、公開インタビューを行うことができると実感した。翌年、アブディンさんと一緒に「スーダン障害者教育支援の会」の活動をしている全盲のヒシャムさんと日本人視覚障害者三人の座談会を開催した。

4 出発点となった英語・仏語での筆談を交えた対話

二〇〇〇年、アフリカの課題に取り組むアフリカの人々との連携をめざすNGOで中心的なスタッフとして活動することを決めた時、「現場体験」がなく、NGOがつながっているアフリカ各地の人々と直接の面識がなく、また、英語・仏語でのやり取りもほとんどできなかった。会員との連絡、会費の徴収、寄付の受け入れと会計管理をしながら、NGOの活動にとってより適切な人が任に就くまでのつなぎを務めると思って、誘いを受け入れた。幸い、海外青年協力隊員としてタンザニアで活動したことがあり、国際協力の専門家としてコンサルタント業務にも従事したことのある会員が、一緒にNGOの運営に携わり、「業界の常識」を教えてくれた。

とはいえ、学生時代からそれまでの三〇年近く関わってきた障害者の自立をめざす活動、部落差別からの解放をめざす活動とは大きな違いがあって、とまどうことが多々あった。何よりも、見様見まねの対象となる人の数が限られており、また、そうした人々と接する機会・場面が限られていた。また、そうした活動の積み重ねを踏まえた報告や各種の文書など、読んで参考とすることのできるものも限られていた。

学校では教科書で、障害者運動、反差別運動に関わるようになってからは主としてビラ・パンフレットと各種の報告書・議案書といった文書で、ことばを覚えてきたが、そうした経験に基づくアプローチでは手に負えない事態に直面することになった。

それでも、主として電子メールと郵送文書で行う会員との対応は、電話でのやりとりも含め一対一での対応であり、自分なりの方法でやることができた。会計業務の方は、以前いた職場でPC会計を導入した際に手伝った経験もあって、ほどなくなじんだ。困ったのは、少人数であってもその場での意見交換や経験交流が主目的とされる会合への参加、NGO主催のセミナー参加であった。なので、会合へは文書化された資料を収集し、参加者と個別にあいさつするために行く、NGO主催のセミナーの仕切りは、他の会員に任せる、という形で、NGO事務局長としての仕事をスタートした。また、二〇〇〇年四月に事務局長になってからの四年間は、ほぼ夜と週末だけNGOで仕事をしていたので、招待を受けた会合への参加もごく限られており、加えて、運営を一緒に担ってくれた会員が食と農に関するセミナー実施などの活動を、別の会員が中心となる研究会がHIV陽性者運動との連携をめざす活動を担っていたので、それぞれの活動の中心となっている会員と個別に話をしながらNGOの運営にあたっていた。

転機となったのは、二〇〇三年に国際協力機構(JICA)の研修参加のために来日したコートジボワール人との接触だった。当時、コートジボワールのJICA事務所で勤務していたNGO会員と接触のあった来日者から、ぜひ会いたいと連絡があり、宿舎となっているホテルに一人で出向いた。コートジボワールの公用語である仏語でごく簡単な自己紹介をして、お土産を受け取った後、ちょうどその年の秋、東京で第三回アフリカ開発会議（TICAD）が開催されることを知っているかと英語で聞いたところ、知らないというので、仏語と英語での筆談を交えて、TICADの説明をした。アフリカの人々のためにを名目として開催される会議について報せなければならない、との思いがあっての対話だった。

このコートジボワール人は、帰国後、TICADに向けた取り組みを開始し、その年の秋にはコートジボワール政府代表団の一員として来日した。日本との交流を目的としたNGOも起ち上げ、駐コートジボワール日本大使らを招いてお披露目の集まりを開催するとも連絡があった。さらに、翌年からほぼ毎年日本へやってきて、NGO・研究者へ働きかけていた。

アフリカの人々がアフリカの開発に関わる国際会議に参加し自らの意思を表明していくべきだという思いから、何度も聞き返しながら、筆談を交えて行った対話が、当事者による具体的な動きにつながったことは、大きな自信となった。

このコートジボワール人との対話を通して、NGOが果たすべき役割を実感した。そして、僕もそうした役割の一端を担っていかなくてはならないと感じた。アフリカの人々が直面する課題であるにもかかわらず日本のNGOやマスメディアが触れないことがらに関する情報収集・共有の取り組みを、NGOとして取り組んでいくべきだと強く感じた。

先に記したとおり、中心になる会員がいて、二〇〇一年からアフリカの食と農に関する研究会、HIV陽性者運動との連携をめざす研究会が活動していた。僕自身は、協力者を募り、アフリカのHIV陽性者運動、アフリカでのエイズ治療実現に向けた世界的な取り組みと論争に関するニュース紹介を行い、資料集を作成・販売していた。

二〇〇四年末、事務局スタッフとして食と農に関する研究会を中心で担ってきた会員が、事務局を離れることとなり、僕が、この研究会を担当することとなった。研究会の内容、具体的にはセミナーのテーマ設定、講師依頼に関しては、大学・研究機関でアフリカの農業研究に従事している会員が中心となっている研究会だったので、僕の役割は、セミナー日程の調整、会場の確保、資料印刷などの準備作業と当日の受け付けといった作業を担当することであり、また、そうした作業を一緒に担う協力者を募ることだった。

セミナー運営に関わるボランティア、一定期間研究会の企画・運営にも関わるインターンを募り、話をしながら一緒に作業を進めたことが、次の一歩だったと言える。NGOとボランティア・インターンなどの協力者との関係は、あらかじめ業務内容を決めておいて、希望してやってきたボランティア、インターンに業務を指示するという一律なものではない。少なくとも、僕が担当した研究会にボランティアやインターンとして関わった協力者に、明確なビジョンを持って指示ができる状態で協力者を募ったわけではなかったし、また、ボランティアやインターン自身の発意・希望に応じる対話や試みがなければ、協力関係は成り立たなかった。

5 「訴える人」から「対話の相手」へ

振り返ると、小中高と教科書やさまざまな本を読んで覚えたことばを聞いてくれる人がいるとぶつけていた僕は、「訴える人」だった。聞いてほしいと訴え、聞いてくれる人がいれば一方的にしゃべるのだけれど、聞き返されたり、あるいは相手が僕の関心事ではないことを話し始めると聞くのをやめてしまっていた。大学生の時、とある集まりで一緒になった同年の学生が、何度も聞き返しているのを見て、「難聴者なんだな」と思っていたら、むこうも僕が難聴者であることに気付いて、会合の後で声をかけてきた。というか「聞き返さなくちゃダメじゃないか」と一喝されてしまった。彼は、高校生の時受けた結核治療の副作用で難聴になったとのことだった。その一喝がきっかけで親しくなった。とはいえ、運動の中にも人つながりの中にも居場所があって、そのまま「聞き返す人」になったわけではない。

文書や周囲の人々の立ち居振る舞いを参照しつつ、一歩あとを勝手についていくことができた反差別運動とその周辺に成り立つ人のつながりから少し離れて、それまで関わったことのなかった国際協力を業務とするNGOの事務局長になって、「聞き返す人」「傾聴する人」にならなくてはいけないと感じた。来日したアフリカの人々、インターン・ボランティア、他のNGOのスタッフとの間で対話を試み、さらにはセミナーや座談会の司会・進行にチャレンジするようになって補聴器が身近なツールとなった。国際協力NGOの事務局長にならなかったら出会わなかっただろう人々との対話、相談への対応、全盲のスーダン人と日本人視覚障害者との座談会という機会を作ったことから広がったアフリカの障害者運動との接触などを通して、世界の見え方が変わったことが、今、大きな力になっている。

「先読み」と「想像」の世界
――「あ、か、さ、た、な」に耳を傾けて

黒田宗矢

1 「あ、か、さ、た、な」のコミュニケーション

天畠大輔は話したいことがあると「あー」と声を出す。すると隣にいる通訳者はおもむろに、天畠の右手を持って強く引き、次のように唱える。

「あ、か、さ、た、な、は、ま、や、ら、わ」

タイミングが合わない。そんなことは日常茶飯事だ。通訳者はさして気に留めることもなく、もう一度同じことをお経のように繰り返す。

「あ、か、さ、た、な」

「な」のところで、天畠は通訳者に握られた手を強くひっぱり返す。なるほど、最初は「な行」だ。

「な行のな、に、ぬ、ね、の」

今度は「の」で反応アリ。一文字目は「の」で決まりだ。「一文字目は〝の〟ですね。次は、あ、か、さ、た、な……」

次は「み」で、「のみ」となる。そこで通訳者は目の前のコップを見つめる天畠に気づく。通訳者はハッとして「飲みたい、ですか?」と聞くと、彼は通訳者の手を引っ張りイエスの合図を送る。そして通訳者は目の前のコップを持ち、彼が飲めるように介助を行う。

そのようにして、天畠の言いたいことは、日本語の五十音の中から一文字ずつ選ばれ、やがて単語となり文章となって相手に伝わる。なんと途方もない作業だろうか。大学院

生の彼はもちろん、論文を書く際もこの方法を用いる。気が遠くなりそうだが、実際は通訳者の「先読み」と「想像」が、この特殊なコミュニケーション方法を支えている。

天畠大輔は話せない。より正確に言えば、言語能力は正常であるにもかかわらず、「発話」することができない。「あー」と声を出すことはできても、それ以上の言葉は出てこない。それに加え、四肢まひと視覚障害を併せ持つ、重度身体障害者である。二四時間介助が必要な車いす生活だが、都内のマンションで介助者と共に一人暮らしをしている。そんな彼は、現役の大学院生で、博士論文を執筆中だ。障害者とコミュニケーションをテーマに、自己と通訳者との関係性の中でなされる自己決定について研究している。

天畠のコミュニケーション方法は「あ、か、さ、た、な話法」という。一四歳の時に医療ミスが原因で障害を負い、コミュニケーションの全く取れない状態が半年間続いた。そんな中で彼の母親は再び意思疎通ができることを信じ続け、ついに編み出されたのが「あ、か、さ、た、な話法」であった。現在、彼の意思を読み取る者は「通訳者」と呼ばれる。この「通訳者」はコミュニケーション介助だけでなく、身体介助や生活介助など「介助者」としての役割も担っている。話法の発明から二〇年以上が経った現在も、天畠は「あ、か、さ、た、な」と通訳者を介して人や社会と繋がっている。

2 始まりはカツカレー

私は現在フランスの大学院で、二〇世紀のフランス文学について修士論文を執筆中だ。以前から留学や大学院進学に興味を持っていたが、実際にそれを行動に移せたのは、障害を持ちながらも大学院で研究する天畠の背中を見て刺激を受けたのが大きい。

初めて天畠と会ったのは、私が国際基督教大学（通称ICU）に入学した年だった。知人の紹介で「障害をもつ大学生が介助者を探している」という名目で、連絡を取り合うようになり、あまり深く考えずに天畠と会うことになった。場所はICUの近くにあり、当時彼が通っていたルーテル学院大学の学生食堂だった。初めての場所、初めての人、人見知りの私はとても緊張していた。そのせいか、彼の顔すらまともに見ることができず、初めて会った時のことはあまり覚えていない。ひとつだけ鮮明に覚えているのは、彼が奢ってくれたカツカレーだった。

天畠と少し話をして、次の約束を取り付けると、授業があった彼は足早に去ってしまった。取り残された私は、おいしいはずのカツカレーと二〇分ほど格闘し、結局、半分以上残したままリタイアした。緊張でのどを通らなかったのだ。そんな苦い？思い出も含め、出会ったころの記憶といえば、この「食べきれないカツカレー」なのである。

この出会いの後に私は、資格を取って本格的に「介助者」として事業所に登録し、天畠の生活全般をサポートすることになった。それに加えて、当時大学院進学を目指していた彼の研究のサポートもするようになった。具体的には、文献資料を音読したり、彼の言葉を読み取って文章にする作業である。介助の経験もないのに、なんとなくで始めてしまった重度身体障害者の介助と通訳。それはそれは大変だった。たくさんの失敗を経験したが、だいたいのことは笑い飛ばしてくれる彼の良い意味での「適当さ」（大らかさというべきか）に救われ、気づけば出会いから八年以上が経つ。今では「利用者と介助者」という関係を超えて、私にとって天畠は友達のような、兄のような存在となっている。

3 「あ、か、さ、た、な」で論文を書く

冒頭でふれたように、天畠は博士論文を執筆中だ。論文執筆はまず、通訳者が彼の言葉を「あ、か、さ、た、な話法」で読み取り、その言葉をパソコンに文字として打ち込む。そう言うと単純だが、膨大な文字数となる論文を一字一字読み取っていては時間がかかりすぎる。そこで彼は通訳者に「先読み」を推奨している。それは普段の会話でもそうなのだが、冒頭の「飲みたい」の場面のように、読み取り中に彼の言いたいことがわかったら、通訳者から「〜ということですか？」と声かけをするということだ。携帯の予測変換機能のようである。この通訳者の「先読み」によって、一字一字読み取るよりも早く文章を書くことが可能となる。さらに天畠は論文執筆において、この「先読み」をさらに発展させる。まず天畠は論文を書く前に、内容の核となるセンテンスやキーワード、また文献の引用箇所を通訳者に伝える。通訳者はそれをベースに彼の書きたいことを「想像」する。「先読み」は単に「おは」まで読み取れば「おはよう」と変換するように、言葉の読み取り段階にとどまる行為である。一方、論文執筆に際しては、「先読み」によって紡ぎだされた言葉たちから、彼が頭の中で描く論文の展開を「想像」する。通訳者は「これを引用しながら、こう主張して、最後はこう終わりたいんですね？」と彼に確認し、「イエス」の合図をもらえたら、今度はそれを文章化する。次に文章化されたものを通訳者が音読し、天畠から修正箇所を聞き取り、

推敲を重ねていく。このようにして天畠の言葉が論文という形に落とし込まれていく。このことからもわかるように、文章を書く天畠は一人ではなく、その背後には複数の通訳者がいる。まさに天畠と通訳者の協働作業によって文章が生まれる。

天畠がこのような方法に至ったのは、論文等には締め切りが付き物で、そういった社会のスピードに合わせるために、「あ、か、さ、た、な話法」によるコミュニケーションの遅さを減らそうと追及した結果である。天畠は重度障害を持っていても社会参加ができるよう、自分自身のコミュニケーション障害をテーマにし、研究者として身を立てようとした。それは膨大な読書量に加え、膨大な文章量を書く必要があるが、アウトプットに問題を抱える彼は、通訳者の「先読み」や「想像」といった積極的な行為を支えにしながら、社会参加し生きていく方法を見つけたのである。

私はこうした天畠の論文執筆支援を八年ほど行っているが、実はフランスにいる現在も、天畠の所属する大学からアルバイト代をもらいながら、スカイプ通信を用いて彼の研究サポートを続けている。このように彼が遠隔地の通訳者に頼るのも、論文執筆支援のできる通訳者が限られ、またその通訳技術を習得するのは容易でないことを示している。

具体的にどのようなサポートをしているかといえば、毎週金曜日に、スカイプ通信を用いてミーティングが行われる。参加者は東京にいる天畠と通訳者、北海道在住の通訳者、フランス在住の私である。北海道在住の通訳者も私と同様に、長年天畠の論文執筆支援に携わっており、東京を離れる際に彼からスカイプ通信でサポートを続けてほしいと依頼された。このように天畠は「誰と書くか＝with who」を最も大切にしているが、それはベテランの通訳者が辞めると、彼の研究を理解できる通訳者が減り、論文の進行に大きな影響を与えるためである。そこで彼は、スカイプ通信を利用して遠隔地から論文執筆支援をしてもらう方法を考えたのである。

さて、ただでさえ実態がわかりにくい論文執筆支援、それをスカイプで？どうやって？と思われるだろう。天畠の発する言葉は断章のような文章や、一語で表すようなキーワードが多い。それらをつなぎ合わせ「想像」で補い、文章を作っていく作業が通訳者には求められる。そのスキルは簡単に身に付くものではなく、天畠が「Aだよ」といえば、通訳者は「A'ということですね」というような、阿吽の呼吸がなければできない。となると、スカイプの前で彼が発する言葉はその傍らにいる通訳者が読み取るわけだが、その言葉から「想像」を膨らませるのが遠隔地にいる私たちの役割なのである。また、通訳者が読み取っている最中に、彼の言いたい言葉がわかれば、こちらから「先読み」する場合もある。彼は私たちに話しかけているわけで、私たちならわかってくれるだろう、と思って言葉選びをしているはずだ。そのため、私たちのほうが現地の通訳者よりも理解が早いことは当然と言えば当然である。ただ、私たちのように遠隔地にいると、天畠の近況に疎くなり、彼の言いたいことのコンテクストがわからないことも多々ある。そういうときは彼と一緒にいる通訳者が私たちに現況を補足説明してくれることで、彼の意図がより明確となり、「先読み」や「想像」がしやすくなる。足りない所を補い合うこの通訳者間の連係プレーが、現在の天畠の研究を支えている。

4 「あ、か、さ、た、な」で読み取るコツ

日常生活であれ論文執筆の場面であれ、天畠とのコミュニケーションにおいて「あ、か、さ、た、な話法」による読み取りをスムーズに行えるかが、コミュニケーションのスピードや質に大きく影響する。うまく読み取るためのコツはいろいろとある。まず読み取りの段階で天畠の言葉を「先読み」する際には、彼が話す前のコンテクストをしっかり理解することだ。それが何かの質問への回答であれば、質問内容から答えを予想できるであろう。例えば好きな食べ物を聞かれて、通訳者があらかじめ彼の好きな食べ物を知っていれば、最初の一文字だけで「先読み」ができる。また、複数人による会話の途中で、彼が「あー」と声を出して何か言いたいと意思表示したときは、その前にどんな話がされていたかを頭に留めながら読み取る必要がある。さらに彼の「表情」も重要なサインである。痛そうな顔で声を出せば、腕が車いすのひじ掛けに挟まっているのかもしれないし、飲み物をジッとみながら声を出せば「飲みたい」という意思表示かもしれない。そういうときは読み取るより先にこちらから声かけをする。そうした様々な状況すべてを含めて彼の言いたいことを常に考える必要があるし、長く彼と関わっていればその状況に合った「言葉」が自然と頭に浮かんでくるようになる。

しかし、やみくもに先読みすればいいというものではない。通訳を始めて日が浅かったり、たとえ経験豊富な通訳者であっても、うまく天畠の意を汲み取れないことは往々にしてある。相手は自分とは全く違う他人なのだから、それ

は当たり前のことである。そういうときに「こうですか、あ
あですか……」と先読みし、それがことごとく間違っていれ
ば、ただの時間の無駄である。天畠はコミュニケーション
のタイムラグを少しでも減らそうと「先読み」を推奨してい
るのであり、的外れの先読みでは本末転倒なのである。そ
ういうときは落ち着いて一字一字読み取ればいい。時間が
かかっても、焦らず「耐えて聞く」ことが大切である。

また、文節の区切りが間違っている場合は、先読みがう
まくいかないだけでなく、一字一字聞いてもわからないと
いうこともある。言いたいことが伝わらないもどかしさは
彼の体に緊張を与える。緊張が強くなればなるほど、体の
動きをコントロールできなくなり、「あ、か、さ、た、な話
法」のサインを正しく送れなくなる。さらに通訳者の方も彼
の言いたいことがわからなくてイライラする。この話法は
天畠と通訳者の息が合っていないと成立しない。通訳者の
唱える五十音のテンポと彼のサインがピッタリ合わなけれ
ばならない。コミュニケーションが取れない空間は気まず
さと苛立ちでいっぱいである。こうしたときに必要なのは、
ありきたりすぎるが、いったん落ち着いて、もう一度聞き
直すということである。ここでも「耐えて聞く」ことが大切
なのだ。そして思い込みを捨てて柔軟に聞く。文節の区切
りは本当に適切か。彼の選んだ「の」は助詞ではなく、単語
の中に含まれるものなのではないか。自分の思い込みを疑
い、別の文節を探していくと、自ずと答えは出てくる。

もう一つの方法は、読み取った言葉を文字に起こすこと
である。文字として可視化されると、頭の中で組み立てら
れた思い込みからいったん離れ、天畠の言葉を客観的に眺
めることができる。それでもわからないということもある。
そもそも通訳者の方がその言葉を理解できていないときだ。
そういうときはネット上で検索すれば、答えが出てくるこ
とが多い。実際天畠も通訳者が言葉の意味を理解できない
でいると、「検索して」と言うことがよくある。

5 「先読み」と「想像」をこえて

「耐えて聞く」ことが重要と書いたが、私たち通訳者に
とって「聞く」ことは受け身であることを意味しない。いつ
も前のめりに耳を傾けている。そして、私たちは聞くと同
時に話す。とても能動的な行為なのだ。五十音を唱え、天
畠の言いたいことを「先読み」し、論文執筆の際にはそこに
「想像」を加え、より長い文章を紡ぎだす。そしてこうした
過程においては、通訳者から天畠への「提案」がなされる場

面も出てくる。彼の言葉を読み取り、文章にしていくうち、研究内容に関する知識が深まり、「代わりに文字を打つ」というよりは、「共に書く」感覚になる。そうすると徐々に通訳者自身の意見が出てきてしまう。「ああした方がいい、こうした方がいい」という「提案」が次々と浮かんでくる。その提案が理にかなったものであれば、天畠はそれを自分の論文に生かす。それは彼なりの論文を書く際の工夫なのである。

日常の介助場面においても、通訳者は天畠の様子やその場の状況から、彼が何か言いたいと気づき「何かありますか?」と自発的に声かけする。それは通訳者なりの「私に情報をください」というサインである。天畠が通訳者に「先読み」や「想像」という行為をさせるうち、通訳者自ら積極的に彼の言葉を聞こうとする姿勢が生まれる。天畠が通訳者の「天畠が何を考えているか知りたい」という好奇心を触発しているのである。それは論文を書く場面でも同じで、通訳者はその好奇心も含めて積極的に天畠から情報を引き出し、それに対する自己の意見も取り入れながら、両者の相互作用で話が広がっていく。時には「それ違うんじゃないの?」と通訳者から疑問を投げかけることもある。それも「私に情報をください」というサインのひとつだ。疑問を投げかけることで、天畠の言葉を引き出し、より深い議論をするために。深まった議論をまた、文章にする。もちろん、最終的な自己決定は天畠に委ねられているから、文章は何度も読み直され、天畠の指示で推敲が重ねられる。

しかしそれでも、「この論文はだれが書いたのか」という疑念が両者の間に出てくる。そのため投稿論文の際は通訳者と共著にして発表することが多い。しかし博士論文は天畠一人に博士号が与えられるため、当然単著でなければならない。現在、博士論文の執筆支援に際して天畠とその通訳者たちを悩ませるのは、両者の意見が混ざり合うその線引きの難しさである。私自身もそのジレンマに苦しむことがある。スカイプミーティングにおいても、私や他の通訳者は八年ほど天畠の研究に関わっているため、彼の少ない言葉だけで話を広げ、はたから見れば天畠不在で通訳者同士が議論しているようにも見える。そういう時に天畠が置いてけぼりになっているようで、彼自身もそれにジレンマを感じることがあるのだろう。だからこそ、彼はこの論文執筆の問題そのものを博士論文のメインテーマに添えている。

もちろん、私としては「提案」するとしても、それを押し通すわけではなく、最終的な判断は天畠に委ねている。しかしそれでも、その「提案」は論理的かつ説得的に展開するので、結局は私の思い通りに天畠を動かしている気がしてしまう時がある。一方で天畠自身もその提案に乗っかる方が楽だから、流れに身を任せるズルさを持っている。それが天畠の世渡りの上手さなのだろう。私は私で、最近は彼自身の言葉を最大限に引き出す努力もしている。「あなたが何か言わないと何も進まない」という空気を作るため、押し黙る。そして彼が話し始めたら、「先読み」は最小限にして最後まで聞くようにする。そうすることで天畠の生の言葉が消えないように、常に核として残るように気をつけている。

「あ、か、さ、た、な話法」の通訳者は、天畠の言いたいこと、書きたいことを「先読み」し、時には「想像」でそれらの言葉を膨らませる。そうしていくうちに通訳者は自ら彼に話しかけるようになる。時には厳しい意見を投げかけ、反対に沈黙を守ることもある。それらすべてが天畠の言葉に耳を傾ける行為なのである。たとえ天畠と通訳者の言葉の境界線があいまいになることがあっても、彼がこの方法で生きていく限り、通訳者もまたその方法で彼に寄り添うのだろう。そこに潜む問題から目を背けず、共に立ち向かっていく同志として。

難病者にとっての「はなすこと」
——筋ジストロフィー症とALSを例に

黒田良孝

1　はじめに

人間は多くの場合他者との関わりを持って生きている。「自分は誰とも関わりを持たずに生きている」と言う人でも自分ひとりの力で育ってきたわけではない。家庭で、学校で、職場で、そして地域社会で周りの人間と様々な関係を持ちながら生きてきたはずである。そうした他者と関わる際に必要になってくるのがコミュニケーション能力である。現代は技術の発達で多様なコミュニケーションツールがあるが、突き詰めてみるとコミュニケーションというのは「他者の言葉を聞き、自分の言葉を表現する」ことである。その手段としてはバーバル（言語的）なものとノンバーバル（非言語的）なものがあるが、本稿では身体に障害がある難病者の生活を取り上げるため対象をバーバルコミュニケーションに限定し、さらにテーマを「はなすこと」に絞ることとする。「はなすこと」としてはオーラルコミュニケーションと文字による伝達を想定する。二つを合わせたもの、PC等の入力機器を介して発声させることもこの範疇に含まれるだろう。

ここで筆者の自己紹介をしておこう。筆者は筋ジストロフィー症デュシェンヌ型（もしくはベッカー型）の患者で、現在の年齢は四四、障害者手帳一級の障害があり、気管切開をして人工呼吸器を二四時間装着している。幼少期に発症した筋ジストロフィー症（以下、筋ジス）は進行性であり、四〇代になった今では一日の大半をベッド上で過ごす「寝たきり状態」である。「寝たきり状態」ではあるが車いすを身体に合うものにすることで外出も可能になり、社会福祉法人りべるたすでの仕事や講演活動などの社会参加をおこなっている。本稿でテーマとしているコミュニケーションの機能についてはどうであろうか。PCの操作は様々なツールやソフトウェアを組み合わせることで可能になり、メールやライン、Facebookによるコミュニケーションをとっている。発声と会話については人工呼吸器の設定やカニューレの調整をすることで機能を維持している。それらの方法は後に詳述することとする。

ひとことに難病と言っても多岐にわたるので筆者が罹患している筋ジスと、私が社会福祉法人りべるたすの仕事で関わりのあるALS（筋萎縮性側索硬化症）の患者に限定して話を進めていこうと思う。

2　筋ジス患者やALS患者がコミュニケーションをとることが困難な理由

筋ジスは遺伝子の異常を原因とする疾患で、筋肉の壊死により運動機能に障害が起きる。筋ジスには様々なタイプがあり、タイプにより機能低下の度合いや進行速度、阻害される筋肉の部位が異なる。デュシェンヌ型においては幼児期に症状が顕著になり、下肢から上肢そして体幹に広がっていき、やがて心臓の筋肉や呼吸を司る筋肉にも障害が及ぶ。呼吸をする際に必要な肋骨を動かす胸の筋肉の機能が低下すると、大きな声が出せなくなる。また、筋ジス患者特有の舌が大きくなる症状（巨舌）や口の周りの筋肉が動かしにくくなるために、話すことが徐々に難しくなってくる。上記の理由で肺活量が少なくなり、空気が十分に取り込めなくなり血中酸素濃度が低下するような事態になると長時間発声することがおっくうになり、さらには息が苦しくなってくる。話が全く出来ないわけではないが、この段階でコミュニケーションに支障を来していると言ってもよいだろう。自力で空気を取り込むのが更に難しくなると人工呼吸器の手助けが必要になり、呼吸の状態によっては気管切開という選択肢が視野に入ってくる。そして気管切開に伴い発声、つまりコミュニケーションが課題となる。

筋肉の異常に端を発する筋ジスと違い、脳や末梢神経からの命令を筋肉に伝える運動ニューロン（運動神経細胞）が侵されるALSの場合は気管切開することとは別の要因で発声が困難となる。球麻痺により口の周りや舌の動きが阻害されることで構音障害を生じて会話に支障を来す。

3 筋ジス患者の呼吸不全への対応と発声

自力での呼吸が難しくなると医師の判断で人工呼吸器を導入することになる。鼻マスクによる人工呼吸療法（NIPPV）の場合は問題無いが気管切開をして人工呼吸器を使用する場合は、状況によっては「声を失う」こともあり得る。ここで括弧付きとしているのは筋ジス患者は筋ジスそのものを原因として声が出せなくなるわけではないからである。気管切開をした筋ジス患者が声を出すにはカニューレに付いているカフをあまり膨らまさずに吸気をリークさせる方法をとるか、スピーチカニューレやスピーキングバルブなど発声させる機能を持たせた器具を使用する場合がある。気管切開をしているだけで、声帯などの声を出すための器官に異常を来している訳ではないので、肺からの空気の通り道さえ確保すれば発声は可能である。その意味では声を失うわけではない。ただし、吸気をリークさせると血中酸素濃度が低下するケースや、カフを小さくすると気管や肺に痰が流れるおそれがある場合はその限りではない。気管切開自体で声が出なくなることはないが、気管切開をすれば発声には一定の制約がある。気管切開後しばらくの間は換気量の評価のためにカフをしっかりと膨らまさなければならないかもしれないし、リークを用いた発声は通常人間が行っているのとは異なるメカニズムなので練習が必要である。よしんば発声が出来たとしても、それまでのような声量を確保するのは多くの場合困難であるから、コミュニケーションがとりにくいというストレスに耐えなければならない。

4 ALS患者の呼吸不全への対応と発声

筋ジス患者のところで述べたように、声を出すための器官にまで球麻痺が進んでいない段階で、何らかの事情で気管切開を余儀なくされたケースでは前述の方法（カフを小さくしてリークさせる方法）で発声することができる。ALSの症状の出方は患者により個人差があるので、発声に障害が出る時期も異なり、コミュニケーション確保についても違う対応が求められる。手の機能が残されていれば筆談ができるし、手の機能が失われている段階においてはPCやレッツチャットなどの意思伝達装置を使うことが考えられる。

5　気管切開の誤解とコミュニケーション

以上のケースを見ても分かるように、巷間に語り伝えられているような「気管切開をすると声を失い、コミュニケーションが取れなくなる」というのは誤った情報である。気管切開という生死に関わる状況の前ではコミュニケーションの問題は二の次にされがちだが、人間にとっては人との関わりこそが存在意義でもあるので、おろそかにされることがあってはならない。医療側が正しい情報を伝えなかったがために、コミュニケーションが取れなくなると思い込み気管切開を拒絶するとか、十分な説明の無いまま手術を受け「こんなはずではなかった」と悲嘆にくれるようなことも考えられる。声によるコミュニケーションが取れなくなったときに、他にどんな代替手段があるのかという説明は最低限なされるべきである。筋ジス患者でもＡＬＳでも１００％話が出来なくなる訳ではないので、医療従事者は正確な情報を患者やその家族に伝えてほしい。正確な情報とより多くの選択肢を示すことで、患者や家族がより後悔が少ない自己決定をすることができる。誤った情報や曖昧な情報に振り回されず、納得の出来る情報にアクセスできる環境の整備が必要である。

ここまで筋ジス患者とＡＬＳ患者の発声が困難になるメカニズムとその対処法について現状と課題を考えてみた。ここまで、声を介した「はなすこと」によるコミュニケーションに焦点を当てたわけだが、ここからは難病者の様々なコミュニケーション手段や支援のありかたを「はなすこと」の観点から実例を交えて紹介する。一口に難病者と言っても原因となる疾病も様々であり、引き起こされるコミュニケーションの問題とその対応がかなり異なってくる。また進行性のものであれば病気の進行がどの段階にあるかで変わるので患者の数だけ支援のカタチがある、ということになる。

6　筋ジス患者のコミュニケーション手段の変遷

筋ジス患者は気管切開をした場合を除き声によるコミュニケーションが失われることはない。その意味ではいくら寝たきり状態であってもベッドサイドまで行けばコミュニケーションに困難はないはずである。そのため筋ジス患者のコミュニケーション支援といえば距離的なバリアを越えて、コミュニケーションの相手とつなぐことに主眼が置かれていた。

ＩＴ化が進む以前、筋ジス患者のための療養所や病院では長期にわたる療養生活を意義あるものにすべく、コミュニケーションに関する様々な取り組みがなされてきた。在宅でケアをする体制が整っていなかった時代は、筋ジス専門の施設に暮らしながら併設の養護学校や特別支援学校に通う患者が大半であり、卒業後も退所せずに仲間のいるところで趣味や病棟自治会の活動をするのが一般的であった。それ以外の選択肢はない時代だったといえよう。閉鎖的で出入りする人が限られた療養所や病院という環境の中で、少しでも社会との接点を持ち豊かな人生を送らせたいとの思いから、指導員や学校の先生は支援を行っていた。その一つで全国的に行われていた活動がアマチュア無線である。国家資格の取得が条件ではあるものの、電話級であればスイッチさえ押せれば話をすることができるということで積極的に勧めていた。アマチュア無線は、携帯電話もインターネットもない時代にあって会話を通じて外の世界と接点を持てる唯一の手段だったといえよう。療養所や病院にはアマチュア無線の巨大なアンテナが立ち、無線をするための部屋も設置されていた。患者側の活動も盛んになり、アマチュア無線のサークルを組織して国家試験に向けた勉強会をするなど、アマチュア無線を通じた病棟内部における人との関わりも生まれた。

その後テクノロジーの発達に伴いパソコン通信やインターネットなどのＩＴ技術の恩恵を受け、回線さえ繋がれば世界中の人と交流することが可能になった。それまで病院単位や個人で意見の発信を行うしかなかった患者が他の世界と、ホームページやメールを通じて繋がるようになったのである。更にブログやＳＮＳが開発されることで、専門家の助けがなくても自力でインターネットの世界に入ることが可能になった。パソコンの中では身体が動かないことを意識せずにコミュニケーションがとれるというのは患者にとっては画期的であった。

現在ではロボット技術を応用した「オリヒメ」(http://orihime.orylab.com)というソフトウェアを用いて、コミュニケーションをとる方法もある。音声を介した会話を楽しむだけでなく、ロボットの首や手を遠隔操作することで、あたかも操作している人そのものがそこにいるかのような感覚を味わうことができるのだ。寝たきりでもロボットを誰かに連れ出してもらいホールやスタジアムに置いてもらえばコンサートやスポーツが家に居ながらにして楽しめ、状況によっては会場にいる出演者や選手そして観客と話すことだって出来る。この「オリヒメ」であるが、今は娯楽や余暇にとどまらず、健常者の在宅勤務への応用もすすめられている。その流れで難病者の在宅勤務や社会参加が盛んになることも期待したい。

筋ジス患者がパソコン操作をするに当たっては専門家の支援が不可欠である。進行の度合いによっては、健常者のようにマウスとキーボードを使えるわけではないので、様々な機器や用具を組み合わせて使用しなければならない。指や手などごくわずかに動く部分に合わせて微妙な調整するのは至難の業である。一般的には病院の作業療法士が担当するが、在宅で生活していてリハビリに通っていない患者は自力で調べたり購入したりする必要がある。今後は病院の患者でなくても相談ができるシステムやサービスが求められていくだろう。

7　ALS患者のコミュニケーション

結果的に筋肉が動かせなくなる点では筋ジスと似ていると認識されることもあるALSだが、病気の進行速度は筋ジスとは比較にならないほど早く、コミュニケーションに関する支援が最も求められる疾患である。すぐに身体の機能が変化するので、その都度新しい機器を合わせていく必要がある。今回の原稿執筆にあたり、社会福祉法人りべるたすの利用者であるNさんとKさんにインタビューをさせていただいたが、お二方とも症状の変化に対応し、時には翻弄されてきたことがよく分かった。コミュニケーションツールだけでもNさんは数多くの方法を試して来た。スピーチカニューレを導入して自分の声で話せる期間を延ばし、現在は文字盤やパソコンの文字盤による会話を積極的に行って「伝の心」などのツールを活用している。同様にKさんもこれまで様々な方法を経験してきた。手の機能が残されている間は筆談や文字盤を指さす方法で意思を伝え、手を動かすのが難しくなってからは「伝の心」を導入したり、視線や眼球の動きでYES／NOを伝える方法をとってきた。病気の進行に応じて機器を替えていくとなると個人での対応には限界がある。そのため業者、ALS協会、NPO法人ICT救助隊など専門家や支援組織の協力が不可欠である。

ALS患者の伝達手段として真っ先に思い浮かぶのは文字盤であるが、特別な技能が必要で支援する側の能力によってコミュニケーションのしやすさが左右されるため、使わないご家族も少なくないという。当事者の声で印象的だったのはコミュニケーションというものは技術的に整備されても伝える相手がいないと意味が無いということだ。家族も支えにはなるが孤独を感じている患者にとっては同じ病気を抱える仲間との交流が必要なときもある。コミュニケーションをとりたいと思える環境も充実させていかなければならない。

当事者の話を聞いてみるとALS患者が求めるコミュニケーションというのは、気持ちをどうくみ取るかということが最も重要だということが分かった。文字盤などはその典型的な例である。いくら目線を読み取る技量に長けていても、「患者の思いを伝えたい」とか「患者と話がしたい」という思いがなければ円滑な聞き取りができないという。聞きたい気持ちがないと伝わらないのだ。逆に患者の側が心を閉ざせば何も伝わらないので双方の関わり方が大事ということになる。ALS患者の生活の質は積極的にコミュニケーションをとれるかどうかにかかっているというのもうなずける。

8　さいごに

ここまで難病者の「はなすこと」について見てきたが、その中で分かることはコミュニケーションを支援することの大切さと、支援のためのシステムや体制の不十分さである。今後地域で暮らす患者が増える流れの中で、個人がアクセスできる支援のチャンネルを充実させていく必要がある。技術は日進月歩で変化していくが、それを扱う専門家がいなければ患者のもとには届かない。さらなる人材育成を期待する。

話せたり話せなかったりすることを支援したりしなかったりすることについて考える

渡辺克典

吃音の特徴は「た、た、た、た、たまご」といったようにことばを繰り返して話してしまうことにあるが、それ以外にも、「たーーーーたまご」といったようにことばをのばして話してしまうこと、「・・・・・・たまご」とことばを詰まらせてしまうことにもある。この三つの特徴は、連発・伸発・難発といったかたちで三つの特徴としてまとめられたりもする。

吃音はいわゆる発達障害のひとつに区分けされ、近年では内閣府・障害者週間の「連続セミナー」にも取り上げられるようになり、社会的な知名度や支援のひろがりがみられるようになってきた。吃音者の苦しみは、ことばが話せないことそれ自体だけでなく、自分の声が（まわりと比較して）

1　吃音

吃音という「話す」ことにかかわる障害がある。ことばがうまく出ない障害である吃音は、世界的なミュージシャンであるスキャットマン・ジョンや、二〇一一年に作品賞などアカデミー賞四部門を受賞した『英国王のスピーチ』のような音楽や映画において取り上げられている。日本でも二〇一六年にいわゆる月9のドラマ「ラヴソング」において吃音をもつ女性がヒロインとなるなど、ドラマや小説、あるいはコミックなどのテーマのひとつとなることもある障害である。

うまく出ないことのもどかしさ、あるいは周囲の人たちからことばがうまく出ないことを責められたり、ことばを話せないことで仕事に支障が出る、といったさまざまなものがふくまれ、障害への社会的な認知や支援が広まることは、全般的にはよいことであるだろうといえる。

ただその一方で、このときの支援なるものが、ことばが流ちょうに出ない（話せない）ことをサポートし、よりスムーズに話すことだけを推進するのであれば、そこに一抹の違和を感じることもある。この「違和感」はなんだろうか。私自身がもつ吃音と、それをめぐる支援なるものの動向から、そんなことを考えることもある。

2　ことばが出ないことを支援する？

まずは理屈から考えてみる。

ひとつは「話す」ということはなんなのだろうか、という整理がありえる。話すこと、あるいは「ことば」を用いることは、おそらくそれ自体を目的として生まれてきたものではないだろう。声なるものは、喉をしめたりゆるめたり、舌や口をつかって調整したりして、そこで出てきた音がかもしだすものと理解することもできる。こういった、音を出すことそれ自体、じつはそれはそれで本人も楽しく、あるいは他の人に享楽をあたえたりすることもあるかもしれない。

しかしながら、一般的な理解としては、話すことは他人に意思を伝えたり、自分の考えを述べたり、あるいはそれを用いて他の人と協調したり、交渉したり、ときに衝突することを目指すために用いられるものとして理解される。言い換えれば、話すことは、それ自体が目的であることは比較的少なく、何かを目的とした手段として用いられることが多いのではないだろうか。

これはおそらく「支援」とよばれるものとも結びつく。支援なることばはさまざまな意味をもつことは承知のうえで、ひとつの主要な意味として、ある目的をもった他者に対して、目的への経路としての手段になんらかの困難があり、その手段を助けることがあると思う。ここでは、ある人に目的があり、ある人とは異なる人が、目的を達成するうえで、そこにおかれてしまっている手段の困難をなくしたり、弱めたり、あるいは別の手段を提供する、といったことが支援なることばのひとつの意味であるように思われる。

であるならば、話すことを支援する、という文脈において、そこでいわれている「話すこと」の中身（内実）をほうってはおけないはずだ。ある人にとって話すことが目的であることが少ないのであれば、それを支援することは何を意味しているのか。

話すことが目的であるならば、支援はそのことを助けるだけでよい。極端に言えば、音を出すことの気持ちよさ(快楽)であってもよいだろうし、他人と話をすることそのもの、たとえば、たわいのないおしゃべりそれ自体を達成することであってもよいだろう。この場合において、吃音者への支援とは、流ちょうに発話できない事態をなくす、小さくすることである。

だが、支援がさけばれている現場において、そういった場面はじつは少ないのではないか、という気もする。就労の場面、たとえば営業の仕事において電話で話すことは、契約を結んだり、それを通じて会社の利益をあげることが目的であるだろう。教育の場面、たとえば教員からの質問にこたえることは、そこで問われていることを理解して、それに対して(流ちょうな発話に限らず)なんらかのかたちで応答を提示することだろう。こういった場面において、話すことは手段のひとつでしかなく、それぞれの目的をおきざりにして、ただ話すことをスムーズにすることのみが支援であるかのような理屈には、違和感が生じうる。

さておきの理屈としては、そういった整理がありえるのかもしれない。

3 時間を区切って話すということ

もうすこし、吃音をもつ者として、自身が経験してきたことにもひきつけてみたい。

研究者なる仕事は、ただ机にむかって本を読み、頭をつかって、文をつくるイメージもあるかもしれないが、残念ながら、私はそれだけで業務が果たされる仕事についているわけではない。講義とよばれる形態の中で数多くの学生のまえで話をしたり、会議の場面で報告・議論を求められたり、学会とよばれる場で研究成果について話をすることも仕事にふくまれている。

学会での発表を例にしてみよう。学会での発表はおおよそ型がきまっており、そのひとつには、ある時間で区切ってその時間内で研究の概要や成果(知見とよばれることもある)を口頭で話す方式がある。そこで設定される時間はばらばらだが、私がかかわる分野では一二分や一五分といった範囲であることが多い。話すことに困難があるということは、この限られた時間のなかに(他の流ちょうに話せる人と比べても見劣りしないだけの）中身を詰め込むことに一工夫が求められることでもある。

じつはこの一工夫は、たんに話が流ちょうにできないがゆえに、その分を割り引いて内容を少なく（文を短く）すればよいだけではない。吃音の面倒なところは、話ができたりできなかったりする、その曖昧さにある。

この曖昧さを、さまざまな概念、あるいは症状の特徴として説明すると次のようになる。ひとつは「適応効果」とよばれるものがありえる。これは、同じことばを何度かつかうことによって、ことばが出やすくなったりすることがあることを指している。もちろん、これには人前で話すことになれてくる、といった側面もありそうな気がするが、それ以外にも、声をだすことには喉や口やらの筋肉の行使が必須であり、その使い慣れもふくまれていることもあるだろう。あるいは、吃音者には全般的に「波」とよばれるものが存在することも言われており、時間によって、日によって、あるいは年によって、声が出やすかったり出にくかったりする時期があるともいわれている。この「波」の長さは文字通りさまざまで、吃音が改善されたと思われても、三か月や一年といった単位で、それが元通りになってしまうこともあるとされている。改善された吃音がまた出てきてしまうことは「再発」ともよばれ、治療の終了時期をめぐって議論される特徴のひとつである。

「適応効果」あるいは「波」などとよばれることもあるこれらのことがらは、吃音者にとっては話すことができたりできなかったりする事態として経験される。あのときは話せたのに別のときには話せなかった、という経験は、吃音者自身のとまどいや、周囲の評価を下げる（あるいは混乱させる）ことにもなりえる。

学会発表の話にもどろう。時間を区切って話す場面としての学会発表において、吃音者は話せたり話せなかったりする事態に何度も直面することになる。事前に原稿を読む練習をしても、本番では時間どおりにはいかない。私自身もこの経験は何度かしたが、幾度かの経験のなかで、すごく話せないときと、想像していた時よりは話せるとき、このふたつの間にある程度の目途がたつようになってきた。時間の長さそのものはいろいろであっても、ある時間の区切りに対してもっとも話せないときと話せてしまうときの、なんとなくの目安があるような気がしてきたのである。

そうであれば、話は簡単である。ある時間の区切り（一五分であれば、一五分）を前提として、話す内容の上限と下限を設定すればよい、と考えるようになってきた。それ以降、時間を区切る口頭での報告については、「調子がわるいときはこれぐらい」と「調子がよすぎるときはこれぐらい」、そしてその間ぐらい、といったかたちで三つの想定をしながら準備するようになる。

4　話せたり話せなかったりすることと支援

こんなような私自身の経験が一般化できるのか、私だけの（もしかすると、無意味な）やり方にすぎないのか、その点はわからない。それでもひとつのやり方であるような気もしており、せっかくなのでここから支援のあり方についてもう少し話を広げてみたい。

吃音者が時間を区切る発表をする場面に対して、どういった支援がありえるのか。ひとつには、代読をみとめるといった支援の方法がありえる。しかしこれをあらゆる場面に用いることは難しいかもしれない。ではもう少し具体的な場面に絞って、吃音者にとって話すことが端的に「人よりも時間がかかること」であるならば、シンプルな支援のひとつには「時間を長めにとること」がありえるだろう。時間の区切りが一五分であるのならば、吃音者には一八分とか二〇分ほどまで認める、といったようなゆるやかな運営は可能であると思われる。

吃音の特徴を「話せたり話せなかったりする」におくのであれば、報告時間が短くなってしまったとしても、それはそれとして同等のものとして認めるのも支援であるかもしれない。想定している時間が一五分であるとしたら、八分は短すぎるからもう少し、一二分であれば同等である、という時間設定上の支援は可能であるかもしれない。

そういったことを考えたり、学会とよばれるものに提案してみるものよいかな、と考えることはある。ただ、具体的にそういうことを考えはじめると、さきほどの理屈の話が気になりはじめる。さて、この時間の区切りとは何をしているのだろうか、と。すくなくとも、一五分であれば一五分でおさめることのみを目的としているわけではないだろう。人になにかを伝えるとき、どういった伝え方をするか、どの程度のことがらをどういった流れで伝えるか、あるいは伝えないかは、目的に近づくことに多大な影響をあたえうる。十五分という時間設定は、このためのやりくりを発表者に課すものである。そうであれば、ある程度時間の区切りの中でもがく工夫は、目的達成のための手段の多様さをもたらす仕組みにふくまれるかもしれない。だとしたら、あえて時間の区切りを設けたままとする、いわば「支援しないこと」で、じつは目的に近づくための手段の整備となりうることもありそうな気がする。

こんなことを考えていると、支援の提案をうまく言い表すことができなくなる。吃音者である私は、ここでも明りょうな発話ができず、もがき、どもりつづけてしまうのだが、このもがきとどもりを私自身から切り離さず、ことばを「話す」ことに賭ける行為そのものは、無駄ではないと考えつづけている。

リサイクルショップちいろばの家（多摩市）

なんだか普通で自然体

三井さよ

住宅街のリサイクルショップ

京王線聖蹟桜ヶ丘の駅から歩いて五分、住宅街のど真ん中に突然現れるのが、リサイクルショップちいろばの家である。私が訪ねた八月上旬は、入口に家具や置物などの大きなもの、本、さらに大量の子ども服が並んでいた。この場所は季節によって出されるものが入れ替わるらしい。

店に入ってみると、約半分のスペースが雑貨で、あと半分が古着である。雑貨も本当にさまざまで、お高そうな食器やアクセサリーから（といっても格安の値段だが）、ちょっとした便利モノまで多種多様なものが並んでいる。見て歩くのは、ちょっとした宝探しである。一ヶ月以上出しっぱなしのものは適宜入れ替えていくそうで、月に一度くらいのペースで訪ねれば一新していることになるようだ。

古着スペースも、なかなかすごい。一枚三〇〇円くらいから始まり、高級ブランドまであるのだけれど、とにかく量がすごい。そして、品ぞろえに特徴がある。近年は古着屋が本当に増えて、どこの町でも安いものから高いものまでそろえた店があるけれど、その多くはデザインもサイズも若い人向けである。その点、ちいろばの家の品ぞろえはもうちょっと上の年齢層向けなのである。一般の古着屋では買うものがないと思ってしまうだろう中高年層にとって、現実的かつリーズナブルな棚になっている。実際、私が訪ねた平日昼間の時間帯は、中高年男女がたくさん店の中にいて、あれこれと見繕っていた。

入り口には家具がたくさん

ちいろばの家にあるのは、こうしたリサイクルものだけではない。店に入って左側には、近隣で採れた地場野菜や、近隣の作業所などのパンやクッキーも並んでいる。地場野菜は新鮮かつ安く、人気の商品のひとつらしい。地場野菜がほしくて入店する人もおり、そうした人がついでに古着や雑貨を覗いていくという。

普通に「働く」

店の奥には工房がある。ちいろばの家の商品はすべて近隣の家からの寄付である。多摩ニュータウンの団地住まいの人たちは転出・転入が多く、そのたびに大量の不用品が出る。それが寄付という形でちいろばの家に集まるそうである。寄付された不用品のすべてが使えるわけではないし、そのまま店に出せるわけでもない。そのためまず、集まった不用品を弁別し、使えるものはきれいにするなどの作業が必要になる。奥の工房は主にそのために用いられている。

古参スタッフのＭさん

店の商品管理や客対応、そして工房での作業。これらの仕事がちいろばの家にはあるわけだが、それを担うスタッフたちには、障害者手帳を持つ人たちが多く含まれている。現在は就労支援Ｂ型事業所であり、手帳を持つ人たちは「利用者」でもあるわけだが、スタッフ間の関係は、「利用者」と「職員」というのとは少し違う。「利用者」の「工賃」も時給五〇〇円ほどで、一般の作業所とは水準が違うし、それ以前の問題として、「利用者」と「職員」があまり区別されていない。こう書くと、すごく和気あいあいとした職場に聞こえるかもしれないが、そういうことでもない。なんというか、ごく当たり前に障害を持つスタッフがいて、ほんとにただ一緒に「働いて」いる。普通の職場で、そこに障害者がいるだけなのである。

そうした場所となっている背景には、ちいろばの家が辿ってきた歴史と経緯がある。

就学運動の先の課題として

ちいろばの家の始まりは、一九八四年一〇月に社会福祉法人である至愛協会が始めた、「ちいろばの会」

という古紙回収のボランティア活動である。至愛協会は、多摩市でゆりのき保育園とかしのき保育園という二つの保育園を運営している団体だった（現在は四つの保育園と一つの保育室、四つの学童クラブを運営している）。

一九七〇年代に多摩ニュータウンが開発され、多摩市には多くの人たちが移り住んできた。引っ越してきた人たちの多くがまだ若くてこれから子どもを作る世代だった。ところが当初の多摩ニュータウンは、建物だけはできるが、なかなかインフラがともなわない状況だった。そこで多くの私立保育園が生まれていく。そして、それら保育園が人々のつながりを生み、まちづくりの礎の一つとなっていった。ゆりのき保育園とかしのき保育園もそのひとつである。

そして、ゆりのき保育園とかしのき保育園は、障害児を積極的に受け入れ、統合保育に取り組む保育園だった。親たちをつなげる活動にも熱心で、特にかしのき保育園は「おやじの会」といって、保育園児たちの父親たちが集まる会を作っていた。

そうした中、多摩市では一九七六年頃から、就学前健康診断に対する反対運動が広がるようになる。同じく多摩市にあった、バオバブ保育園も統合保育に取り組む保育園であり、かしのき保育園とこれらの保育園の保育士（当時でいえば保母）や親たちがその中心となった。保育園時代には普通に一緒に遊んでいた子どもたちが、どうして小学校に上がるからといって、一部は養護学校に追いやられなくてはならないのか。そうした切実で現実的な思いから、運動は広がりを見せるようになった。

そうした中、至愛協会は、その子どもたちの卒業後についても考えるようになったそうである。当時は、学校で分けられてしまう、というだけでなく、卒業後も分けられてしまうのが当たり前だった。学校だけでなく卒業後も分けられないためにはどうしたらいいのか。だったらともに働ける場をつくればいいのではないか。それが古紙回収を始めた理由だったそうである。古紙回収の中心になったのは、「おやじの会」のメンバーで、平日に休みをとれる職種の人たちだったそうである。

古紙回収はそれなりの収入になり、一九八五年に百草で初の店舗を構えることになった。そのときに古紙回収だけでなく、周辺の人たちによって寄付された不用品をリニューアルして売るという、現在のリサイクルショップのスタイルが確立した。店舗を構えるようになると、「うちの知り合いに障害者の人がいるんだけど……」という声が舞い込むようになる。そこから、徐々に障害を持つスタッフが増えるようになったという。

「企業」としてのスタート

その後、一九八九年に多摩市役所そばの土地を借り、プレハブの建物を建てて、店舗を開くことになった。そのときに「ちいろばの会」は、単なるボランティア団体ではなく事業体として再出発する。事業主になったのが、現在も代表の石田圭二さんである。

石田さんはもと島田療育園の職員で、一九八二年に斉藤秀子さんが「脱走」したときにかかわり、解雇された人の一人である（荘田智彦 1986『同行者たち――「重症児」施設島田療育園の二十年』千書房）。その後も解雇撤回闘争などに巻き込まれていたこともあり、一九八四年当時は無職だった。そのため至愛協会から白羽の矢が立ったようで、「ちいろばの会」の中心メンバーであり、早くから専従となっていた。

石田さんは自分のことを「理念がないからね」「巻き込まれ型なの」と表現する。たまたま無職でいたら、声がかかって、「巻き込まれ」てしまったのだというのである。

事業体となるときに、石田さんはどうしたら一番効率的に助成金が得られるかを人に聞いてまわったらしい。そうすると、雇用促進事業団からの助成金が大きいらしいとわかってきた。これは、障害者雇用促進法に基づき、多くの障害者を雇うことによって助成金がもらえるという仕組みである。このためには就業規則を作ることと最低賃金を守ることが条件だったが、当時はすでに時給八〇〇円を超えていた。そこで、スムーズに「企業」のような事業体としてスタートすることになったのだという。

ここに、現在のちいろばの家に通じる、スタッフ間の関係を作るベースができている。もともと障害者スタッフは、「利用者」でもなんでもなかった。その人が障害を持っているおかげで雇用促進事業団からの助成金を受けることができると解釈されるような関係だった。当たり前にスタッフの一人であり、ともに働く同僚たちだったのである。

転換期——授産施設へ

その後、ちいろばの家はどんどん拡大していく。もと大工として技術を持つ障害者スタッフを中心に、ドールハウスやイスを作って全国の保育園に売るなど、単なるリサイクルにとどまらない事業も展開していた(作業所の一部は通所授産所となった)。一九九〇年代半ば頃まではリサイクルショップもいまのように多くなかったし、多摩ニュータウンという引っ越しの多い地域に合ったビジネスモデルだったといえよう。また、制度上の優遇措置もいくつかあったようである。

だが、二〇〇〇年頃に一気に状況が変わってくる。さまざまな制度上の優遇措置が失われたことに加え、新たに開いた唐木田店が経営不振に陥った。給料の遅配も生じ、時給も以前のように最低賃金を上回る額を維持できなくなった。

このとき、ちいろばの家は授産施設として生まれ変わることになった。授産施設になるときには条件がある。雇用促進事業団からの助成金を受けるときとは異なり、「障害者」には最低賃金を払ってはダメなのである。そうはいっても時給六二〇円ほどは出したというが、ここで明らかに「障害者」と「健常者」スタッフの間に明確な賃金差ができることになった。

石田さんは当時のことを、「だって仕方がないよね、ちいろばを残さなくちゃならなかったからね」と、あっさりと話す。だがよく聞けば、障害者の親に怒鳴り込まれ、「おまえたちは結局、障害者から切り捨てる」と言われたそうだ。でも何も言い返さなかったのだという。

いまはあっさりとしか語らない石田さんだが、おそらく当時はさまざまなことをあちこちから言われ、葛藤していたのではないかと思う。多摩市の就学前健康診断反対運動を担ってきた人たちの中には同一賃金・同一時給を理念として重視する人も少なくなかったと聞くし、ともに働く場をつくるという試みだった以上、そのことを石田さんが意識していなかったはずはない。「理念はない」というけれど、本当になかったはずなどないのだ。

そのうえで、「なぜそれでも続けなければならなかったのですか」と聞けば、「だって、もう通ってきている人がいるんだよ、〇〇さんや××さんがさ。ここがなくなったら、あの人たちどこに行けばいいのよ」

「それが責任ってもんじゃない」。

ここで石田さんはおそらく、「理念」よりも、目の前にいるひとりひとりの人への「責任」として、続けることを選んだ。自分もおそらくそれなりに価値を置いていたであろうこと、目指してきたこともわきに置いて、いまここにいるこの人やあの人は明日どうなるのか、と考えたのだろう。それが石田さんの「責任」の取り方だったのだ。

「巻き込まれ型」という自称には、それが表れているのだと思う。「巻き込まれて」始めたことであったとしても、そこで生じる「責任」はとる、ということなのだろう。

続けることの重視

こうした発想は、石田さんだけのものではないのだろう。おそらく、ちいろばの家にかかわる多くの人たちが持っている姿勢なのではないか。たとえば授産施設になった後の給与の決定方法について質問すると、至愛協会の方針として、石田さんを含め、支援にかかわる人たちが「食べていける」ことが優先されたのだという（なお、支援者たちの給与にはベースアップもついているという）。

このことは、見方によれば、「障害者から切り捨てる」と言われたことと表裏一体でもあるのだろう。だが、支援者たちに「食べていける」環境が整っていなかったら、支援し続けることも普通は困難になる。そこで何を選ぶのか。ちいろばの家には、そうしたときに「続けること」を捨てないという発想がある。これは当初からだったのかもしれないが、いままでの経緯の中でそのつど選び取り、培ってきた「責任」の取り方なのだと思う。

そのことは、経営に対する姿勢にも表れている。ちいろばの家は、一般の作業所等に比べると、はっきり「数字」にこだわる。お店をよくするためには数字を明確にした方がいいというのである。たとえばどのような天気の何時頃にどのような品が売れるのか。これらの商品管理を、二〇〇〇年以後はかなり厳密に行っているという。

こうした事業所が「数字」にこだわることに対して、抵抗感を抱く人もいる。それが結局、障害を持つスタッフを切り捨てることにつながりがちだとみなされているからだろう。だが石田さんは、これはむしろ、利用者の仕事を「作る」ことにつながったという。たとえばあるときに棚に出した商品には同じ番号をつけておき、一ヶ月経つと、その番号のものを棚から抜くと、同じものが一ヶ月以上棚の上に出ていることを防ぐことができる。商品の番号を見て回収するだけなので、この作業はさまざまなハンデのあるスタッフにもできる「仕事」になる。

「といっても、間違いも多いんだけどね」と石田さんは笑う。「数字」にこだわるけれども、「数字」に振り回されるつもりはないということなのだろう。いまここにいる人への「責任」として「続けること」を重視する、という発想に立つなら、「数字」にはこだわらなくてはならないが、振り回されたら本末転倒である。そのことを考え抜いているからこその笑いだったのだと思う。

そして、ちいろばの家は、通ってくる障害者が立ち去ることを大いに歓迎している。現在では、知的障害・身体障害の人たちの作業所が増えたこともあり、障害福祉課から紹介されてくる人には精神障害の人が多いのだという。これら紹介されてきた人たちの中には、ちいろばの家で経験を積むことで自信をつけ、そこから一般就労につながっていく人も多いらしい。ちいろばの家としてはそれは大いに歓迎で、出ていける人は出ていく、出ていけない人は一緒にやり続ける、というスタンスだという。「続けること」が大切といっても、それは誰かを縛り付けるという発想ではなく、あくまでも求められることが確かにあるから、それに応え続けるという意味なのである。

「巻き込まれ型」という自然体

運動が事業体になっていくとき、しばしば事業体として続けることと本来持っていた理念との対立という課題が立ちふさがってくる。これはちいろばの家だけでなく、多くのところが共通にぶつかる課題なのだと思う。その中で、どこにどのように落としどころを見出していくかは、本当にそれぞれである。

ちいろばの家で石田さんのお話を伺っていて、強く印象に残ったのは、石田さんがそのような紆余曲折の過程を「おれは巻き込まれ型だから」と表現していたことである。最初に参加したのは、たまたま無職だったから。事業体にするときに「企業」風に立ち上げたのも、補助金が大きかったから。授産施設として再スタートしたのは、続けなくちゃいけなかったから。ちなみに、就労支援B型事業所として指定を受けたのも、それなら経済的に安定すると見たから。確かに石田さんの語り口を並べると、常に状況の中で巻き込まれながらあっちへこっちへと流されてきたようにも聞こえる。

だが、そこにははっきりと貫かれていることがある。いまここにいる人をどうするのか、という姿勢である。そこに「責任」を見出す石田さんは、そのつど必要と思われる道を選んできた。そして現にその経緯が、普通に「働いて」いる場をつくりだし、維持してきた。これは、単純なことに見えて、実はすごいことなのだと思う。

しかもそれを「巻き込まれ型」と語ることに、石田さんなりの障害者運動との付き合い方や、かかわる一人ひとりの障害者やその家族とのかかわり方がかいま見える。あくまでも率直に、人の暮らしをどうするかという姿勢として考えてきたのだと思う。「運動の時代」の跡が色濃く残る時代背景のなかで、飄々と「おれは巻き込まれ型だから」と語る人がいたことの意味は、決して小さくなかったのではないか。そういう人もいたからこそ、保てたもの、失わなかったものが、多々あるのではないか。そんなことも考えてしまった。

まあでも難しいことはさておいて。とにかくいろいろと宝物を発掘できるところなので、まずはお店を訪ねてみてほしい。私はここで買ったアクセサリーをいまも愛用している。たぶん、三〇〇円だった。

手前はカバン、後方にパンや地場野菜がならぶ

リサイクルショップちいろばの家
〒206-0003 東京都多摩市東寺方 1-16-3
TEL 042-372-3015　FAX 042-338-5162

エッセイ

「健常者」に戸惑う

――バルネラブルな知識の交換のために(7)

飯野由里子

「『支援』のエッセイを読むまで、あなたのことを健常者だと思っていた」。

久しぶりに会った友人から、そういわれた。友人の口から出た「健常者」という言葉を、わたしはまるでそれだけどこか遠いところから聞こえてきたかのような不思議な感覚を抱きながら聞いた。

「え？　その場合の『健常者』ってどういう意味？」

「うーん。『健康な人』ってことかな。あるいは『障害のない人』とか」

「じゃあ、いまはわたしのことを『健康ではない人』だと思っているの？　それとも『障害者』？」

「うーん。どっちだろう（苦笑）　でも『健常者』ではないよね」

「健常者」の意味を尋ねてみたところで、結局はこんな堂々巡りで終わってしまうだけなのだろう。そう思うと、なんだか面倒くさくなって、わたしはなんとなく聞きそびれてしまった。わたしのこころの中にひんやりしたものを残したまま、友人との会話は自然と別の話題へと移っていき、その後、彼女の口から「健常者」という言葉が出てくることはなかった。

もちろん、友人がわたしを「健常者でない」人として認識するようになったのだとしても、それは不思議なことではない。というのも、これまでのエッセイの中で、わたしは自分が慢性の病気をもっていること、そのことでさまざまな治療（たとえば、毎日の服薬やリハビリ）を必要としていることに触れてきたからだ。そうした情報をもとに、友人の中のわたしが「健常者」から「健常者でない」人へと変化していったのだとしても、それはまあ、仕方がない。そのように受け取られることを、わたしが望んでいたかというと、必ずしもそうではなかったように思うけれど。

それに一般的に考えれば、ここでわたしが書いているエッセイを読んでいるにもかかわらず、わたしを「健常者」とみなし続けてしまうことの方が「間違い」で、「失礼なこと」なのだろう。わたしはいまでもときどき「健常者に見えるよね」といわれる。相手は褒め言葉のつもりでいっているのかもしれないけれど、そのようにいわれることは決して気持ちのよいものではない。正直、返答に困る。そう考えると、「健常者に見えるよね」よりは、「健常者だと思っていた」と言われる方が、いくぶんマシな気もする。それなのになぜわたしは、友人の言葉を無害なものとして聞き流すことができないでいるのだろう。もしかしてわたしは友人から「健常者でない」と誤認された気がして、そのことに腹を立てているのだろうか。つまり、こころのどこかでわたしは、自分のことを「健常者」だと思っているのだろうか。

*

「ふつうのからだではないのだから、気をつけなさい」。

これは、医師や看護師、親や教員たちが、わたしに向けて繰り返してきた言葉だ。「ふつうのからだ」が意味するものは、この言葉を使う人によって、またそれが使われる文脈によって異なっていた。わたしの場合、それはある時には「特定の、しかも慢性の病気をもっていないからだ」のことを意味し、別の時には「しょっちゅう具合が悪くなったりしないからだ」とか「体育の授業に参加しても差し支えないからだ」を意味していた。だから「ふつうのからだ」とは、最大公約数的にいえば、医学的な観点から「異常」とされていないまあまあ丈夫なからだ、ということになるだろう。

こうした意味での「ふつうのからだ」との比較で、ある時期からわたしのからだは「ふつうでない」とされた。そのことに反発を感じたことがなかったわけではない。けれどもそれは、「ふつうのからだではない」と印づけられたことそのものへの反発というよりは、「ふつうのからだではない」ことを理由にさまざまな行動が制限されること（たとえば、運動部への入部に反対されるとか一人暮らしをすることに難色を示されるなど）への反発だったように思う。

では、「ふつうのからだではない」とされたわたし自身は、自分のからだをどのように見ていたのだろう。そう思って振り返ってみると、わたしは大人になるまで自分のからだを「ふつうでない」とは考えていなかった（あるいは、信じていなかった)ことに気づく。実際、ごく最近までわたしは主治医から「(ふつうのからだではないことを)もっと自覚しなさい」と、事あるごとに叱られ、自己管理の徹底を迫られていた(嗚呼、医師の言葉はなんて「暴力的」なのだろう)。

もちろんそんなわたしでも、体調がとても悪くて動けない時は「ふつうでない」と感じた。けれどそこでいう「ふつうでない」状態とは、主治医らのいうような「ふつうのからだ」との比較において自覚されるものではなく、あくまでも「自分のふだんの身体状態」との比較において自覚されるものだった。わたしは、主治医らのいう「ふつうのからだ」を経験したことがないのだから、それと自分のからだとを比較する術をもっていなかった。だから、わたしは長い間、体調がすごく悪い時は「ふつうでない」けれど、それ以外は「ふつう」の状態なのだとなんとなく思っていた。

そもそも、わたしたちのうちのどれくらいの人が、自分の身体状態を「ふつうのからだ」と比較して語るための言葉をもっているのだろうか。見た目で比較できる身体的特徴であれば、ある程度は可能だ。たとえば「ふつうのからだ」と比較すると、自分の背丈は「高い」ですとか「低い」ですとかならいえるだろう(もちろん、その場合でも、「ふつう」をどこに設定するのかという問題はあるけれど)。あるいは、「ふつうのからだ」と比較すると、自分の足は「長い」ですとか「短い」ですとかも、まあ、いえなくはないだろう(その場合、自分の判断が正確かどうか、ちょっと自信がないけれど)。他方、「ふつうのからだ」と比較して、自分の経験している痛みや息苦しさ、疲労感や倦怠感を語ることはとても難しい。

おそらくそういう事情もあって、わたしにとって自分のからだはずっと、「ふつう」の時もあれば「ふつうでない」時もあるものだった。常に「ふつう」であるわけでも、常に「ふつうでない」わけでもない。「ふつう」と「ふつうでない」を行ったり来たりするもの。身体とは多かれ少なかれ、そういうものだろう。その意味で、わたしは自分のからだが、他の人たちのそれと大きく違わないと思っていた。だって、みんなもわたしと同じように、痛みや息苦しさ、疲労感や倦怠感を経験するのだから。

もちろん、わたしがそのように思えたのは、わたしのからだの「ふつうでない」部分(他の人の身体状態と違う部分)が見た目にはわかりにくいものだったからだろう。それに、「ふつうでない」と感じる(普段の身体状態と違うと感じる)期間がそれほど長く続かなかったことも、わたしの無邪気とも無頓着ともいえるような感覚を支えていたかもしれない。

＊

しかし、ここ数年の間に経験した「危機」により、そうした感覚は大きく揺さぶられ、いまではわたし自身も自分のからだを「ふつうではない」もの（一般的な身体状態とは異なるもの）として見ている時がある。医療の目線で自分のからだを見ているのだ。そして、そうした変化とともに「ふつうのからだではないのだから、気をつけなさい」というあの言葉が、いつしか自分自身の言葉になりつつあることに気づかされる。

「ふつうのからだではないのだから、気をつけないとね」。そう自分にいうことで、わたしは仕事の量を抑え、外出を控え、楽しいこと・やりたいことを少しだけ我慢する。「ふつうのからだではないのだから、気をつけないとね」と自分にいい聞かせることで、わたしは自分自身に十分な休息と十分な睡眠をとってあげる。「この言葉は、わたしの行動や可能性を制限するものではあるけれど、それでも、わたしのからだを守るためには必要なものだ」。そう解釈することで、わたしはこの言葉とそして自分のからだと付き合おうとしている。

それがよいことなのか悪いことなのか、わたしにはわからない。障害学的には、少し問題含みで、悩ましいことかもしれない。だって、わたしがやっていることは、医療的なまなざしの内面化に他ならないのだから。でも、いまはとりあえずよい面の方をなるべく多く見て、自分のからだを守るクセをつけようとしている。ということは、やはりわたしはこころのどこかで自分が「健常者でない」ことを知っているのではないだろうか。

それでもやはりわたしには、健常者という言葉はしっくりこない。それが具体的に何を意味するのかがどうしてもわからない。もし、わたしたちの身体が常に「ふつう」であるわけでも「ふつうでない」わけでもなく、「ふつう」と「ふつうでない」を行ったり来たりするものなのだとしたら、「健常」とよばれるような身体状態であり続けられる「者」はおそらくいないはずだ。健常者とは、いないはずなのに「いる」とされている何者かだ。しかも、いないはずなのにマジョリティだとされている。そのような矛盾を抱えた得体の知れないものである以上、健常者という言葉とのあいだに、何か一貫した固定的な関係をもつことがわたしにはどうしてもできない。あなたの目に映るわたしが健常者で「ある」にせよ「ない」にせよ。

トークセッション

津久井やまゆり園事件から／へ

猪瀬浩平（明治学院大学教員、NPO法人のらんど代表理事）
×
岡部耕典（早稲田大学教員、本誌編集委員）

司会：星加良司（東京大学教員、本誌編集委員）

■はじめに

星加良司（司会）：トークセッションを始めたいと思います。初めに、私から簡単に今日の趣旨説明をさせていただきます。

　津久井やまゆり園で多くの人たちの命が奪われてから一年と少しが経った（トークセッションが開催された二〇一七年九月一七日段階）わけですが、この事件、出来事そのものはもちろんのこと、その後のさまざまな社会の動きについてどのように受けとめ、考えていけばいいのか、雑誌『支援』の編集委員会としてもずっと引っかかってきました。『支援』という雑誌は、人の生を支えるということ、人の生に関わっていくということはどういうことなのかについて、丁寧に考えていこうとしてきた雑誌でもあり、この事件が起こった時、非常に大きなショックを受けるとともに、何か言葉にしていかなければならないという想いを強く抱きました。

　ただ、今年（二〇一七年）の春に出た『支援』七号では、この出来事について、編集委員会名で非常に短い文章を載せただけでした。それは、編集委員である私たち自身が受けたショックがあまりに大きかったということもありますが、それと同時に、この出来事を人事ではない問題として受け止めつつも、それを明瞭な言葉として語るには少し時間をかけた方がいいという直感もあったように思います。

　この一年余りの間、世の中ではこの事件をめぐって様々なことが語られてきました。それらは、とても大切なことだったと思います。一方で、雄弁にこの出来事を語るそうした語り口からは、私たちが「人の生」をめぐって考えようとしてきた大切な何かが抜け落ちてしまう。そんな感覚もあったように思います。また、『支援』の編集委員は、普段は学生相手に障害や福祉や人権といったテーマについて様々なことを伝える立場にあるわけですが、自分たちがこれまで発してきた言葉にどのくらいの意味や力があったのか、問い直さざるを得ない状況に直面したということでもありました。「被害者」と「加害者」との間で自分はどんな位置にあるのかということを含め、自分自身の立ち位置や前提としている枠組みを捉え返すことなしに、あの出来事について語るべきではない。だとすれば、そうした問い直しをするための時間が、私たちには必要でした。

そうした観点から、ゆっくり丁寧にこの問題と向き合いたいと思ってきた私たちですが、来年(二〇一八年)の春に出る八号では、私たちが考えてきた痕跡・形跡を少しずつ言葉にし始めていこうと思っています。今日のトークセッションはその第一歩です。

今日お話しいただく登壇者は、明治学院大学の猪瀬浩平さんと、「支援」の編集委員でもある早稲田大学の岡部耕典さんです。お二人とも、知的障害や自閉の人たちの生活を巡って実践や研究を進めておられる立場であり、知的障害のあるとされるご家族を持つ立場という共通性もあります。あの事件を機に改めてつきつけられることになった、この社会における知的障害というものの眼差され方。また、あの出来事について発言する際の当事者性——この言葉は障害者運動の文脈では「家族」と鋭く対立するものとしても捉えられてきたわけですが——とはどのようなことか。さらには、あの事件の舞台となった「施設」を「地域」と対置させ、それを否定するような主張について、どのように考えればよいのか。その他、この一年余りの間の世の中の反応も含めて、この出来事を巡って起こってきた様々な事柄について、お二人が感じてきたことを率直に語っていただき、これから私たちが何を、どのような道筋で考えていけばいいのか、思考の手がかりを見つけていければと思っています。

それでは早速、お二人のトークに入っていきたいと思います。

■「手が汚れている」ことの自覚

岡部耕典:よろしくお願いします。今日は、猪瀬さんに関心があって来られている方が多いと思いますので、私は、星加さんが話された概要を具体的に確認しつつ、猪瀬さんのお話で深めてもらうための露払いの役割を務めたいと思います。

まず、私の中にある、あるいは現在も広がりつつあるモヤモヤみたいなものを、少しお話ししたいと思います。昨年(二〇一六年)の七月、この事件の報道があった時、ここにいらっしゃる皆さんもそうだったと思いますが、私もとても強いショックを受けました。そのショックというのは、私自身の二四歳になる重度知的障害で自閉の息子でいて、彼が施設ではなく、グループホームでもなく、パーソナルアシスタンスを付けて地域で生活している、その息子の親であることが関わっています。色んな形でショックを受けた人は多いと思いますが、障害者コミュニティの関係者なのかそうでないのか、関係者であっても障害の当事者なのか家族なのか支援者なのか、あるいは障害の種別といった、それぞれの立場性によって受け止め方や反応が大きく異なっている、しかもそれが、事件の後の時間の経過とともにますます離れていくように感じています。

この状況は——あまり軽々しく直線的に結び付けたくはないのですが——東日本大震災の後の、特にカタカナのフクシマという形で象徴されて反対運動のシンボルとなっていった、あの福島をめぐる状況とシンクロする、そのように思えてなりません。運動側においてカタカナで表象されるフクシマは反原発運動のシンボル的存在、九・一一におけるグラウンド・ゼロのような存在であり、しかし、運動の側からは、それは同時に汚染されそこから逃げ出さなくてはいけない場所、ともされたわけです。一方、国にとって、福島は、無理やりでも除染してマッチョに守らなくてはならない場所、と位置づけられる。ただし、守るといっても、福島という地域やそこに住む人の暮らしではなく、原子力発電事業を守るためのものだったわけですが。

私自身も反原発の立ち位置であり、こういった整理をすることで運動をクサす意図は毛頭ありません。しかし、フクシマと福島をめぐる運動と国家権力のせめぎあいにおいて、本来はその中核に位置し尊重されるべき当事者、福島に今現に住んでいる人、住まなくてはならない人、あるいは逃げた人、帰れない人たちがその周辺に置かれ、ガヤトリ・スピヴァク[1]が言うところのサバルタン、いわゆる声なき当事者にされていることに、心がとてもザワザワしました。

このことは、『支援』七号の編集後記で生活書院の高橋さんも書かれていますが、どうしてもこの福島の当事者の姿が、津久井やまゆり園の事件で殺された人たちや残された人たち、そしてその家族の人たちの姿と重なってしまうのです。津久井やまゆり園事件では、殺された一九人の人たちが、運動側のシンボル的存在となっています。一方で、行政の側＝神奈川県は事件直後に早々と施設建て替え宣言を行って、その後批判をあびて施設の再建を巡る部会を設置し、今年（二〇一七年）八月末に、施設を分割、小規模化して再建するという案を出しました。県が決定した方向性については大きな疑問があって、それについては後ほど詳しくお話ししたいと思いますが、まず確認をしておくと、私は基本的に運動側を支持する立場です。ただ、それ以前の問題として、殺された人たち、そしてこの地域と施設の対立の文脈に落とし込まれた残された人たち――これは本人たちだけではなくて、その家族を含むこの事件の当事者の人たち――のことを想うと、やはり心のザワつきを抑えることができないのです。

そうした想いを踏まえ、二つの論点から考えていきたいと思います。一つは、家族、親という当事者について。もう一つは、その人らしく暮らす支援の形についてです。私は、障害をめぐる政策の研究者のはしくれ、障害を持つ子の親でもあるわけですが、そのような

岡部耕典

自分自身の立ち位置を踏まえつつ、お話しできたらと思います。

■コロニー政策とやまゆり園

まずこのようなテーマで話す上での前提として、津久井やまゆり園がどのような成り立ちの施設なのかについて確認しておかねばならないでしょう。津久井やまゆり園ができたのは、東京オリンピックのあった一九六四年です。やまゆり園の一〇周年記念誌では、全国初の重度知的障害者専門施設として創設されたと書かれています。やまゆり園ができた六〇年代から八〇年代が、知的障害者に関してどんな時期だったかというと、各地に次々

ます。いわゆる大規模コロニーと呼ばれる、知的障害者の入所施設が建設された時期にあたります。

コロニーという言葉を英和辞典で引くと、他の土地に永住目的で集団移住すること、と書かれています。一般的に障害者福祉の歴史では、コロニーとは、「劣悪な状況下にあった障害者の地域生活の救済、保護を国家、社会の責務として行うため」という理由で、六〇年代後半から七〇年代半ばにかけて、日本の各地に建設された二〇〇人から八〇〇人前後の大規模施設、というように説明されます。「劣悪な状況下にあった障害者の地域生活の救済、保護を国家、社会の責務において行うため」というのは、コロニー設立の趣旨について国が書いた文章の文言です。

どのような背景があるのかについて。六〇年代の初めに、厚生省の役人たちが、知的障害のある人の親の会の役員や専門家を誘って、ドイツやスウェーデンなどの海外の巨大施設を視察しました。当時すでに、欧米では巨大施設中心の障害者福祉政策の反省期に入っていて、施設は縮小、廃止の方向に向かっていたのですが、日本からの使節団は、おそらくそれを知っていたにも関わらず、これらの施設が重度障害者の終生保護の役割を担っているとして、高く評価したのです。そして、それを受けて、一九六五年に厚生大臣の私的諮問機関として、学識経験者一七人からなる「心身障害者の村（コロニー）懇談会」が設置され、その後全国各地で競うようにコロニー建設が進められていきました。そのような日本の知的障害者福祉の歴史があります。これが始まったのが六五年、津久井やまゆり園ができたのが六四年ですから、まさに、全国初の重度知的障害者専門施設であり、コロニー政策の先駆けとなった施設だったわけです。

このような歴史的経緯を踏まえてまず確認したいのは、入所している人たちに対する、国や自治体の責任です。やまゆり園ができた当時、すでに欧米では、インクルーシブな社会、「ともに生きる社会」を目指して、知的障害者の脱施設が進められていました。それにもかかわらず、日本の厚生省は、周回遅れの巨大入所施設作りの政策を進めたのです。その背景には、当時の高度経済成長と豊富な税収が支えた公共事業のブームがあったとも言われます。現在では、コロニー建設は日本の障害者福祉政策上の汚点とされることが一般的です。ただ、その是非は別にして、少なくともコロニーという「終の棲家」を作って「重度障害者の終生保護」を行うということは、少なくともそこに子どもたちを託した家族にとっては、国がその責務として約束したものだった。これは津久井やまゆり園の建て替え問題を考えるにあたって押さえておかねばならないところです。

神奈川県が事件後に作った「ともに生きる社会かながわ憲章」は、コロニー政策の反省を踏まえ、それに代わる新たな約束として理解されるべきものと思います。そこで、「誰もがその人らしく暮らすことができる地域社会を実現します」と謳ったわけです。そうであれば、国や自治体は、これまでの「終の棲家」に替わる、誰もがその人らしく暮らすことのできる地域社会を提供する責務がある。そしてそれは、「誰もが」「その人らしく」であり、その両方が蔑ろにされてはならないと思います。特に私の息子のような重度で行動障害がある人たち――歴史的にも地域で最も暮らしにくいと言われてきた人たち――が施設にはたくさん入所しているわけですが、そういう人たちのみが残されて、自分らしく暮らせない暮らし方を強いられることは、あってはならないことだと思います。

■〈私たち〉の手も汚れている

そして、これは国や自治体だけの問題ではありません。地域社会を構成する私たち自身の責務である、ということも確認しておきたい。今年（二〇一七年）一月六日の毎日新聞に、やまゆり園の家族会の人の声が紹介されています。「他にいく所がなくてやっとたどり着いた場所、元の形に戻して欲しい」という声です。私は、やまゆり園の建て替えも含め、入所施設には反対の立場ですが、でもやはり、それを読んで胸が痛くなりました。施設に入れたいと思って入れる親などいないと思います。自分を責め子どもに詫びながら、でもどうしようもなくて施設に入れる。そういう選択をしたその時、地域は何をしてくれたのでしょうか？　親たちにとって、入所施設というハコだけが唯一の選択肢だったのではないでしょうか？

地域に暮らす私たちはそんなことは知りもしなかった、だから何もしなかった、と言われるかもしれません。でも、知らなかった、で済まされることなのか？　私たちの手も汚れている、のです。知りもしなかった、何もしなかった、だからこそ汚れている、のだと思います。その自覚なしに、その位置に自らを置かずに、「施設を再建したいのは親の勝手だ。当事者自身の意向を聞き取ればよい」といった正論を言うだけでは、やまゆり園の利用者のこれからや、今後の日本の障害者福祉の脱施設の展望など開けるはずがない、と思ってしまいます。

障害当事者運動では、家族は当事者ではないと言われてきました。でも、少なくともこの事件、問題においては、家族もまた当事者ではないでしょうか。入所している人たちだけが当事者ではない。亡くなった方だけが当事者ではない。亡くなった方、今入所している残された人たち、その家族も当事者なのではないか。「起きている問題を現場で直に体験し影響を受けているその人」という意味では、親や家族もまた当事者であると思います。そのことを忘れ、親や家族を単に断罪するだけでは、ともに生きる社会など実現できるはずがない。そのように思います。私は自分の重度の障害のある子どもを、施設ではなく地域で自立して暮らさせたいと思ってこれまで取り組んできた親の一人です。だから、やまゆり園の建て替えには反対です。しかし、今申し上げたように、国や自治体の責任、私たち自身の責任を脇に置いて、親や家族の地域に対する複雑な感情に無自覚なまま、やまゆり園の今後の在り方を他人事として語ることはすべきではないように思います。

■部会報告書から

こうした問題意識を踏まえ、津久井やまゆり園の建て替え問題について、少しお話ししたいと思います。今、二〇一七年九月現在、津久井やまゆり園の建て替え問題は、どうなっているかということです。事件直後に神奈川県の黒岩知事が、最大八〇億円を掛ける施設の建て替え宣言をしました。それが物議をかもしたので、「津久井やまゆり園再生基本構想策定に関する部会」が設置されて、先月八月に最終報告書[2]が提出されました。一〇月の頭ぐらいにはこの報告書に基づいて、神奈川県が方針を出すことになると思います。

報告書の内容をかいつまんでいうと、津久井やまゆり園をそのまま建て替えることはしないが、替わりに希望する元利用者全員が入居できる定員を持つ小舎制の中規模施設を元のやまゆり園の敷地と横浜とに二つ新設し、一方で、意思決定支援も行って希望する者にはグループホームを受け皿とした地域移行も推進します、ということです。この「施設の分散整備案」を、神奈川県は一〇月上旬に議会に出して審議を経て正式決定すると思われます。具体的な内容については報告書に出ているので、関心のある方はご覧ください。一見、建て替え派にも、地域派にも配慮した結論のように見えますが、分散であれ、中規模であれ、あるいは小舎制であれ、全員が入れる施設を建設するということになった。かつ、利用者の選択を保障するといっても、施設か地域かではなく、やまゆり園の跡地である千木良地区か、芹が谷地区――これは今、入所者が仮住まいしている施設がある場所です――に中規模の施設を建てて分割して暮らす。要するに、千木良地区の施設か芹が谷地区の施設か、どちらかの施設を選択するという施設の選択に、実質的には矮小化されてしまうのではないでしょうか。なお、報告書には「新設サービス施設に於いては、将来的に津久井やまゆり園の入所者数が減少した場合には、居室の用途を変更し、地域で生活する障害者を支援するための施設に、柔軟に転用できる構造とする」とも書かれています。ゆくゆくは減るだろうから、その時なくすということです。しかし、そこには一言も新規入所者の受け入れは行わないとは書いてない。待機者がいる状況では、おそらくそれは絵に描いた餅であって、継続してしまう。実質的には限りなく建て替えに歩み寄った提案であるということは否めないと思います。その証拠というわけではありませんが、建て替えを求めてきた家族会の会長も、「できるだけ入所者と家族の希望にそって対応してもらえることがわかりホッとしている」[3]と、報道でコメントしています。運動側、当事者の側には「オヤ?」って思う人も多いかと思います。私も思わないわけではない。

でも、このような結論に至ったのはその親たちだけの責任なのでしょうか? この検討部会では親が非常に力を振るったように見えますが、実際に、当事者であるやまゆり園の家族会や職員に対するヒアリングが行われたのは第七回目の一回だけです。それまでは行われなかった。入所している人たちの発言もない。第七回目のヒアリングでの、家族会の大月会長の発言を、少し長いですけれど審議結果の記録[4]から引用してみたいと思います。

この園の再生ということと、地域移行というものを二つだけ見ますと、おかしいですよね。なぜ、園の再生に地域移行が出てくるのがおかしい。誰も理解できません。しかしここに利用者の声を聴けというものを入れますと、本人の意思確認、地域生活移行、園の再生へとつながっていくのです。私たちがなぜ地域移行に関係ないと言っているかといいますと、私たちは、正規の仕組みで支援計画に基づいて入所しています。他人から何だかんだと言われる筋合いはありません。住めなくなった、暮らせなくなった園を建て替えてくださいと言っているだけです。でもそこに利用者の声を聞けという考え方を入れますと、園の再生と地域移行が正しいように映ります。私はこれが一種のレトリック(弁論術)だと思います。この不幸な事件を利用しようと考えていた人がいたとしか私には思えません。

もう一つ引用します。

私たちは、グループホームや地域移行を決して否定する者ではありません。でも、津久井やまゆり園は、私たちがやっとたどり着いたところです。他にいくところがなかったのも事実です。

最後にもう一つ。これも大月さんの発言です。

事件以来、黒岩知事は、利用者の様子、職員の辛さ、家族の不安に寄り添って、ここまで取り組んでいただけました。そして誰もが、利用者を一番に考えてきております。利用者の声を聴け、聴いたのか、という心無い言葉は私にはヘイトスピーチとしか受け止められません。このことによって、皆がいわれのない苦悩を感じています。これは、植松が、「障害者はいらない」と言ったことに匹敵するくらい、私たちにショッキングな言葉です。

大月さんの言い過ぎということはあるのかもしれません。しかし、私には、この一連の発言を、親の勝手、当事者の意向ではなく親の都合だろうということで切って捨ててしまうことは、やはりできないのです。

繰り返しますが、私は施設の建て替えは解決策にならないと思っています。なぜなら、すでに施設は閉鎖されていて、入所者たちのそれぞれの生活は、新しい場所で始まっているからです。今取り掛かっても、立て替えまでには四年の歳月を要する。そのあいだの生活をリセットして再び全員が集まる、当事者に対して一律にそれを強制することは、現実的には困難だろうし、「その人たちらしく暮らす」こととも乖離していると思います。巨額の事業費を投じて行われるにも関わらず、地域住民自身の評価も大きく別れる、東日本大震災のかさ上げ事業にも似た悩ましさがあります。

とはいえ、こういった家族の発言にはたじろがざるを得ない私がいる。施設をそのまま建て替えろという、その主張そのものの是非は別にして、そこに込められた想いに対してです。

■「名前の公表」をめぐって

もう一つ、家族の想いに関してお話ししたいことがあります。名前を公表するということについてです。事件の当初から現在にいたるまで、殺された当事者たちの名前は公表されていません。そしてその理由は、家族の意向であると説明されています。これに対して、障害者差別ではないかという批判が続いています。私も障害者だから名前を知らせないということはおかしいと思います。ただし、そのことと、名前を公表せよと、家族にそういう強い圧迫を感じさせるというのは、別の問題なのではないか。「名前を出したくない」という家族を「障害のある家族を世間から隠したいからだ」と決めつけていいものか、という疑問があります。性被害とか猟奇的な事件など、マスコミと世間の好奇心に曝されて家族や本人が二次被害にあう可能性がある場合には、犯罪被害者の実名公表には慎重にすべきだと思います。今回の場合でも、公開を求める人の意図は別として、結果としてたんに世間の好奇心を満たすものになってしまうことが、その人の生きてきた証や歴史の尊重にはならず、むしろ逆に、その生を貶め毀損するもの、というように少なくとも残された家族が強く感じることへの想像力は必要ではないでしょうか。

当初非公表を決めた神奈川県警に、障害者を特別視するステレオタイプの判断があり、それが無意識の差別的な意識に裏打ちされたものではないか、といえば、それはそうだと思います。しかし、私がより違和感を持ったのは、それをマスコミが一斉に「非公表は人権侵害だ」と非難したことです。本来のジャーナリストのあるべき姿とは、警察の発表に飛び付き個人情報を垂れ流すことではなく、一人ひとりの被害者を知る人や家族を訪ねて地道に信頼関係を築くなかで、その人の生きてきた証や歴史を世間に知らしめることなのではないか。事件当時からそう思っていたので、マスコミからの取材に対してもそのようにお答えしてきました。それがどこまで届いたのかどうか、はたまた充分だったのかはわかりませんが、その後、複数の取材元でそうした取り組みを行ってくれたところがあって、私にはせめてもの救いとなりました。

この七月にあった神奈川県主催の事件の追悼式でも、名前も遺影もなかったわけですが、黒岩知事がそれにも関わらず、かつ自分自身は直接知りもしない当事者たちのエピソードや歴史を語るというのは、私もあまり気持ちがよくないパフォーマンスだと感じました。ただ、だからといって、そこで名前が公表さればよかったというと、そうではないのではないかと思います。ここにきて無理に実名を公表することで問題が解決するとは思えない。知事もマスコミのインタビューに答えて、「実名を公表できない差別に満ちた社会であることを、当事者の皆さんにお詫びする」といった発言をしていますが、どこまで知事が自分の発言の意味を理解しているかどうかは別にしても、その言葉は一つ救いでした。少しだけ胸のつかえがおりたような感じです。

名前が公表されないということは、たしかに、その人の人生がなかったことにされることの象徴であるかもしれません。でも、それをなかったことにしない方法が、名前を公表する、ということなのでしょうか。集会を開きそこで被害者の追悼を行う、忘れるなというメッセージを発信し続けていくこと、さらに、一人ひとりの遺族を探し当てて話を聞く、そういった地道な努力によって、一人ひとりの被害者の「生きた証」が掘り起こされ、「なかったこと」ではないものとして、刻み込まれるのではないかと思います。大事なことはそれが継続されること。それが忘れない、ということの何よりのメッセージではないでしょうか。そのような営みこそが、凍りついているであろう、遺族、残された家族の人たちの心を溶かす南風になるのではないかと思うのですが。

こんなことばかり言っていると、岡部は親のかたばかりもつ、当事者の側にいるようで、やはり親なんだなと思われるかもしれません。でも、そうした線引きは不毛なのではないかと。私は子どもが支援を受けて地域で暮らすことを選択して、そのことに向かって努力をしてきた親の一人です。ですから、入所施設に子どもを入れた親には、これまでも歯に衣を着せぬことを言ってきましたし、これからも言っていくと思います。でも、だからといって、入所施設に入れてしまったことを含め、全てを親の責任だという個人モデルで断罪して、名前を公表しないのも親のエゴだと責め立てることは不毛だし、不幸だなと思います。

施設に入れた子どもを殺されてしまった親と、施設に入れられて殺された可能性がある当事者、この両者がかみ合わされて対立させられるのではなくて、そうさせてしまった社会こそが共通の敵、真の敵である。そして、忘れてはならないのは、私たちも、その社会の一員だということです。だから私たちの手も汚れている。責任は私たち一人一人にもある、私はそう思うのです。そういった一種の社会モデルで捉えていかなくては、ともに生きる社会などいつまでたっても実現しないのではないでしょうか。

■「その人らしく暮らす」ための支援

次に、「その人らしく暮らす」ための支援のかたちについて、少しお話ししたいと思います。誰もがその人らしく暮らすことができる地域社会の実現のためには、どんな支援が必要になるのでしょうか。

コロニーからの地域移行の成功例としてよく知られているのは、長野県の西駒郷です。西駒郷は、二〇〇三年から一〇年計画で地域移行計画を進めました。最初は四二三人いた入所者が、五年目で見事に半減しました。しかし、一〇年後の計画終了時には一〇〇名程度入所者が残ったのです。そのために新しい入所棟を建設しました。今も一〇〇人を超える人がそこで暮らしています。私は、ちょうど一〇年ぐらい前に、西駒郷で地域移行の状況についてヒアリングをしたことがあります。その時にはすでに、最終的には一〇〇人ぐらいが施設に残らざるを得ないことがわかっており、新しい入所棟の建設が始まっていました。地域移行ができないと思われる人たちの多くが、いわゆる意思表示が困難な人たち、つまり強度行動障害者、そして最重度の知的障害者であると聞きました。

西駒郷がその人たちの地域移行に向けて何も努力しなかったかというと、そうではありません。重度向けグループホームを作り、強度行動障害がある最重度の入所者に対しても、生活体験を実施していたのです。それも、対象者とされた一二二名の内一〇二名、つまりほとんど全員に家族の同意を取って実施しています。しかし、結果として、重度者向けグループホームに移行できたのはわずか九名でした。一〇〇名以上の人たちが結局残されたわけです。その大部分の人たちが今も西駒郷に残された入所棟利用者の中心になっていると思われます。

ひるがえって、津久井やまゆり園で今残っている一二〇人の利用者たちは、どのような人たちなのでしょうか。もちろん全員が強度行動障害とか最重度の知的障害者ではないと思いますが、かなりの割合を占めているのではないでしょうか。津久井やまゆり園を運営するかながわ共同会のホームページをアーカイブで見てみると、津久井やまゆり園は強度行動障害支援事業を行っています。また、西駒郷と同じく傘下に幾つものグループホームを運営していました。このことから類推すると、おそらく現在残された一二〇名の利用者の人たちは、その理由の如何に関わらず、グループホームにいけなかった、あるいはいきたくなかった人たち、という可能性が高いのではないか。

そのように考えると、残されたやまゆり園の利用者の人たちが地域移行をする際の受け皿としてグループホームのみが想定されているということは問題ですし、その思いは、現在のグループホームをめぐる政策の方向性を踏まえるとますます強くなります。一九八九年に当時障害福祉課長だった浅野史郎さんが提唱し、厚生省の新規事業として精神薄弱者地域生活援助事業が創設され、これが現在のグループホーム制度のもとになっています。当時浅野さんが音頭をとって作った通称「赤本」と呼ばれる『グループホーム設置・運営ハンドブック』という冊子があります。そこには、グループホームとは、地域にある普通の住宅において、入居者は四、五人、入所施設のような丸抱えではなく、必要最低限のケア(世話)の提供を受ける生活であると謳われています。しかし、現在のグループホーム政策の方向性は浅野さんたちが当時進めようとしたグループホームのあり方とは大きく異なってきています。限りなく介護保険の認知症ケアホームに近い施設的なグループホームです。

事業者側も、適当な規模の一般住宅の取得が困難になっていることや、スプリンクラー設置の義務化なども受けて、専用の建物を建設し、一〇名から二〇名を収容する限りなく「小規模入所施設化」したグループホームが増えている現状があるように思います。

津久井やまゆり園は、二〇人規模の八つの居住棟からなる、いわゆる小舎制と言われるユニット型施設でした。今回の事件の後の地域の受け皿となる「重度対応」側のグループホームが、仮に入所施設と同じような専用の建物で規模も最大二〇人規模の重装備のものになるのであれば、もともと小舎制であったやまゆり園の入所棟や部会報告書で提案された二つの中規模入所施設と物理的にどこが異なるのでしょうか。

一方、本来のグループホームの規模と設備であればいいのかというと、ことはそう簡単ではないと思います。「必要最低限のケア」では、私の息子のような最重度の強度行動障害のある人たち――最終的に西駒郷を退所できなかった人たちの中核を占めると思われる人たち――の地域移行の受け皿になることはできないからです。

■重度訪問介護の活用

じゃあどうしたらよいのか。「ともに生きる社会かながわ憲章」は「誰もがその人らしく暮らすことができる地域社会」と謳いあげています。「誰もが」という以上、重度だから、あるいは強度行動障害があるからといった理由で、地域移行から排除される人が出てはならないはずです。同時にそれは、たんに「地域」であればよいのではなく、「その人らしい暮らし」でなくてはならないはずです。物理的に地域で暮らしていても、管理された、あるいは閉鎖された施設の暮らしでは元も子もないのです。単に施設よりも地域がいいと言う能書きだけでは、親への説得力はありません。確かにこれならうちの息子・娘も取り残されずに地域で生活ができる、施設に住むよりも、親と同居するよりも、よっぽど自分らしい暮らしができる、そのようなリアリティが感じられる構想と具体的な提案が必要なのではないでしょうか。もちろんグループホームを全否定しているわけではありません。しかし、グループホームがその人らしく暮らすことができるための支援のかたちとはならない人が多くいる、ということを西駒郷の地域移行からも学ぶ必要があると思います。

ここからは、私の立場からすると、宣伝になってしまうかもしれませんが、強度行動障害なり重度知的障害者に対する生活全般にわたる支援と言うなら、二〇一四年に利用できる対象者が拡大された重度訪問介護[5]――これを使って私の息子も、今、地域生活をしているわけですが――の活用ということがきちんと選択肢に入れられるべきだったと思います。

しかし、神奈川県の部会報告書には、一言も重度訪問介護には触れていません。「グループホームその他」と書いてあるだけです。一人の取りこぼしもない地域移行、誰もが「特定の生活様式」を強いられることのない社会のためにこそ、対象拡大された重度訪問介護は活用されるべきだというのが、前からの私の持論です。地域での自立した生活について規定した障害者権利条約第一九条に「パーソナルアシスタンス」が特記され、この条約の批准を担保するための障害者総合支援法の改正において重度訪問介護の対象が拡大されたことはもっときちんと受け止められてよいと思います。そして、重度訪問介護を提供することができる自立生活センターこそが、率先してその担い手になる。それは、これまで自立生活運動を担ってきた重度身体障害当事者と重度知的障害当事者の親の間の新たな関係の始まりともなるのではないでしょうか。

■Jアラートがなった翌日に

猪瀬浩平：今日お話しする内容を準備している時にJアラートが鳴りました。ニュースを見ていたら、ある大学ではJアラートが鳴ったら全校休校にすると出ていました。そろそろウチの大学でもこういう案件が上がるんだろ、その時どういう態度を示すのかが問われるだろうなと思いました。セキュリティの強化が叫ばれていく中、国家の民とそれ以外の民とを分かつことが色々進んでいく中で、自分が殺されるかもしれないとか自分の身内が殺されるかもしれないという危機感と、自分が誰かを殺す——例えば敵国の国民を殺しても構わないという想像力は、どれだけ離れているのだろうと感じます。今回のセッションが「津久井やまゆり園事件から／へ」ということで、この一年間考えていることを話すと伺って、自分の考えていることは、その辺に繋がってくるなと思ったので、最初にそのあたりの話をさせて頂きたいと思います。

　僕は明治学院大学で教員をしています。さいたま市の北浦和に住んでいて、それから、さいたま市の東に見沼田んぼという所がありますが、そこの福祉農園[6]の事務局長とそこを拠点に活動しているNPO法人のらんど[7]の代表理事などをしていたりもします。今日会場にも来ている兄には重度の知的障害があります。僕は一九七八年生まれで、彼は一九七三年の早生まれなので六つ違いです。兄は、一九七九年、養護学校義務化の年に小学校に入学しました。小学校、中学校は地元の学校に通い、私が小学校三年の時に兄は、地元の定時制高校を受験しました。そうしたら、定員内なのに落とされて、その後、落とされた高校に自主通学しました。その運動のなかで、一九八八年には埼玉県庁の知事室を四日間占拠する事件がありました。僕は小学校四年生になっていたのですが、学校を休まされて知事室にいました。自主通学していたいくつかの学校の中には兄を受け入れてくれる教員もいて、一緒に山岳部の活動に参加して山登りにいくと、その先生が支援している夜間中学に通う外国人労働者の青年も一緒に登っていたりする。焚き火して羊を焼いてナイフで食べさせてくれる。当時は海外から来て就労する人も多くいました。また、日本人学生の中にも貧困状態のなかで、働きながら高校に通っている人もいたと記憶しています。僕の家は兄のことがあって、障害者運動に巻き込まれていたのですが、その傍らに様々な人が身近にいました。障害者団体の店でも水俣のみかんを売っていたり、水俣から東京に来たお客さんがうちに泊まったり、何か色んな問題が多岐に広がっていくという状態でした。

　僕は、中学校に入る頃からご多分に漏れず、家族と一緒に過ごしたくないと思うようになりました。障害者運動の集まりにもついていかなくなり、大学も埼玉を捨てようということで大阪の大学に進学しました。でも、四年間過ごしているあいだに、見沼の福祉農園が開園してしまって、帰ってくると父親に連れて行かれて農園で強制労働させられる。そこで、障害者運動関係の人とも再会する。また、海外に貧乏旅行にでかけていって、そこで出会った人にお前の地元には何があるのかと聞かれて考えると、思い浮かぶのは地元の障害者運動のことだったりする。一九八八年に知事室占拠を導くような普通学級就学運動があり、同じ時期にわらじの会[8]など大人の障害者たちが地域で暮らす運動を始めている。県庁知事室を占拠していると、自立生活を小さな住宅で生活ホームという形で始めていた障害

猪瀬浩平

者が、そこに行けば介助者がいるし県庁だからトイレもバリアフリーだということで、やってくる。一緒に介助をしていくうちに、大人の障害者と知的障害者の親子が出会っていく。そういったあたりのことって面白いなあと思うようになり、大学院はこちらに戻ってきて、今に至ります。自己紹介はこれぐらいで切り上げて本題に入ります。

やまゆり園の事件が起きて一週間後ぐらいに、ある場所で別のテーマのトークセッションがありました。とても問題意識の高い人たちのセッションで、色んな話をするわけですが、その最後に何か僕にしてみたら非常にとってつけたような形で、司会をしていた人が、「この事件について語らねばならない」という感じで、一九人の障害のある方が殺されたけれど、みなさんはどう思いますかと切り出した。僕にはすぐには語れないよということを、でも、そこにいた人達がみんなとても饒舌に語っている。その事に違和感を覚えたのです。それから、今日僕は東京大学でしゃべっていますが——最後は東大という歴史的な場を批判して終わりにしたいと思っていますけれど——事件のあと最初にあった議論の場、追悼集会[9]が東大の駒場で開催されました。追悼集会を開催すること自体はともかく、東大の先端科学技術研究センターでやるということについてはすごく違和感があった。相模原事件と言われますが、あそこは元々相模湖町という二〇〇六年に相模原市に合併させられてしまった町です。相模川の上流で水源と電源を都市部に供給しており、また都市部の人達の観光地にもなっていた町です。その町の施設で暮らしていた障害のある人たちが殺された追悼集会を、この国の先端科学技術を研究すると謳う施設でやってしまったら、その人のその土地で生きていたという固有名すら奪ってしまうことにならないのか、という気持ちがありました。

その後も、例えばfacebookで大阪の方の団体が「私は七月二六日に殺された一九人の中の一人だ」と掲げた横断幕を見たりすると、いや、あなたたちは殺された一九人以外の一人でしかないでしょ？という感じを覚えました。障害者という共通性があるだけでしょうと。このセッションが始まる前に、打ち合わせ会場で八木下浩一[10]さんの話になったのですが、八木下さんは僕が小学生の頃によく僕の実家にきて一緒に飲んだりしていたんですが、その時に、「親が死んだ後、良太——兄ですね——はどうするんだ」という話をする。八木下さん自身はとってもマザコンで、その辺の矛盾が面白いのですが、要するに「良太の代弁をできるのは、親ではなく、障害者であるおれなのだ」みたいに、当時の僕には感じられたことを言う。でも、何で八木下さんがうちの兄貴の代弁をできるのと。兄のことを「良太は何にもできないじゃないか」とか言うけれど、別にあんただって酒飲んでるだけじゃないか……性格も悪いし、とか思ったりしていたわけです。それに通じるものを、殺されて本当に言葉が発せなくなった人に対してしているようにも感じます。それから、『支援』の第七号の編集後記で高橋さんが書かれていますが、

「僕らはきっと礎になる」という歌詞がある歌[11]を、殺された本人ではない人が作って歌っていることには、死者の言葉を代弁してしまうことへの違和感がありました。昨年の一一月に僕も前でしゃべることになったやまゆり園事件をめぐるセッションで、企画をした人が、「九・一一、三・一一、そして七・二六ですね。大きな分岐点ですよ」ということを語っていて、なぜ三つの数字を並べたいのだろうと思ったりもしました。実際に、その殺したとされる人が一九人を殺したということは恐ろしいし、一九人殺されたということはすごく大きいのですが、でも、殺人を導いた差別意識なんて、事件の前からずっとあったじゃないかと。

　僕が一番子どもの頃から怖かったのは何か。これは僕が研究というものをしようと思った一つのキッカケにもなっていくわけですが、小学生時代、障害のある人もない人も街で一緒に生きていこうということで、母のつくったグループで色んな所でバザーをやったり、クレープを焼いたり色々とやっていたわけです。ある時、ふれあいフェスタみたいな名前のバザーに出ていた時に、いつもの感じで兄が大きい声を出した。その時、善良そうなお父さんが子連れで近づいてきて、うちの母親にとても上品に言ったんです。「うちの子どもが怖がるから、こういう子はここに連れてこないでください」。それに対してうちの母は、「ここは様々な人達が出てきて、出会うそういう場でしょ」と、相手は納得したのかどうかわかりませんが、説明しました。この出来事は今でも強烈に覚えていて、当時、小学校低学年だった僕は、その善良そうな人間が、何のためらいもなく、僕の身近な人間の存在を否定するのが怖かった。その後、ノーマライゼーションとか、バリアフリーとか、共生とかいった言葉が一般化して、障害者差別は見えにくくなっていますが、一枚ひっぱがすと、それほど状況は変わっていないという感じが僕には常にある。だから、やまゆり園の事件で、心を痛めていると言っている人たちは、本当は何に心を痛めているのだろうかということを感じました。殺した彼がクローズアップされてしまうのですが、恐ろしいことを最も善良そうな人が言ってしまうことの根底にある社会の意識は、今も変わっていないんじゃないか。そういうことを合理化するように制度や学問といったものができあがっていくことを、どう食い止められるのかということを考えて、僕は研究を始めたのだなと思ったりもします。

　これは、さきほど岡部さんがおっしゃっていて、そうだよなと思ったのですが、東日本大震災と原発事故の時にそこで露になったことがあったはずなのに、結局考えるのが面倒臭くなって忘却してしまったことが多い。一例ですが、僕が住んでいる埼玉県をはじめ東京近郊の多数の自治体のゴミ処理施設の焼却灰を秋田県北部の最終処分場に持っていっていたのですが、原発事故後、流山市から持ち込まれたものが放射性物質の暫定基準値を超えてしまい、秋田県外からの焼却灰が全面的に受け入れられないことになった。埼玉でも、秋田に持っていけない焼却灰が、ゴミ処理施設に溜まっていった。その時に、焼却灰の処理を秋田県に依存していたということが初めて見える。でも、その後受け入れてくれる最終処理場所が見つかると、そんなことはすぐ忘れて、何事もなかったようにゴミが流れていく。つまり、自分たちが生きている空間がどのようにして成り立っているのかと問うべき瞬間があって、答えなんかすぐに出ない問題として現出したんだけど、何かうまいことといってしまうとすぐに忘却されてしまうそういう中で、先ほど話したやまゆり園事件をめぐる議

論の場で、記号としての九・一一、三・一一、その後には七・二六というような話が出てくることに、強い違和感を覚えました

■やまゆり園のある地域で

僕は、二〇一六年八月に実際にやまゆり園がある場所にいきました。その時やまゆり園と共に訪ねたのは、やまゆり園の上流にある相模ダムの建設労働者の慰霊搭です。相模湖は相模ダム建設によってうまれた人造湖で、強制連行された朝鮮人、日本に住んでいた朝鮮人労働者、中国人捕虜、そして日本人が建築労働に当たり、多数の死者が出ている。その歴史を掘り起こしている人たちが何十年も毎年七月に追悼集会をやっていて、職場の同僚が毎年参加している。僕も毎年誘われていたのですが、参加できていませんでした。二〇一六年の追悼集会も、事件からちょうど一週間後くらいにありましたが、これも先ほど話したトークセッションがあったため、参加できませんでした。トークセッションに参加した人達が饒舌に語ることへの違和感を抱きながら、僕が思っていたのは相模ダムの建設労働で亡くなった人達が忘却されるように、やがてやまゆり園で殺された人達のことも忘却されるのだろうなということ。そんななかで、このたくさんの人が亡くなった二つの事件をつなげて考えられないかと思っていました。

事件の起きた後、やまゆり園のある場所の語られ方は人によって様々で、例えば「何もない場所」、「山の奥」と言われたりもするのですが、車でいけば甲州街道からすぐ横で中央線や中央高速も走っていて、それで山の奥と言えるのだろうかと思いました。やまゆり園の前に、花束がたくさん置かれていた。印象にのこったのは、やまゆり園のある千木良の集落には縄で結界が張られていたことです。なぜ結界が張られているんだろうと思ったら、祭礼で山車が出る花火があるといったポスターがあって、数日後に夏の祭礼が行われていることがわかりました。そして、ポスターの一部にやまゆり園で亡くなった方に対して、冥福を祈るというコメントが書かれていました。「何もない」と外から言われている所で、事件が起きたあとも毎年行われる祭礼を守っている人たちがいるのだということを感じました。

それと、「津久井」やまゆり園というので、僕はやまゆり園のある千木良が、旧町名でいうと津久井町だと思っており、車で旧津久井町の図書館までいって郷土資料を探したのですが、何も見つからない。よくよく調べてみると、津久井町ではなく、相模湖町の一部だったことが分かる。では、その相模湖町とはどういう場所なのか。それを調べていこうということになっていくわけです。

ちょうどこの訪問の時期は、リオオリンピックのメダルフィーバーですごく盛り上がっていたのですが、さきほどの岡部さんの話にもあったように、やまゆり園は一九六四年という東京オリンピックの年にできています。では、その年に何が相模湖町であったのか。一つはオリンピックのカヌー競技の開催です。相模湖は戦後多目的ダムとして観光客を集めるようになり、そしてオリンピック誘致をしてカヌー競技を開催することになった。首都圏近郊の観光地としての頂点が一九六四年にありました。下流には、城山ダムがあり、このダムは一九六五年竣工ですから、ちょうど完成間近の時です。つまり、横浜、川崎などの京浜工業地帯や住宅密集地の水源地として、その場所が位置付けられていきます。そして重度知的障害の人の初めての施設である、やまゆり園が開園します。

この同時代を、僕が活動している埼玉の見沼田んぼという場所で考えていくと、見沼田

んぼは東京都心から二五キロから三五キロの所に一二六〇ヘクタールという東京ドームの二八〇倍の大きさで守られています。この保全の基本政策になったのが、一九六五年にできた見沼三原則[12]です。やまゆり園ができた翌年にあたります。越谷東部というのは養鶏が非常に盛んで、そのピークが一九六五年頃なんですが、その時にちょうど人口増加が非常に進んでいって、出てくるのが「養鶏公害」という言葉です。もともとあった養鶏場の周りに新たに住宅が作られると、逆に臭い、うるさいということで「公害」と名指しされる状況が起きてきた。さきほど、震災の時のゴミの話をしましたが、ゴミがどこに溜まっていくかというと、埼玉全県的に溜まっていくわけではなくて、ゴミ処理場がある場所に溜まっていくわけです。そのゴミ処理場がいつできたのかというと、ほぼこの時期にできています。さらに言うと、火葬場も同じようなプロセスで、開発から外れた——火葬場やゴミ処理場はすごく遠くには持っていけませんから——その街の片隅とされる場所に置いていく。そういう同時代の中にやまゆり園がある。

これは、わらじの会の山下さん[13]が書いている文章で、よく引用される部分に出てくるんですが、街の外れの方（実は駅に近い方）のだんだん開発が進んでいくゾーンで養鶏業をやっていた人が、鶏舎が公害扱いされることで、より郊外に出ていって大規模化する。その家族の妹が障害があって家の仕事を手伝っていた。でも、跡継ぎのあんちゃんたちが大規模養鶏をやるために引っ越していくと、自分は取り残される。それまでは朝早く起きて鶏の卵を採ったり、姪っ子や甥っ子たちの面倒を見ていた。しかし、あんちゃん家族と鶏がいなくなってしまうと、やっていた仕事もなくなったけど、朝早く起きてウロウロしちゃう。そうすると周りの住民にしてみると、「徘徊」として問題行動になっていく。そして、「障害者」として通所施設に通うようになっていくんだけど、だんだん体調が壊れていく。[14]このように、やまゆり園ができていく時代というのは、単に障害者の数がどうこうということだけではなく、首都圏近郊の人々の暮らしがどんどん変わっていく中で、障害のある人が障害者として現れてくる時期というふうにも考えることができる。

さらに次を言います。七〇年代に入るころから、青い芝の会[15]が語り始めます。その青い芝の会が語り始めていく場所はどこなのかというと、川崎、横浜なんです。相模ダムというのは、横浜水道を通ってその川崎、横浜に水を流していく。これは都市水道で人が飲むだけではなくて工業用水にもしていくわけです。相模川上流にはやまゆり園があって、そこに語ることを期待されない障害者が暮らすという状況が生まれる傍らで、語る障害者たちが下流に生まれていく。これを少し引いた目で見ると、青い芝の会は真っ当な消費者として暮らす都市住民となろうとして生まれてきたと捉えることもできるのではないか。

同じ月の八月、旧相模湖町にすんでいる元学生と話をして、その後一〇月に、僕のところの学生とうちの家族、あとはわらじの会の人たちなどと一緒に、相模ダムを見つつやまゆり園の問題を繋げて考える企画をしました。相模ダム、相模湖の歴史を記録する会の人たちにホストしていただいて歩いたりしたのですが、その記録する会で事務局的に中心で動いてる人が、やまゆり園の職員だったんです。千木良地区で相模ダムの追悼会をずっとやっている方で、その方に話を聞くと、現在の追悼会は相模湖センターという公共施設で、相模原市など様々な所がきてやるようになったけれど、最初は湖畔でやっていた時期があって、テントがないのでどうしたかというと、やまゆり園のテントを借りていた。なにか繋がっているんだということを思いました。

もう一つ繋がってしまったのが、その人と話していた時、「息子が北浦和でYMCAやってんだよ」という話になったんですが、見沼の農園関連のイベントに参加してくれているYMCAの中心メンバーだったんです。僕はものを考える時に、自分が地続きにどうできるかということを考える。やまゆり園の事件については、自分の親しい若者がその地域の出身ということから考えていく。そうしたら、やまゆり園で働いてた方が自分の農園にきている人の親父さんだった。地続きだなということを思ったりします。

■「市民社会」が排除するもの

次に、今日は東大で話をしているので、これだけは言わなくてはという話をします。全然関係ないことを話しているように見えるかもしれませんが、僕のアプローチというのは、空白の真ん中にどう肉薄できるかという時、真ん中を埋めるんじゃなくて周りの部分をどう塗り潰していくかというものです。その周りを埋めることを考える中で大塚久雄[16]に出会っていくわけです。

相模ダム建設期の一九四三、四四年当時、東大経済学部の大塚久雄と、法学部の川島武宜、東洋文化研究所の飯塚浩二、その三人がこの地に疎開していました。大塚久雄に『共同体の基礎理論』という著書がありますが、簡単に言えば、封建的な共同体は資本主義が進んでいくと崩壊していくという話で、どのようにして自立した個人による市民社会ができていくのかという議論をしています。この議論は、明らかに相模ダム建設期に彼ら三人がそこに住んでいたことからできた。村社会の中に入れず(だからからこそかもしれませんが)、毎晩会って濃密に議論していたことが、確かめられます。その時期に経験したことに基づいて、農村社会がいかに閉鎖的なのかということを、大塚は授業で語っていた。[17]

この時に考えなくてはいけないのは、そこを単純に「農村社会」と言ってしまっていいのかということです。巨大ダムの建設が行われ、そこに朝鮮人、中国人、日本人が大動員されていく。大塚の伝記を読んでいくと、すごく朝鮮人に助けられているわけです。殺した牛の肉をもらっていたり、敗戦後朝鮮半島に帰る人達から家具をもらっていたりする。それについての一切の言及もないまま、彼は、非常にニュートラルなものとしての「共同体の基礎理論」を作った。

最近僕が読んでいる金杭[18]さんが『帝国日本の閾』で書いていることを、少し引用します。

植民地は、それゆえ、セキュリティの原始的な場、すなわち個人がただ生きるのみの動物になると同時に、その動物を排除することによって国家の民になれる場における、国家の民と動物が分割されるはざまの深淵そのものだと言える。[19]

総力戦体制化、そして植民地状況において、支配される存在として「国家の自然化を退ける極限の存在、つまり肉体と生命のみになった素っ裸の個人[20]」があった。先ほど少し話した朝鮮人のような、労働される身体、支配される身体があって、しかもその身体に相当な助けを受けているのにも関わらず、大塚の生み出した言説というものは、彼らの存在とは無縁の自由な精神をもった個人によって、社会なり国家は担われるというものです。自由な精神をもった個人が作り出す国家を、大塚は夢想していく。そこに、肉体とか生命のみになった、いつ殺されるかわからない生きるために何でもする／させられる身体のようなものは、居場所がなくなっていく。それによって日本の戦後啓蒙であり市民社会論というものが作られていく。

ここで改めて問わなくてはいけないのは、朝鮮人や中国人と同様、自由な精神をもつとは想定されない障害者の存在は、彼らの理論に於いて居場所をもってこなかったということです。東大の中で作られて東大の中で広がっていった言説を見る上で、やはりこのことは生まれてくる起源も含めて問い直さなくてはいけないと、僕は思います。

うちの農園は芝川という川の川沿いにあるんですが、その上流部に大宮朝鮮学校があります。埼玉県が補助金を打ち切るという話があり、埼玉県議会が全国に先駆けて「拉致問題が解決するまでは朝鮮学校に対する補助金は出しません」という決議を出しました。その問題と出会って一緒に話を聞いたり、朝鮮学校に農園の人たちと一緒にいったりしていくうちに、保護者の人や関係者の人が農園にくるようにもなってきた。そんななかで、今まで気づかなかったことを感じるようになりました。つまり、ミサイル問題がおき、Jアラートが鳴り国民的な共同体意識がすごく高まる時に、その国民共同体から外れている人たちが感じる強い危機感、恐怖感がある。これは僕の人類学の先輩で、ゲイのアクティビストの砂川秀樹[21]さんが話したことにも通じます。被災した震災当日、多くの場合、恋人同士で歩いていたら手を繋いで歩こうとするわけです。砂川さんもパートナーと手を繋いで歩きたかったんだけど、そこで手を繋いでしまったら周りから何をされるかわからないから、繋げずに歩いて帰っていくという瞬間があった。Jアラートがなんだよと僕らには簡単に言えるんだけど、震災の時に砂川さんが感じたことを、ほぼ想像していない。

朝鮮学校のことについても、例えば日本人の子が、朝鮮学校帰りの子をつかまえて——わざわざgoogle翻訳で調べたのか——「朝鮮人、死ね」と韓国語でわざと言うといったことが、大宮の朝鮮学校の回りで起きている。それを後ろで支えるような、為政者たちもいる。こういうことをどう繋げて考えられるのか、考えたらいいのか。

■ひとりで叫ぶということ

最後の話になります。七月下旬に相模ダムの建設殉難者追悼会に兄と二人でいきました。亡くなった方への黙祷と、加えてやまゆり園で亡くなった一九名の方に対する黙祷をしましょうと、やまゆり園の職員でもあった事務局の方が呼びかけるタイミングがあって、その時に——今この会場にいる本人は寝ていますが——兄がでかい声を出したんです。叫んだんです。僕は、やめてくれよ…静かにしてくれよ…と思った。この追悼会は、朝鮮総連の人もくれば民団の人もくる。中国関係の人たちもくるし、自民党含め色んな党の人たちもくる場です。そこで大きな声を出して大注目になってしまった。でも、その時思ったんです。相模ダムの問題は相模ダムの問題、朝鮮半島の問題は朝鮮半島の問題、やまゆり園事件の問題はやまゆり園事件の問題と分けてしまうのではなく、いかにつなげていくのか歴史的に思考しようとしているけれども、まだそのつながりをはっきり語れる段階にない。それを見出そうとしながら、こうして饒舌に語るということをしているわけですが、兄が叫ぶという瞬間があった時にまず思ったのは、あの事件について、二〇一六年七月二六日について、誰もが言葉にならない——たぶんここにいらっしゃる皆さんも共有していただけると思いますが――想いを抱えている。しかし、それを論理的にしか説明できずに、そのために多くの言葉が費やされて、その結果モヤモヤしたものを叫ぶことから遠ざかってしまっているのではないのか？　だから、その場面での叫びが、強烈な意味をもっているように感じました。

自分がやっていることというのは、整理した言葉で周りをどんどん塗り潰して、真ん中の語れない空白のような所をどう濃くするのかということなんですが、兄の叫びで自分自身も震えました。こんな時に叫んで本当に大丈夫なのか、どんな反応が返ってくるかわからない時に、叫ぶ。その後のスタッフの打ち上げの時に、兄なりにあの事件に対する感情がありそれがあふれたのだと説明をさせてもらって納得していただいたのですが、だけど、もう一つ大事なのは、でも、その言葉を僕が言ったような説明だけで理解してしまっていいのかということです。例えば、障害がある人の表現活動のようなものが広がっていくといった時、障害のある人たちの仕事がどんどん広がっていく時――それはそれですごく大事ですが――さらに言うと、黒岩知事がやまゆり園の人たちのエピソードを話してそれを僕が読む時、読むことでホッとする自分がいるわけです。この人たちもちゃんと生きていたのだということを思うのだけど、どこかで自分たちがホッとするために都合のいいエピソードしか聞いていないのではないか。障害のある人たちの表現も非常に力がある。でも、その人の生の全てがそこで表現しつくされているわけではない。美しい所、理解可能な所だけを切り取っている。兄の叫び、あの場面で叫んだその言葉の意味について、僕が今説明していることもたぶんあるんだけど、そうではない何かでもあるということを考えるわけです。兄の言葉がこういう意味をもっていると説明するのは、僕が彼を理解してあげているというアプローチでしかなくて、僕が今語っている言葉が、兄の文脈でどういう意味をもっているのかということを考えていく。そこに大事な問題があるのではないか。

つまり、やまゆり園の事件のエピソードを聞いて、やまゆり園で暮らしていた人達もこうやって生き生きと生きていたじゃないかということで、ホッとしてしまっていることを問い直しつつ、さきほど岡部さんがおっしゃっていた社会の側の問題を問う時、そこで問わなければいけないものは、他者を自分たちの都合のいいように理解しようとしていることだけでなく、そのような理解をもとめてしまう関係性がどのように生みだされたのか。それがどのように非対称なもので、そしてそこで何が見損なわれているのかなのだと思います。

僕の発言はこれで終わらせていただきたいと思います。上手く話せたという自信は全くありませんが、ご清聴いただきましてありがとうございます。

■「地域」を語ること、作ること

星加：岡部さん、猪瀬さん、ありがとうございました。お二人それぞれ違う角度からお話しいただきましたが、いくつか共通した問題意識が示されたように思います。

一つは、地域社会とか、共同体、市民社会といった、私たちがそこにポジティブな価値を見出して何か語ってしまうような、その社会なるものの中に潜むある種の抑圧性とか暴力性といったもの。そうした「社会」の中に、誰かがその人らしく生きていくことだとか、ただ生きていることとか、身体性に基づいて生きていくといったことが、どれだけ居場所を与えられているんだろうか。社会の一員である私たち自身が、実際そのことをどこまで許容する態度や構えを持っているんだろうか。そうした問いかけがあったと思います。

もうひとつ、これはトークセッションという、まさに言葉を紡ぐ場での問いかけとしては、非常に重たいテーマでもあるわけですが、言葉というものがもっている暴力性ですね。とりわけ、自分の加害性や特権性に自覚的でない形で社会を語る言葉であったり、あるいは自分の置かれている文脈の中では正しいことだけれど、それを他者の文脈に安易に広げたり普遍化したりして、評価や批判をしてしまうような、そういう言葉。そうした言葉の使い方は、メディアや運動、研究といった分野では実はよくやりがちなことであるわけですが、それが、それぞれの個別性、当事者性の中で、問題となっている事柄を見えなくさせていたり、抑圧してしまうような機能を果たしているということについての問題提起があったと思います。

それらを踏まえて、一点お二人にお聞きしたいのは、「地域」というものをどう捉えるかということです。お二人とも、地域で暮らす、地域でともに生きるということに価値を置いた活動や実践を、これまで行ってこられたと

星加良司（本誌編集委員）

思いますが、それと同時に、少なくとも、今われわれの目の前にある地域というものが、そんなに立派なものなのか、あるいは信頼できるものなのか、という問題提起もあったと思うんです。岡部さんからは、そもそも親に施設しか選べないような状況を強いているのが地域なのではないかというお話がありましたし、猪瀬さんからは、施設を作り出してきた地域の歴史性であったり、地域にそうした排除を埋め込むことによって成立している社会の欺瞞性といった、マクロな歴史的観点からの問題提起もあったと思います。地域で生きるということを実践として進めていくことと、地域がもつ問題性についての認識というものを、どのように結び付けて考えていけばいいのか。改めて補足をしていただけないでしょうか。

岡部：まず、ともに生きる地域という時の、その地域が、今あるような、生きることを抑圧し、居場所を与えないような形から、どのようにして脱却していくのかということですが、そこのところは未だに正直言ってわかりません。ですが、やはり地域というものを、僕たちの外側にあるいは当事者と別のところに置いてはいけないという感じはします。自分とは別のところに、国とか地域があるのではない。国は暴力装置で地域は拠り所といった想定や立て方がまず間違い。あくまで自分たちもその一部である。想定した硬い塊のような良質な地域の一部であるのではなくて、好むと好まざるとに関わらず自分は関わっている。周辺なのか中心なのかとか、関わり方とか位置関係というものに関わらずその一員である。それを自覚する。そこからでないと、国の暴力性も、地域の抑圧性も問うことはできない。

私のさきほどの話に引き付けて言えば、家族が施設に入れたということ、確かにそれはその通りだけれど、それを知らなかった、知り

さえしなかった。地域に資源がない云々以前に、そもそも知らなかった。じゃあどうしたらいいの？という話ではなくて、そもそも知らなかったことに対して虚を突かれる。事件が起きた時も、そもそも、やまゆり園があったことも、そこに多くの重度の人たちが暮らしていることも知らなかった。そこに虚を突かれる。身体障害の人であっても、同じ知的当事者の親であっても、関係がある人は自分に引き付けて考えるわけですが、あまり関係のない人は、驚いた、ビックリした、酷い、ショックを受けたで終わってしまう。僕たちのような当事者に近い人たちは、当事者に引き付けて考えてしまう。さらに自分の当事者性にも引き付けて考える。僕は同じ重度の知的障害者の親だから、そこで殺されたのは息子だったかもしれないということも考えたりする。重度の身体障害の人たちは、施設にいた経験のある人も多いから、自分が殺されたんじゃないかということを思う。それぞれのリアリティとしては、当然そうなるし、なってもいいと思うんだけれど、同時に、殺された人と自分は違う存在であり同じ当事者ではないということも厳然としてある。殺された当事者のことを、そこにそういう人がいることを知らなかったし、今でも名前すら知らない、誰かもわからない。当事者ってそういう意味では遠いもので、そこを抜きにして自分に近い部分だけでの受け止め方で、物事を文脈的に解釈してはいけないんじゃないか。そのあたりは、猪瀬さんがもう少し明確に補足してくれるのかなと思います。

猪瀬：地域ということが理想的に語られるけれど、じっくり考えてみると必ずしも理想的でもない——そこで暮らすことを、親なり本人なりが選べない状況を作っているものでもあるし、当然そこには差別もある——ということについて、どう考えるのかということですが、逆に考えてみると、僕は普通学級に通うことが正義であるというイデオロギーでずっと育ってきた人間で、養護学校にいくということについてあまり相対化できなかった時期があります。同じように、施設にいくということについてもそうです。兄は今、週三日間、親から離れて共同住宅で介助者のサポートを受けながら暮らしていて、これからだんだん日数を増やしながら暮らしていくことを模索しているんですが、それが仮に上手くいかなかったとしても、とりあえずどうにか地域で生きていくという前提は、僕の中ではくつがえせないものです。

逆に、今日、やまゆり園の家族会の話を伺ったりして、これまで自分がじっくり聞こうとしなかった——避けていたとか、否定していたということではなく、なんとなく聞かないという立ち位置にいた——語りを聞くことができて、考えるようになったことはあります。

「地域へ」というのは、地域というものがあってそこに参加していくというよりたぶん呼びかけのようなものじゃないか。僕の実家は武蔵浦和の近辺なんですが、僕の住んでいる北浦和で祭り神輿の時、兄は休憩時間にきて、豪快に揚げ物を振る舞われていたりする。担いでもいないのに食って、それで何かでかい声を出していたりするから、まあすごく注目を集めるわけです。その時も、何かイヤだなって思うんだけれど、イヤだなという言葉が字義通りではなく、すごく多義的な意味をもっている。ここで、ここから、こうやって生きていくんだよなという感じがある。毎年、神輿の時にやってくる謎のおじさんになる、そのことを今までずっとやってきたし、これからもやり続けていくことでしかない。

今日の議論も含めて考えたのは、そういう

選択肢を取らなかった／取れなかった人たちとどのように関わっていくのかということが、自分の中で初めて射程に入ってきたということです。このトークセッションをさせていただく過程で一番衝撃を受けたのは、『支援』七号の編集後記で、高橋さんのお兄さんが施設にいるという話が書かれていたことです。僕の中では、高橋さんが書いている震災のことや、『支援』の編集方針など、問題意識として共有していると感じる部分が多い。ただ、そこの一点、施設にいっているお兄さんがいるということと、僕自身が地域で生きていくという線で考えてきたこととの間にあるもの。それを溝と言っていいのかどうかもわからないけれど、何かそこにあるものを考えたい、考えなくてはいけないと思ったということがあって、そういう一つひとつが大事だなと思いました。

星加：では、ここからはフロアの皆さんも交えて議論を進めていきたいと思います。

伊藤純子：私が二〇代のころ、金井康治君[22]の転校実現運動を担っていた時に、地域ということに関して考えたことがありました。

金井康治君の転校運動が、花畑団地で盛んになればなるほど、金井さん一家はどんどん浮きあがってしまうようになりました。康ちゃんがいっていた養護学校は転校を認めない。転校先の花畑東小学校は、養護学校がそう言っているなら籍を抜くことはできない。行政は、それに従うしかないと言う。結局、花畑東小学校にはいくことはできませんでした。

一方で、お母さんは同じ養護学校のお子さんのお母さんたちとも仲良しなんです。でも、運動をやればやるほど、康ちゃんがそこで浮きあがってしまうし、お父さん、お母さんもそれが本当に切ない。それで、養護学校にいってる康ちゃんの友達を呼んだり、周りの遊んでいる子どもたちを呼んだりして、子ども会を始めて、できることから始めようとしました。地域を変えるというのは、そういう一人ひとりが考えてやることの積み重ねなのかなと思いました。

■「周辺」を語ることと「現場」の実践

鶴田雅英：岡部さんがちらっとおっしゃったことですが、地域は自分を外したところにはない。地域を変えるのは誰なのかと言えば自分だろうと。信頼できるものにするために何ができるのか？という問題の立て方が必要なんじゃないか。それと、重度の知的障害者が地域で生活できるということが、あまりにも知られていない。それをどんどん知らせていくことが必要で、今、知的障害者の自立生活声明運動というのを立ち上げていて、岡部さんたちが作られている「I am Ryosuke!」というフィルムを上映させてもらおうと思っています。具体的にできることをやっていくしかないのかなと。そういう意味では、猪瀬さんが周辺から語るという言い方をされていましたが、現場にいるとどこが中心でどこが周辺かがあんまり見えていないので、具体的にできることを重ねていくしかないと思っています。

岡部：具体的にはできることをやってくしかないということについては、もうその通りです。鶴田さんに紹介いただいた「I am Ryosuke!」という映像は、「風は生きよ」という映画を撮った宍戸監督[23]に、息子の生活を撮ってもらったものです。この映像を作ったキッカケなんですが、僕がいくら講演会なんかで息子の生活をしゃべっても、大体信じない。まず親が信じない。そんなことあり得ないだろう。お前の息子は軽いんじゃないかと言うわけです。ビックリしたんですが、やまゆり園事件の相模原の集会で、元家族会の会長の尾野さん[24]にお会いしたんだけど、あの映像を見せたんです。すると尾野さんが「自分の息子は岡部さんの息子のように軽くない」とおっしゃるわけです。どこが軽いんだと。後で尾野さんの息子さんの姿もNHKの映像で見たんだけど、どっちかというとうちの息子の方が重い。「重い競争」をしてもしょうがないんですが、みんな信じたくないというところがあって見ない。

親の意識って変えるのがすごく難しいので、見ることとは大きな影響があります。今、これとは別に、映画製作も企画しています。重度知的障害者の支援を受けた自立生活を描いた映画を、宍戸監督が作っています。来年の四月公開予定ですが、うちの息子だけではなく、地域で自立生活を営んでいる何人かの知的障害の人たちを描いた映画で、特に支援者との関係に焦点を当てたものになるはずです。

できることをするという意味ではやはり全方位でやらなくてはいけないわけで、マスコミはマスコミ、研究者は研究者でがんばりながら、地域でやっていく人たちの活動については、多くの人に見せていく訴えていく――これは当事者に限らず――必要があるのかなと思っています。

それから、猪瀬さんのアプローチは、真ん中を攻めずに外堀を埋めていく、外側を語りつくすことで内側を浮かび上がらせるというもので、それが、ある意味で僕も問題としたことを的確に言っていただいているような気がしています。語り出した瞬間に奪ってしまう語り方。語ることによって相手の存在を自分のものにしてしまう語り方。それらは結局、その人の生を確認するとか亡きものにしないということとは逆のことをやっていることになるわけで、でもそうならない語り口がどんなものか僕にはわからなくて、だから黙っているしかなかった。自分が知っていたアプローチである、社会学とか社会福祉学では、真ん中を語らなくてはダメだと言われるし、割と直感的に真ん中を語ってしまうことも結構多かったりする。

『現代思想』が最初に出したこの事件の特集号には、僕も執筆依頼を受けたんですが、理屈をつけて断ってしまった。今は語れない、厳しいということで。じゃあ今は語れるのかと言うと、そうでもないのであまり進歩はないんですが、あの時、割に明確な語り口で文章を書いていた社会学者にはすごく違和感がありました。社会学的な語り口と言うのなら、ライト・ミルズ[25]が言った社会学的想像力というか、ミクロとマクロを繋ぐ想像力というか、そういう積み重ねていく作業をしないでパッと語ってしまう語り方に、ものすごく違和感を覚えました。社会学ってなんでこうなってしまうんだろう?遺された家族など当事者の人たちから地道に聞き取りをしたり、生活者に会ったり、これだけライフストーリー研究とか質的研究とか言われているのに、それをきちんとやっている人もいないような気がする。

そんな中、猪瀬さんのアプローチを聞いて、そうかそういう語り口、語り方もあるんだなと思いました。さきほど言った『現代思想』の特集の時点で、猪瀬さんは外形を語ることで内堀を照らす作業を見事にされていた感じがした。ただ同時に、ではどうしたらいいのかという話は、あそこから出てくるのか。実践に繋いでいくための道筋についても、少し教えていただけるとありがたいです。

猪瀬：中を語らず周りを語っていくというアプローチから、ではどうしたらいいのかという話が出てくるのかという問いですね。鶴田さんがおっしゃった、現場では周辺だろうとそうでなかろうと関係ないという話もそうなんですが、別に僕は、周辺だ周辺だと言っているつもりはないんです。周辺を生み出しているもの、周辺として語られているものが、現場の実践によって転倒させられていることはどこにでもある。

その上で、学者、人類学者だと思って書いている時のモードと、現場の人間だと思っている時の自分のモードは矛盾しているけど両立しているんです。親も当事者ですが、うちの親父を見ていると、今、パーキンソン病で大変で、今まで運動の主体で守ってあげていた側の人が、今度は守られる側になった時にどうするのかというのがある。その時にどうするのかは、現場の中で柔軟に切った張ったでやっていくしかない。

どう役に立つのかと言えば、一方のモードで戦後とは何なんだろうといったことを考えつつ、片一方でその場を利用してたくさんビラを配って介助者探しができるといいなと思っていたりする。真剣に考えたいことを話すモードと、その場を利用して仲間を作っちゃおうというモードが両立している。鶴田さんがおっしゃったことで言うと、現場の人間として考えた時はどんな場でも利用してやるぞという視点でやっているし、その中でもしかしたら、何か形ができてくるかもしれないし、制度に繋がっていくのかもしれないし、制度の批判に繋がっていくのかもしれない。一貫はしていないんですが、むしろそのことが大事かなと思っています。

■研究に求められるもの

深田耕一郎：汚れているのは私たちだということを浮き彫りにするために、戦後日本の高度経済成長を背景とした周縁化の象徴として津久井やまゆり園を巡る現象を読み解くお二人のお話は、非常に重厚で圧倒された思いがしました。その上で、やはり猪瀬さんのアプローチについてお伺いしたいのは、旧相模湖町で今暮らしている千木良の集落の方々など本当にやまゆり園がある地域の人たちは、今、何を思っているんだろうということです。周辺から攻めていくという中で、実際の地域の人々の声や表情といったものが少し見えないという気もして、猪瀬さんが現地にいかれて

感じ取られた地域の人々の今現在の声や表情は、どのようなものなのかを伺ってみたい。

猪瀬：千木良の人たちと出会っているかと言われると、出会っていないです。調査者として確信犯でいくつもりはない。それをする皮膚感覚は今の僕にはないので、やらないし、やってないとしか言えない。僕なりの出会い方というか、相模湖町の人たちやもしくはその延長線上で出会った人たちとの付きあいを深めてく中で、もしかしたら出会えるかもしれない。その時に初めて聞けばいいかなと思います。やり続けることが大事ということは、すぐに今答えを出すことではないはずで、今すぐ聞く必要もない。今聞くことは逆にすごく暴力性をもってしまう。なるべく早く業績を上げなければとか、すぐに論文を書かなくてはいけないとか、そういうものとしてやるつもりもなく、今やっていることを考え抜きながら、そこで出会えたら聞けるだろうし、聞きたいと思います。

岡部：猪瀬さんの立ち位置はわかるし、それを変えるべきだということでは全くないんだけれど、やはり社会学の界隈の研究者にはもっと役割があるんじゃないかと思います。東日本大震災や阪神淡路大震災で、あれだけ現地調査などに入っていたのに、なぜ今回のやまゆり園のことではそれがないのか。あるのかもしれませんが、僕には聞こえてこない。やはり、障害は特殊なのでしょうか。震災が起きて大勢の人が死んだという話なら動くけれど、障害のある人が殺されたことについては、酷いこととは思ってもそこまでで終わってしまう。そこに社会学的想像力みたいなものは働きにくいのかなと、少し残念に思っています。

例えば、今回のやまゆり園で殺された人、今残っている人たちの家族から、施設に入れた時の状況や思い、それがどのように変って今に至り、事件の後どういうふうに思ったのか、そういうことがキチンと聞き取れたら——要するに親への聞き取りができたら——色んな意味があるのではないかと思っています。

じゃあお前がヤレという話が出てくるかもしれませんが、僕にはできない。一つには、とっているアプローチが少し違う。当事者によりそって話を聞き何かを掘り起こしていくというアプローチでも、猪瀬さんのように人類学的な手法で周辺から掘っていくというアプローチでもなく、政策研究という観点でやってきているということです。それからもう一つ、やはり親なのでそこに色んなものが混じってきてしまうし、向こうもたぶん混じる。だから、その意味での当事者性のない人が聞き取る必要があると思う。あなたは親であって当事者ではないということではなくて、まさに当事者としての親であるあなたの話を聞きたい、あなたの命、あなたの人生に関心があるんだということで聞き取らなければ成立しない。そういうものを集めていく中で、何かが得られるのではという予感がします。

■「社会モデル」の射程

猪瀬：最初の岡部さんのお話の中で、親が施設を選ぶというのは親個人の責任ではなくて、選ばせている社会が構築しているものだということがありました。星加さんが冒頭でおっしゃったように、障害学や障害者運動では、障害当事者と親とを対立的な枠組みで捉える傾向があるわけですが、親が施設に入れようとする心情すらも社会的に構築されているということを含めて「社会モデル」と呼ぶのだとすれば、そうした対立的な図式を乗り越える可能性が少し見えてくるのかも思いました。こうした社会モデルの一つの可能性みたいなところについて、星加さんはどうお考えですか？

星加：実は、社会モデルという言葉、少なくとも障害界隈の業界では知られるようになってきている言葉なんですが、色んな意味で使われているんですね。運動や政策などのフィールドで使われる障害の社会モデルというのは、要は、障害当事者の不利益や困難は、その周りの社会的要因によって生み出されていて、それは社会が作っているものだから変えることが可能で、かつ変えるべきだという考え方であり、実践的・政治的なアクションとして、そうした社会的要因を変革することに繋げていくという、運動論的な主張とセットになって使われています。その観点から言うと、当然親も周りの環境の一部ですし、とりわけ障害をもっている人たちの生活を管理する主体、エージェントとして立ち現れるということが告発されてきたことを受けて、障害者と家族というものを対置する「脱家族」といったスローガンの中で、問題化されてきた経緯があります。

ただ社会モデルというものを、より社会学的な観点から捉えてみると、まさにその障害者の周りにある社会的要因そのものも、その他の社会的要因によって構築されている側面があって、親を含めた障害者家族というものも周囲にある社会的な環境であったり、社会全体の価値観や規範を内面化する形で、親は親としての振る舞い方や役割を実践している。そのことが結果として、障害者の生活を抑圧する機能を果たしているということなので、親をそのような形で社会化してしまっている外部の社会的要因についても考えていくということに——社会学的想像力を働かせていけば——本来はなるはずなんです。

この話がなぜ運動とか政策といったところで語られるタイプの社会モデル理解と上手く接合しないのか。たぶん今言ったような話、あるいは岡部さんが提起されたような話を、社会モデルと理解してしまうと出口がなくなるんだと思うんです。変えるべき対象も、常にその他の要因によって生み出されているとすると、外側の要因も変えなくてはいけない。しかし、その外側の要因も、さらに別の社会的要因によって生み出されているということになると、なかなか的が絞れないし、そもそも政治的な実践として変革のイメージを非常にもちづらくなってしまう。なので、運動や政策ではもう少しシンプルなバージョンの社会モデルが流通しているんだと思うんです。

研究者が、事象を分析する時にその枠組みとして用いる社会モデルという考え方と、政治的なあるいは運動的な実践の中で用いられる社会モデルとは、当然のことながら目的が違うので、その力点の置き方や射程の広げ方に違いが出てくるということなんだろうと思います。まとめると、岡部さんの言ったような意味での社会モデルは、研究という立場から見た時、あるいは社会学という立場から見た時には、私自身も共有している捉え方ですし、そう考えた時には、当事者／非当事者という分け方自体にどこまで意味があるのかということについても、私自身は疑問に思っています。

岡部：星加さんと違って僕は理論などは弱いのですが、僕にとっての社会モデルは、理論的に精緻に明らかにして整合性を求めるものというより、実践に結び付けるための手掛りだと思っているんです。その意味では、知的障害の社会モデルと言ったつもりはなくて、正確に言えば施設に入れられることの社会モデルであって、施設に入れられるということがディスアビリティ＝できないこと、できなくされることとして構成される社会モデルといった意味です。現状はその要因を個人に求める、いわゆる自己責任モデルであって、この個人は障害当事者ではなくて家族になっているわけです。家族が入れた。逆に言えば、家族が入れたんだから家族が変えればいい、家族が思い直せばいいということになる。そうではないだろうという話です。家族も含めたその当事者の側ではなくて、それを取り巻く社会の側に責任を求める。

これについて、星加さんの理屈の話から言うと、「私たちの手も汚れている」といった僕の情緒的な話になってしまって、それでは出口がないだろうということなのかもしれませんが、僕は、わりと出口は明確だと思っているんです。施設ではなく地域で暮らせる仕組みを作ればよいというだけです。それに対する負担をきちんと世間が許容すればいい。そういう形で汚れている血を少しでも僕たちは拭う、ということだと思います。重度訪問介護がその仕組みであると僕は思っていますが、そうであるならば、それに対する費用負担を

――非常に長時間の支援ですからグループホームに比べても費用がたくさん掛かる――社会が認めよ、社会というよりはむしろ神奈川県が認めよ、国が認めよ、それから納税者である私たち全員が、それを支持せよということだと思うんです。そういう意味ではわりに明確です。

星加：岡部さんがおっしゃった、出口、答えは明確なんだということについて、確かに運動論的な目標設定としては、そのとおりだと思うんです。ただ、その時に、例えば納税者にそういう負担を支持せよと言うんだけれども、納税者も負担したくないあるいは負担できないような社会的状況に置かれているかもしれないし、その人たちがそういうふうに考えてしまう、あるいは考えさせられている社会の状況というものも問題化できる。そのように、どんどん話が拡散してしまうようなことが、少なくとも理論的には起こり得る。地域というものが孕んでいる差別や抑圧性が、われわれ一人ひとりの中にあるものだとして、その部分にも社会モデル的な考え方は適応可能だとすると、その人が悪いんじゃないから、その人に変われと言ってもしょうがないといっ

た話にもなりかねない。そこは結構難しいなと思っていたということでした。

■「親という当事者」について

斉藤龍一郎：今日司会をしている星加さんは、五歳の時、小学校就学前に東京で眼球摘出手術を受けて、その時にご両親が就学運動に触れたということがあって、愛媛で初めて普通学級にいった全盲児になったと聞いています。僕やはり親の果たす役割ってすごく大きい。僕も金井康治君転校運動に関わったので思うんですが、親が関わって作った運動——特に就学運動というものがたくさんあった。岡部さんが繰り返し言われているように、支援者が裸で剥き出しで本人と向きあえるのかというと、そうはならない。そこを抜きに中途半端にやるんならやるみたいなことなら、話にならない。

島田療育園[26]という、やはり重度心身障害者のための施設があって、かつて施設の職員だった人が、入所者の退所、出たいということを支援して、誘拐罪だと言われたんです。そういうことが、障害者本人に外部の支援者が直接関わろうとすると出てくる。間に入る仕組みがないと、支援者は登場し得ない。そのことについて、思うことや経験の中で出してもらえることがあれば、ありがたいです。

岡部：親の役割も大事という話はその通りで、「親を責めるな、しょうがないんだから」と言っているつもりは毛頭なくて、むしろ親という当事者をきちんと運動側にくっつけろということです。僕の昔のスローガンで「支援者としての親」というのがあるんですが、親の当事者性というものをあえて言えば、支援することを課せられた者の当事者性だと思うんです。支援者としての親が、当事者として施設に入れてしまったということに対する責任を全部負わされるのは間違いだと思うけれど、しかし親自身の手はもちろん汚れている。施設に入れた親は、その上でそれを見すえた上ではどうするかについても、責任を負う。ただそれは、親が勝手にやれよとか、思い直せという話ではなくて、それ以外の人たちも手を携えていくべきものだと思っています。そうじゃないとエンパワーされない。もちろん、彼らは可哀想だから責めるな、われわれがやるではいけないけれど、ではどういうスタンスが彼らをエンパワーさせるのか。そのための手掛かりを与えるためにも、マスコミや研究者の人たちが、もっともっと掘り起こし関係性を作っていかないと、結び付くことは難しい。

川添瞳：親も当事者であるというお話について。別に全否定をしたいということではないし、今回の岡部さんの語りがどうだったということとも少し違うんですが、昨今の、親も当事者です、支援者も当事者ですという言い方は、私からすると、とても優しく、痛くなく、引き受けられて語られてるものを感じたりするんです。親や支援者にとって痛い領域について無意識に除外した総体を、「当事者の語り」としてラップアップするような語りを、支援や家庭の中で強い立場にある人や、声を外へと流通させる機会に恵まれた人は、選ぶことができるし、そういう人たちの間でそういう語りを増やしていって、やはりコレだよねともできる。もちろん、親が当事者でないことなんて今までにもなかったし、周りの人も当事者でないということはなかった。でも、親の愛を蹴っ飛ばすというのは、そういう家の中の別の当事者を殴り返し蹴り返してでも出ていく——そういうことじゃなかったのか。どうしても、未だにズレを感じるというか、差異を少し感じたというとからしか、私は始められない。そう思いました。

岡部：パンドラの箱が開けられてしまった今、それを掘り起こしていくことをずっと持続できるのは、やはり当事者だと思うんです。その当事者というのは、立場は異なるかもしれないけれど、何かの関わりのある人たちという緩いくくりでの当事者です。今、問題なのは、当事者と括られる、見られる人たちが、モメントとなるその当事者性みたいなものをもう一度掘り起こしたり、確認する必要があるんじゃないかということだと思うんです。そのためには、当事者たち自身だけではなく、マスコミや研究者の人たちの力もおそらく必要なのだろうと思います。

　特に研究者の方なんですが、研究者も自分の研究者としての当事者性を掘り起こす。ここまで拡張すると、川添さんに叱られるかもしれませんが、なぜ、ここに関わらなくてはいけないのか、あるいは関わりたいと思うのかといった当事者性を確認することが、必要なのではないか。

星加：予定の時間を大幅に過ぎてしまいましたので、ここで閉じさせていただきたいと思います。最初の岡部さんからの問題提起の中で、サバルタン、語り得ない存在を私たちがどのように捉えていくのかというお話もありましたが、語り得ないことの背後にあるリアリティにどうやって接近していくのかということが、研究者のみならず、私たち一人ひとりに求められているのだと感じます。『支援』という雑誌は、簡単に語れる、あるいは明快な論理で表現できるようなことは他の媒体に任せて、そうではない非常に語りにくいこと、言葉にしにくいことに、できるだけ迫っていこうということを——どこまでできているかはともかくとして——創刊当初から大事にしてきました。この問題を巡っても、そうしたスタンスで、今後も言葉を見つけていく作業を続けていきたいと思っています。

　本日はありがとうございました。

（二〇一七年九月一七日、於：東京大学本郷キャンパス）

■注

1 ガヤトリ・C・スピヴァク（Gayatri Chakravorty Spivak）。一九四二年生まれ。インド出身のアメリカ人比較文学者。著書に"Can the Subaltern speak?"（上村忠男訳『サバルタンは語ることができるか』みすず書房）など。

2 http://www.pref.kanagawa.jp/uploaded/attachment/894944.pdf

3 NHK NEWSWEB 二〇一七年八月二五日

4 http://www.pref.kanagawa.jp/cnt/p1145442.html

5 長時間の見守りを前提とした居宅介護の類型。

6 見沼田んぼ福祉農園。一九九九年開園。荒廃地化した農地を耕し、農家資格のない市民、障害者、高齢者、若者や子ども達が、環境保全型の農業を持続している。

7 見沼たんぼ福祉農園を拠点に、障害のある人たちを含め、さまざまな違いを持った人たちが、生きがいや働きがいを手に入れ、安心して暮らせるまちを創り出すことを目指して、二〇一五年三月に活動を始める。

8 一九七八年三月結成。「障害者にとっての自立」を模索し続け、「来た時が会員」の精神で障害や資格の有無を問わず「障害のある人も無い人も共に街で」と活動を続けている。

9 「『津久井やまゆり園』で亡くなった方たちを追悼する集会」。脳性マヒ当事者であり東大教員の熊谷晋一郎らが呼びかけ人となって、二〇一六年八月六日に駒場の東京大学先端科学技術研究センターで開催された。

10 八木下浩一（やぎした・こういち）。一九四一年生まれ。脳性マヒ当事者。二六歳の時に地域の小学校への就学運動を始め、一九七〇年に埼玉県川口市立芝小学校に学籍を獲得し就学した。

11 「19の軌跡」詞／曲　歩笑夢。身体障害当事者でCILくればす事務局長の見形信子が自作詩に曲をつけ、追悼集会などで歌われた。その三番の歌詞に「僕らはきっと礎（いしずえ）になる こんな過ち　繰り返さないで」とある。

12 見沼田圃農地転用方針（三原則）。一九六五年から一九九五年まで運用された規制。

一　八丁堤以北県道浦和岩槻線、締切までの間は将来の開発計画にそなえて現在のまま原則として緑地を維持するものとする。

一　県道浦和岩槻線以北は適正な計画と認められるものについては開発を認めるものとする。

一　以上の方針によるも芝川改修計画に支障があると認められる場合は農地の転用を認めないものとする。

13 山下浩志（やました・ひろし）。一九四三年生まれ。三〇数年前から埼玉に根を生やし、わらじの会、職場参加をすすめる会、障害者自立生活協会などで活動中。

14 この家族の話については、わらじの会編 2010『地域と障害――しがらみを編みなおす』現代書館：18-19

15 脳性マヒ当事者による運動団体。一九五七年結成。一九七三年に「青い芝の会」神奈川県連合会が発足。同年、日本脳性マヒ者協会・全国青い芝の会総連合会結成。七〇年代には、横浜で脳性マヒの我が子を殺した母親の減刑嘆願に反対し、路線バスでの乗車拒否に対し川崎バス闘争を展開するなど、障害者運動を牽引した。

16 大塚久雄（おおつか・ひさお）。一九〇七～一九九六年。経済史。『共同体の基礎理論』（岩波現代文庫）は、初版一九五五年。東京大学大学院経済史課程での講義の草稿をもとに講義用テキストとして作成された。

17 猪瀬浩平 2017「水満ちる人造湖の辺から――相模ダム開発の経験と戦後啓蒙」『現代思想』45(18)

18 金杭（きむ・はん）。一九七三年生まれ。政治思想・日本思想史。東京大学大学院総合文化研究科博士課程修了。現在、高麗大学民族文化研究院准教授。

19 金杭 2010『帝国日本の閾――生と死のはざまに見る』岩波書店：272

20 同書二七二頁。

21 砂川秀樹（すながわ・ひでき）。一九六六年生まれ。オープンリーゲイ、文化人類学。著書に『新宿二丁目の文化人類学』（太郎次郎社エディタス）、『カミングアウト』（朝日新書）など。

22 金井康治（かない・こうじ）一九六九～一九九九年。脳性マヒ当事者。八歳のとき、養護学校から普通学校の足立区立花畑東小学校への転校を希望し、自主登校などの運動を展開した。障害児が普通学校で学ぶことを求める就学運動の先駆けとなった。

23 宍戸大祐（ししど・だいすけ）。一九八二年生まれ。映像作家。映像グループ「風の集い」に参加。映画に『犬と猫と人間と2　動物たちの大震災』、『風は生きよという』など。

24 尾野剛志（おの・たかし）。一九四三年生まれ。津久井やまゆり園の家族会「みどり会」の会長を一九九八年から一七年間務めた。息子の尾野一矢（おの・かずや）さんは事件で重傷を負った。

25 ライト・ミルズ（Charles Wright Mills）。一九一六～一九六二。アメリカの社会学者。構造機能主義への痛烈な批判者として知られ、そのなかで提唱された「社会学的想像力」は、社会学のあり方を考える上で重要な概念とされる。

26 一九六一年多摩市に開設された、日本初の重症心身障害児施設。現在の名称は、島田療育センター。

シャロームいしのまき（石巻市）

関係のただなかで、まちおこし！

三井さよ

「障がいでまちおこし」

シャロームいしのまきは、浦河べてるの家の活動に学びつつ、精神障害の当事者とその家族および支援者たちが、石巻地域に根差して精神保健活動を展開している団体である。最初は二〇一〇年五月にわずか二つの家族が集まってミーティングを開くところから始まった。まだ歴史は長くはない。

最初にここの存在を知ったときに聞いたフレーズは、「障がいでまちおこし」だった。背景には、二〇一一年三月一一日に起きた東日本大震災がある。

石巻市は、この震災によって甚大な被害を受けた。シャロームいしのまきのメンバーや家族も、そのほとんどが被災している。石巻市は、海産物加工業が盛んなところだったのだが、これらの工場の多くが被災し、製造を停止せざるを得なかった。営業再開までの道のりは険しかったようである。水産加工団地のかさ上げが終わるまで工事が開始できないのに補助金は機器類から始まるなど、補助金の制度は実情に合わず、しかも「後払い」なので、最初は全額自腹を切らなくてはならない。それだけの資金をどこから準備するのか。そうこうしているうちに、時間が経ってしまった。

数年が経ち、現在は約七割の工場がなんとか営業を再開している（あと三割は再開しないまま）。ただ、今度は販路が失われていた。時間がかかっているうちに、大手スーパーは仕入れ先を別に確保してしまっていたのである。これから石巻の中心産業だった海産物加工業がどうなるのか。いま石巻地域は岐路に立っているという。

そこで試みられているのが、作るだけでなく、販路まで自らで切り拓く、六次産業化である。一次産業×二次産業×三次産業までを一手で行うことをもって六次産業化というが、原料を取り、加工し、販売までする形を、新たに作り出そうとしている。それも、石巻地域内では海産物加工品は売れないので(みんな自分たちで採ったり作ったりしている人たちだから)、全国を視野に入れた展開が必要になってきている。

こうしたなか、シャロームいしのまきは、海産物加工業に加わり、下請けとしての作業を引き受けるとともに、販路拡大のための努力を自ら始めた。スタッフの多くは精神障害の当事者と家族である。普通に考えれば「助けてもらう側」である。だが、シャロームいしのまきは、自分たちこそが震災からの復興の一翼を担うのだという。浦河べてるの家も、浦河という地域のまちおこしの一翼を担った。この地域でもそれは可能なはずだという。

それが、「障がいでまちおこし」という掛け声となった。この考えが生まれたのは二〇一二年頃のようだが、それから徐々に、石巻の魚市場の行事である「大漁まつり」に参加、教会を通じての販売活動など、機会を重ねていく。二〇一七年八月一一日には「障がいで町興しシンポジウム」が開かれ、多くの人たちが集まった。

ネット販売も開始している。この文章の最後に、シャロームいしのまきのホームページのアドレスを掲載しているが、そこにアクセスしてもらえば、商品案内(すべて石巻地域)のページが出てくる。主に、海苔やわかめなどの海藻類、サバやサンマなどの缶詰、精神障害当事者と家族が作っているクッキーなどである。他にも明太子やクジラベーコン、三陸ぶっかけ丼の具などもある。注文書もすぐダウンロードできるので、ぜひ試してみてほしい。

結び昆布作業! 浦河べてるの家のメンバーも参加

こうして実際に販売を始めてから、徐々に他の企業からも参加したいという申し出が集まっているようで、今後も商品は増えていくだろう。現に、震災復興に、精神障害の当事者や家族が、ひと役買っているのである。

親もまた、生き直す

では、シャロームいしのまきは、どうしてこのように震災復興にひと役買おうとするようになったのだろうか。

代表である大林健太郎さんは、精神障害の息子さんをもつ親の一人である。大林さんがべてるの家を知ったのは一五～六年前のことである。息子さんのことで悩んでいたら、日本キリスト教団の教会でべてるの家の存在を知らされたという。ちょうど仙台で向谷地生良さんがセミナーをやっていると聞いて訪ね、終わってから向谷地さんのところに質問に行ったのだという。向谷地さんは、息子のことについて相談する大林さんに、その思いを受け止めた上で、「息子さんはそれだけつらいししんどいんだよ」と語ったという。気づけば何時間も経っていたそうだ。大林さんはそれ以来、向谷地さんを心から信頼しているという。

ここに示されているのは、向谷地さんのすごさだけではないのだと私は思う。この話を聴いて、まず思ったのは、それまでの大林さんがどれだけ孤独なかで苦しんでいたかということだった。あとから考えれば、周囲に人がいなかったわけではないのだと思うが、そのことに思いを至らせる余力もないほど、追い込まれていたのだと思う。

それから何年もかけて大林さんはべてるの家に学び、また息子さんとの向き合い方も考え直した。仕事をしながら酒も飲み、釣りもする生活だったのを改め、息子さんと過ごす時間を増やした。あそこに行きたいと言われれば連れていき、こちらに行きたいと言われれば連れていく(なお、その場にいた息子さんによると、「最近はそうでもない」とのことだった)。社会で一般的にルールとされることなど、大事ではないと思うようになり、風呂に入りたくなければ入らなくてもいい、食事中のマナーなど適当でいい、そう考えるようになったそうである。

そして、二〇一〇年の五月から、石巻で「べてるの風」と名乗るミーティングを開くようになる。最初は二家族、それぞれ三人ずつ、計六人だけだった。お互いに「何がしんどいか」を話すだけだったのだが、家族の中のことでもあり、怒号が飛び交うことも稀ではなかったという。それでも、家族が二つそろうことによって、閉じられた家族関係の中での話し合いではなくなることが大事だったという。別の家族がすぐそばで同じように苦しみながら話し合う過程を目の当たりにすることで、そして別の家族の目の前で自分たちの間に起きていることを話し合うことで、少しずつ少しずつ、親子の関係が変化していったのだという。二〇一〇年八月には、もっと多くの家族が集まり、公民館でミーティングが行われるようになった。

そして、二〇一一年三月の震災である。当時のメンバー二一人のうち、八割が被災した。家が全壊した人もいれば、半壊した人もいる。避難所に避難した人もいたが、なかには、避難所でトラブルになったことから実質的に追い出されてしまい、別の地域へ避難し、そこで入院して快方へ向かい、さらに仮設住宅に移転したが、入院中のカルテが受け継がれなかったために薬を替えられてしまい、もう一度病状が悪化したという人もいる。それぞれが大変ななかで、なんとか生活を建てなおしてきた。

大林さんも、震災のときに以前勤めていた司法書士事務所を解雇されている。といっても、もともと知り合いだった公認会計士の会計事務所にすぐに再就職が決まったそうだが、震災とそこからの復興の過程で、顧客だった企業の数々がいかに危機的な状況に置かれているかを目の当たりにした。

そうしたなか、二〇一六年に「地域活動支援センター　べてるの風」を立ち上げるときから、「復興の役に立とう」を合言葉にするようになった。石巻の小規模作業所で障害者が担っている作業といえば、缶の分別だったり、泥のついた缶の清掃だったりする。もっとプライドの持てる仕事はないものかと、大林さんは考えたそうである。

いまシャロームいしのまきでメンバーたちが取り組んでいる作業は、主に昆布を結んだりわかめのごみ処理をしたりといった、海産物加工業の「下請け」ではある。だが同時に販路拡大にも寄与することで、まさに地域の震災復興にかかわっている。単なる「下請け」にはとどまらない、意味と意義を持っているのだ。それは確かにやりがいを生むという。メンバーたちの技術も上がり、以前より売り上げが上がってきているそうである。

そして、現在シャロームいしのまきがかかわっている海産物加工業の企業の数々は、大林さんがこれまでの仕事でかかわってきた企業である。「下請け」作業を出しているのは、大林さんの配偶者とその親族が経営している企業である。大林さんたち一家のこれまでが、ここに来てすべてつながった。息子さんの人生、それに寄り添おうとして生き直した大林さん夫婦の人生、そして生き直す前の人生、これらがつながったところに、「復興の役に立とう」というテーマはある。「障がいで町興し」は、何もこの一家に限った話ではないのだが、これが具体的で現実可能性を持つテーマとなりえたのは、生き直そうとした親と子の人生の交差点だからこそなのである。

親子での参加

さてここでいったん震災復興から離れて、シャロームいしのまきが、精神障害の当事者と家族への支援という点では何をしてきているのかを考えてみたい。

シャロームいしのまきの具体的な活動といえば、とにかくミーティングである。浦河べてるの家でも「三度の飯よりミーティング」という合言葉があるが、「べてるの風」を名乗るだけあり、ミーティングが活動の中心であり、骨格である。

そして、これはおそらく浦河べてるの家に学んだというより、シャロームいしのまきの特色なのだと思うが、家族での参加が多い。ほとんど原則になっているといってもいいくらいである。親と子と双方が統合失調症であるというケースも少なくないのだが、そうでない場合でも親子がともに参加していることが多い。

最初はなぜなのだろうと思い、もしかしたら石巻での精神保健活動があまりに不足していたこともあるのだろうかと思っていた。たとえば精神障害の人の親の会はあるのだが、政治的な動きが多すぎると聞くし、いわゆる障害者運動が盛んという地域でもない。保健師も夕方五時になれば帰ってしまい、土日に対応する支援組織や機関はほとんどないらしい。だから不足しているがゆえに、親と子を別々にケアし支援する仕組みを作る余裕がなく、まとめてやらざるを得ないのだろうか。

だが、もう少し大林さんの話を聴いてみると、そういう問題ではないことが見えてきた。もっと積極的な意味づけがなされているのである。

大林さんは、親と子がともにミーティングに参加することは重要だという。他の親子の姿を、親子一緒にみることが大事だというのである。他の親子のことだと、たとえば言葉の行き違いでトラブルが多いのだということなど、自分たちではわからないものも見えてくる。本当に些細な話をすることになるそうで、たとえば「朝にこういったのにやらなかった」「こないだもこういった」など、生活上の小さな行き違いがトラブルになるというプロセスがよく見えるのだそうだ。そのことは、自分たち親子の関係を考え直す上でも大切な手がかりになるという。

代表の大林健太郎さん

これは私の推測なのだけれども、おそらく他の親子の前で自分たちの話をすることそのものも重要なのではないか。家族というのは不思議なもので、中で生じていることを話し合おうとしても、すぐに感情的になってしまったり、感情を変に抑え込んでしまったりする。他の親子の前で話すことは、親子の間で凝り固まったものをほどいていく最初のステップとしての意味も持っていたのではないだろうか。

そして、ミーティングがそういう場になるためには、きっと家族と家族の間に、ひとりひとりの間に、信頼と承認の関係が築かれていることが大切なのだろうと思う。大林さんの話す例には、具体的な家族が、それぞれの個人名とともに出てくる。個人であり、家族という組み合わせでもある存在として、そのままに捉えられているのがよくわかる。大林さんは呼び出しがあると（起きていれば）何時でも出ていくらしい。震災の過程も皆でともに助け合って乗り越えている。ミーティングはミーティングの場だけで閉じているものではない。その外側の関係もあってこそ、重要な意味を持つのだろう。

ただ、一般論としては、煮詰まってしまった親子関係は、「引き離す」ところから始めようとする発想が多いと思う。私がそのことをどう思うかと質問したところ、大林さんは、「親子を引き離せってすぐいうけどね、引き離しちゃいけないんだと思うんだよ」という。この発言の背景には、「引き離せ」とアドバイスしてきた人たちが、実際には口であれこれいうだけで、自分は勤務時間の終わる夕方五時には帰ってしまうなど、あまりきちんとかかわってこなかったということもあるようだ。だがそれだけではない、自分自身の経験に根差した思いがあるのだと思う。

おそらく、大林さんが試みているのは、親子という関係をただ切るのではなく、そのままにしたままで、だがそのまま放置するのではなく、第三者がかかわることで、関係のただなかにおいて少しずつ変えていくような、そうした試みなのではないか。

精神障害だけに限られることではないが、社会から排除されがちな状況や状態に陥った家族メンバーがいたとき、多くの家族がさまざまなトラブルを経験する。もっともしんどいのはもちろん当の本人であり、その人こそがいわゆる「当事者」なのだが、家族もまた別の意味で「当事者」にならざるを得ない。少なくともいまの日本社会で、家族が当事者から本当の意味で切り離されて別の生活と人生を当たり前のように送ることは、かなり困難である。その前提を考えたとき、「引き離す」べきだという主張は、何をしていることになるか。本当に「引き離した」後、どちらも支援し続けているのならまだしも、多くの場合は、結局、家族は大きな決定やいざというとき用に引き止められている。そんなやり方で、本人と家族がともに生き直す機会が与えられているといえるのだろうか。本人も家族も、一緒に暮らしてきた中で抱えてきた思いを、ただそれぞれに処理することだけを求められ、ともに考える機会が奪われてしまっているのかもしれない。

こう書くと、家族が必ず一緒にいなくてはならない、障害者の親はずっとその子から離れてはいけない、という主張にも見えるかもしれない。大林さんの語り口は、ちょっとそう聞こえるところがないわけではない。「親が本気になって子どもに寄り添わなければ、回復なんてないんですよ」と何度も言うからだ。人は自分の経験からしか語れない。親として生き直した大林さんには、「これは大切なことだよ」というのが一番の実感なのだろう。

私には、大林さんの表現をそのままトレースすることはできないし、すべきではないと思う。多くの親たちを追い詰めているのは社会の側だ。だったら、社会の側が親に生き直せというのはおかしい。まず、追い込むのをやめるべきだと私は思う。そのために、切り離せる環境を目指すことは必要だろう。それに、「引き離す以外にはこれ以上どうにもならない」と思う関係を目の当たりにしたことは、何度かある。だから、私がここで述べているのは、家族が必ず一緒にいなくてはならないということではない（そして大林さんもよく聴けばそうはいっていない）。

そうではなく、親と子がそのまま関係を続ける中で、ともに生き直し、関係を編みなおす方法を探すこともまた、ひとつの道なのではないかといいたいのである。大林さんは、親子のそれぞれが、自分でやりたいことや生き方を見つけられることが「自立」だという。ただ切り離して「孤立」させるのではなく、関係のただなかで自分の道を見つけていくような、そんなやり方を模索しているのではないか。

ただなかでの支援

私が出会う学生には、親との関係で悩む人も少なからずいた。これまでそうした学生たちに、『親にとって、子どもが幸せになることに勝る喜びはないはずだ』と宣言する権利が子どもにはある」

「親を切り捨てたいなら切り捨ててもいいんだ」と繰り返し言ってきた。学生たちがあまりにも重く家庭内責任を担ってしまっており、あえてそういう言い方をせざるを得ないと思えたときが、何度もあった。親と離れることで自分自身の人生を生き始めることができたように見える人もいる（たとえそれが「病気」が出るという形であったにしても）。

いまも、同じ状況に置かれたら、同じことを言うかもしれないとは思っている。それでも、そうした言葉を口にしながら、いつも心のどこかで引っかかっていた。

なぜなら、他方で、それでも親とかかわり続ける人も確かにいたからである。私からすれば「虐待」に思えることを繰り返してきた親に介護が必要になったとき、二人で暮らすことを決意し実行した人もいる。以前は「親を捨てたい」と言っていたのに、いまは親のサポートをしながら、「むしろ親をカワイイと思う」という人もいる。外からみれば「イバラの道」に見えるのだが、それでもその人にとってはそれこそが自分の進む道だったのかもしれない。親と距離を置けといっても、親と生きてきた時間そのものをなかったことにできるわけではない。そこで、むしろ親と対話したいという願いや思いが生まれてきても、不思議ではない。このときどう思っていたの、なぜこういうことをするの。本当は、聴きたいことがたくさんあるのかもしれない。

もし、聴けるのなら。あるいは、対話を支え実現してくれるようなサポートがあるのなら。私が先に挙げたような言葉をかけていたのは、私がその対話を支えるだけのサポートができないことの裏返しではなかったか。

シャロームいしのまきの話を聴いていて、そんなことを思った。もちろん、シャロームいしのまきでいう「親子」と、私が学生たちから話を聴いているときに出てくる「親子」は、いわば関係が逆になるのだが、「親子」をただ「切り離す」だけでは解決しないと感じる人は、実はそれなりの数、いるのかもしれない。

修復的正義 restorative justice という言葉がある。これは一九七〇年代から徐々に始まった動きで、従来の応報的な刑罰や裁判制度が被害者をしばしば排除してきた状況に対して、被害者と加害者など紛争当事者の対話を重視して紛争解決を考えようとするアプローチを指す。そのひとつに、主に加害者と加害者家族の問題や家族内問題について、第三者を交えて対話の機会を持つという、FGC(family group conference)がある。これは、単に司法や犯罪に関することだけでなく、従来なされてきたソーシャルワーカーなどによる強制分離的な介入とは異なるアプローチとして、近年児童福祉などでも注目されているという(Zehr 2002=2008; Beck, Kropf & Leonard ed., 2010=2012)。

私には、大林さんがなそうとしていることは、FGCに近いように思えた。家族関係を「引き離し」、個々の成員をそれぞれにケアしようとするのではなく、関係のただなかで対話の機会をつくることによって支援していこうとする姿勢に見える。実は、いま司法や福祉で新たに注目されているアプローチにとても近いのかもしれない。

ただ、FGCは、第三者(往々にしてソーシャルワーカーなど)を交えての対話であるのに対して、大林さんは複数の親子での対話を試みる。これはおそらく大きな違いなのだろうと思うのだが、まだその中身まではよくわからない。ただ少なくとも、大林さんたちはソーシャルワーカーらを呼ぶよりは、複数の親子がともに話すことから始めたのだから、そこにはさまざまな意味があったのではないかと思う。

関係のただなかで、対話を続ける。これは、大変なことだ。切り離してそれぞれの問題に取り組んだ方が、支援する側はいっそ楽なのではないかとすら思う。苦労も多いだろうし、トラブルも多いだろう。もともと苦労とトラブルが多いからこそ問題になっているのに、その根を断つのではなく、その根を見つめながら対話しようというのだから。

それでもそうし続けるのが、大林さんの姿勢であり、シャロームいしのまきの実践なのではないかと思う。言い換えれば、たくさんの苦労とトラブルを、それとして生き続けようとしている。それでも何ひとつ諦めず、対話し続けようとしているのだ。それも、地域のただなかで。

「引き離す」言説がそれなりに力を持ち、親子の関係にすべてを閉じ込めるべきではないという考え方がそれなりに人口に膾炙したいまだからこそ、シャロームいしのまきのような取り組みには、注目すべきものがある。「引き離す」だけではダメなときがあるのは確かだと思うし、そのときに何をどうすればいいのか、そのヒントがシャロームいしのまきの実践に隠されているのではないだろうか。

最後に、難しいこととは別に、ぜひ商品をどうぞ。ここで買える鯖缶は、一般的な鯖缶のイメージを刷新してくれるし、カレイの煮つけはちょっとないおいしさである。幻聴さんクッキーは大振りな見かけにそぐわず味は複雑でなかなかいい。

そしてやはり、海藻類である。目を離したすきに、我が家にいる二歳児が大きな海苔をもりもりと何枚も食べてしまった(その日のうんちは真っ黒)。二歳児もまっしぐらの美味しさだったようである。スーパーの商品とはちょっと水準が違うので、ぜひ試してみてほしい。

■文献

Beck, Elizabeth, Nancy P. Kropf & Pamera Blume Leonard eds., 2010, *Social Work and Restorative Justice: Skills for Dialogue, Peacemaking, and Reconciliation*, Oxford University Press, Inc.（＝2012 林浩康監訳『ソーシャルワークと修復的正義――癒やしと回復をもたらす対話、調停、和解のための理論と実践』明石書店）.

Zehr, Howard, 2002, *The Little Book of Restorative Justice*, Good Books.（＝2008 森田ゆり訳『責任と癒し――修復的正義の実践ガイド』築地書館

活動拠点「べてるの風」の前で

シャロームいしのまき

〒986-2103　宮城県石巻市流留字二番囲 61-21

携帯：080-2800-4090　電話：0225-24-9147

FAX：0225-22-4802

E-mail：shalom5963@yahoo.co.jp

http://shalomishinomaki.bitter.jp/index.html

書評①

認知症当事者本が拓くもの
——二〇一七年の著作群を中心に

井口高志

1　はじめに

　認知症当事者本というまとめ方も乱暴であるが、二〇一七年は、いわゆる「認知症」関連の診断名を持ち、自分は認知症であると名乗って活動をしている国内外の人たちによる著作や、そうした本人たちによる声を集めたもの、活動の取材記録などの出版（日本語への翻訳本含む）が相次いだ。ひとまず二〇一七年に出版されたものを、ざっと挙げると以下のとおりである。本人を著者名としたものとして、『丹野智文 笑顔で生きる——認知症とともに』（丹野智文）、『認知症になってもだいじょうぶ！——そんな社会を創っていこうよ』（藤田和子）、『認知症の私は「記憶より記録」』（大城勝史）、『認知症を乗り越えて生きる』（ケイト・スワァッファー、原著二〇一六年）、『認知症とともに生きる私——「絶望」を「希望」に変えた二〇年』（クリスティーン・ブライデン）、『私の記憶が確かなうちに』（クリスティーン・ブライデン）がある。また、当事者の語りや言葉が集められているものとして『認知症になっても人生は終わらない 認知症の私が、認知症のあなたに贈ることば』（認知症の私たち（著）・NHK取材班（協力））があり、一連の当事者の活動を取材したものとして『ルポ 希望の人びと ここまできた認知症の当事者発信』（生井久美子）がある。[1]

　このように二〇一七年に出版が集中した商業的な理由の一つには、二〇一七年四月に国際アルツハイマー病協会の国際会議（ADI国際会議）が京都で開催されたことがあるだろう。この会議には約七〇の国と地域から約四〇〇〇名が参加し、その内、認知症と診断された当事者が約二〇〇名参加した。[2]

　しかし、このイベントの日本での開

催に至る、より大きな背景に認知症をめぐる二〇〇〇年代中頃から十数年の大きな変化の流れがある。実は、ADI国際会議は二〇〇四年にも同じく京都で開催されたが、その年も認知症をめぐる大きな転換点であった。そもそも痴呆から認知症へと用語が変化したのが二〇〇四年であり、その前から、認知症ケアの新しい考え方を紹介する本の出版ブームとともに、いわゆる認知症の本人を主題とした本が出版されるようになっていったのである。

二〇〇二年に初来日し、二〇〇四年の会議でも注目されたクリスティーン・ブライデン(ボーデン)の講演(その様子はNHKでもドキュメンタリーや生活情報番組として放映された)や翻訳本『私は誰になっていくの』を皮切りに、日本人の当事者も講演などで自らの名前を名乗りながら「思い」を語るようになり、そうした人たちの名前がタイトルや著者となった本も多く出版された。そして、その後、認知症の本人会議など、本人たちが語ったり集まったりする取り組みの中から、何人かの人たちが著作を出版していくようになる。特に二〇一〇年代に入ってから出版が続き、昨年の多くの当事者本の出版に至っている。

このように認知症の本人と関連した著作には一〇年以上の堆積があり、その過程で蓄えられていたエネルギーが二〇一七年に一気に噴き出した感がある。では、この二〇一七年に出版された著作群の形式・内容の特徴や、その本への当事者のかかわり方、主張には、認知症の本人の登場の歴史という文脈の流れで見たとき、どういった特徴があるのだろうか。以下では、二〇一七年以前の認知症の本人と関連した本も含めて、何冊かの当事者本を紹介しながらそのことを考えていきたい。なお、本稿の主な目的は、これらの著作へ読者を導入することにあるため、実際に本を読んでもらうのが一番である。そのため、個々の魅力的な著作の内容についての言及は最小限にとどめ、これら当事者本の置かれている時代的背景の簡単な説明や、これらの複数の本の存在が持つ含意についての私の解釈を中心に書いていくこととする。

2　本人の「思い」からの出発

認知症の本人の登場する本と、そのブームと言ったとき、最初期のころの著作の内容は本人の「思い」への注目から始まっている。今から考えると信じられないことだが——と言いきりたいが、現在多くの人の常識が本当に変わっているのかどうかはわからない——かつては「呆けるとわからなくなる」ことが当然のことと思われていた。そのため、認知症(痴ほう、呆け)の本人に「思い」があること自体が、「発見」「センセーショナルな出来事」であり、「思い」に注目することこそが社会に対して示すべきことだったのである。日本社会において認知症の問題に取り組んできた団体として認知症の人と家族の会（呆け老人をかかえる家族の会）があるが、この会が主体となり、二〇〇四年に『痴呆の人の思い、家族の思い』が出版された。この本はＡＤＩ国際会議に向けて、介護する家族に本人の「思い」を感じられた経験を聴く調査を行い、本人の「思い」の存在を示そうとしている。その後、家族の会は認知症の本人に「思い」を聴く試みを始めていき、その中で、ある本人が語る際の葛藤などについて取り上げた二〇〇五年の『若年期認知症　本人の思いとは何か――松本照道・恭子夫妻の場合』などが生まれている。

　そうした試みがなされるのと同じころに、先述したクリスティーン・ブライデンの講演やドキュメンタリー番組制作・放映、著作の日本語訳の出版などがなされ、その流れに後押しされて、越智俊二や太田正博といった、若年期（六五歳未満）に認知症（と関連する疾患）だと診断された日本人の認知症の本人が講演やテレビ番組などに登場するようになっていった。二〇〇六年の『私、バリバリの認知症です』は、その太田を中心とした本であり、太田が精神科医、作業療法士のチームで行ってきた講演記録などを中心にできあがっている。また、二〇〇九年と出版時期は少し後になるが、二〇〇四年の国際会議で日本人として初めて名前を出して講演をしたとされる越智俊二について、妻の須美子の観点から書き、俊二を共著者とした『あなたが認知症になったから。あなたが認知症にならなかったら。』もある。

　この時期に登場してきた著作群は、その一つ一つの内容自体とは別に、先述したように認知症の本人の「思い」の存在を強調するものとしてまずは受け容れられていったと言える。その「思い」は本人の記憶に基づくものであり、周囲の人たちの持つ本人の記憶でもある。たとえば、この時期のその他の著作として一関開治の『記憶が消えていく――アルツハイマー病患者が自ら語る』があるが、記憶が失われていくことや、その中で示される妻への思いが強調されている。さらに、本の主題は、本人自身の「思い」だが、多くの本の形式は、本人ではない人が書いたものや、本人と支援者との講演のやり取りを形

にしたものであり、本人自身の一人称ではなく、一人称であっても周囲の証言を中心に発言や行動の文脈を示している点が特徴的である。たとえば、先述した太田正博においては、講演内容や書いた文字などの資料から太田が語る形で構成された『マイウェイ』という本が二〇〇七年に出版されている。一関の著作も「残念ながら文章を自分で書くことはできない」とはじめに記された上で、本人の言葉を太字で強調しながら関係者の証言で構成されている。

　それらの著作群の中で、先述したクリスティーン・ブライデンの著作は、本人自身による記述と意見の発信というスタイルであり、いわゆる本人が著者である当事者本の形を備えている。その後、クリスティーンは世界中で講演を続け、その講演の記録は二〇一七年に出版されている。

　だが二〇〇三年に出版された最初の本の日本語への翻訳『私は誰になっていくの？』の全体の構成を見てみると、その本の意味づけられ方は、現在の当事者本とは若干異なっているように思われる。翻訳版では、本の最後に精神科医などによって、クリスティーンの存在や経験が含意することについての解説が付される形の編集がなされている。著作では、本人の経験の記述が中心ではあるのだが、その記述に対して他者によって意味づけが与えられているのである。もちろん、これは認知症の当事者を医療などの対象・症例として客体的に扱っているわけではなく、本人の「思い」に注目して以前から先進的な実践をしていた人たち[3]による解説である。だが、歴史的な文脈の中に置いた場合、この時期の本人による語りや、本人の活動の記録は、それ以前から、先駆的な医師やケアの専門職の実践の中で感じられてきた「思い」の存在や、それらを引き出すケアの必要性などに裏付けを与えてくれるものとして注目され、イベントなどで積極的に引き出され、そして、それが出版に至る形で発信されていったと言えるだろう。

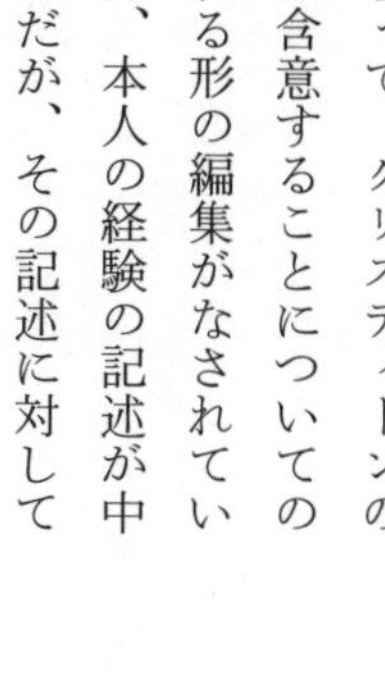

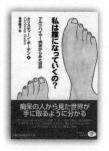

3　当事者本の登場とその主張

　本人の「思い」の発見以降、本人たちが語ることや集まることをサポートするような試みが支援者たちによって積極的に展開されていく。そうした動きを背景として、ウェブなどを介して認知症の当事者たちが自分たちの気持ちや生活について発信するようになり、本人同士の交流を持つようになっていった。また、同時に、特に若年性認知症支援において、当事者たちのやりたいことを重視するような支援の試みが展開していく。それはデイサービスなどの介護サービスの中からだけでなく、よりボランタリーに作られた場所や個人的な関係性に基づいた活動としても生まれてきている。

二〇一七年にかけての認知症当事者による著作群はこうした流れの中で現れてきた。著作の書き手としてのクレジットは本人であり、そのほとんどが、三〇代から五〇代にかけて診断された若年性認知症の当事者たちである。実際には、二〇一七年より前の、二〇一一年から二〇一五年ころにかけて、何人かの（若年性の）認知症の当事者たちが本を出し、また、当事者の短い語りを集めるような本が企画出版されている。前者には、『ぼくが前を向いて歩く理由――事件、ピック病を超えて、いまを生きる』（中村成信）、『認知症になった私が伝えたいこと』（佐藤雅彦）、『私の脳で起こったこと――レビー小体型認知症からの復活』（樋口直美）があり、後者のタイプのものとして『認知症の人たちの小さくて大きなひと言――私の声が見えますか？』（永田久美子監修）がある。また、語る当事者の、そのころまでの唯一のモデルとも言えるクリスティーンをとりあげた『扉を開く人 クリスティーン・ブライデン』（NPO法人認知症当事者の会（編集）、永田久美子（監修））も二〇一二年に出版されている。

日本社会における、認知症の本人を書き手とした当事者本の嚆矢とも言えるべきものが、二〇一四年の佐藤雅彦による著作である。佐藤は単身で生活をする中で認知症と診断された（現在は、ケア付きの高齢者住宅で生活しながら講演活動などをしている）。佐藤の本では、それまでの生い立ちから発症・診断に至る経緯に始まり、認知症と暮らす上での日々の工夫、当事者としての政策提言や、家族、専門職などの認知症に関わる人たちに対する認知症の本人からのメッセージなどが書き綴られている。佐藤の本においても、パートナーとしてこの本を共に作った専門職（永田久美子）の解説が付されているが、そこに記されているように、佐藤が一〇年以上にわたって書き溜めてきたメモや講演の原稿、語ったことなどをまとめる作業を共にする存在としての関わりであり、あくまでも佐藤の言いたいことによって主導されてきあがった本だと言えるだろう。

佐藤はいわゆるアルツハイマー病（AD）と診断された「認知症」の当事者であるが、レビー小体病やピック病などADとは異なる原因疾患の診断を受けた当事者の本も出されている。中村による著作は、本人や妻が当時を回想したり、思いを吐露した内容の「語りの文」と、本人たちを含めた関係者へのインタビューをもとにした記述で構成されている。ピック病の症状として現れた「万引き」を理由に勤め先を解雇された経験を中心に、ピック病を原因疾患とした認知症に直面し、そこから現在の「再生」に至るまでが記されている。樋口による著作は本人がブログに記していた日記をまとめる形を中心に、診断される以前からの不調、レビー小体病の診断、その後の生活などについて書かれている。これらの著作は、一般的に認知症と言っても、その症状と言われるものや経験に、原因疾患による違いがあることを示したものとなっている。もちろん、認知症というのはあくまでも症状群であって、原因疾患別にその症状の特徴が違うことは、医学的、教科書的には自明なことである。しかし、実際に生きる当事者は、もの忘れを中心に認知症への関心が高まっていく社会の中で、自らの経験が一般的に言われる認知症と乖離していることから苦悩を経験したり、あるいは、周囲の人たちから認知症であることへの十分な理解を得られなかったりするような経験をしていくことになる。

こうした二〇一〇年代になって生まれてきた当事者による著作は、それまでの介護やケアをテーマとした著作などにおける典型的な認知症像と異なる認知症の姿を示そうとしている。その典型的な像とは、原因疾患としてのADを基に「重度」で介護を必要とする状態になった認知症の姿であり、時にその姿を前提に介護負担や徘徊による事故などの社会問題の文脈で危機として語られるようなものである。それに対して、これらの著作は認知症の初期における——時に無理解な医療や社会によってもたらされる——経験や、実際に認知症と診断された後の生活の具体的な工夫や、得てきたサポートなどについて書かれている。何もかもができなくなるのではなく、色々なことができることを示そうとするものとなっているのである。

また、これらの本では、本来であれば、こうした初期の段階にできるはずのことが、十分な理解やサポートがないために難しくなっていることも示されている。これらの本の著者たちは、講演などで自らの経験を発信し、また、認知症の本人同士で集まる研究や会議などの活動の参加者でもある。また、中村と佐藤、および二〇一七年に本を出した丹野、藤田は、スコットランドの取り組みをモデルとした当事者による団体の日本認知症ワーキンググループのメンバーであり、政府や社会に対して現在の認知症の人が置かれた状況に対する問題提起と必要な政策の提言を行っている。ワーキンググループの主張の中核は、早期診断後に十分なサポートがないために、結局のところ「早期診断早期絶望」になってしまうことと、介護保険などのサービスに至る前の「空白の期間」を解消することの必要性の指摘である。そのような主張を発信する文脈の中にこれらの著作は位置づいている。すなわち、認知症の人の「思い」の存在への注目を訴えるだけではなくて、その人たちの望む生き方を実現していくような工夫や技術を自らの経験の中から示し、医療・支援・制度などに対して、具体的な提案をしていると解することができるのである。

4 二〇一七年の著作群から受け取れること

二〇一七年に生まれた多くの本は二〇一〇年代の当事者たちによる発信の流れの先にあるものだと言える。そのため、その中で示されている内容を認知症の人の置かれた状況からの主張として纏めるならば、二〇一〇年代に生まれてきた当事者による著作や発信と同趣旨のものだと言える。それまでなされてきた主張が、より多くの人から発せられるようになっていったということであり、年代も性別も地域も多様な人がそのことを、自らの人生や生きる地域の文脈の中で書いている。たとえば、日本の当事者では、丹野は仙台、藤田は鳥取、大城は沖縄で生活をしており、それぞれの地に「パートナー」（丹野の表現）や会などの基盤を持っている。

このように多くの人が色々なポジションから声を上げることは重要であり、認知症の人の権利が認められていくようになるために、何度も声は発せられていく必要がある。だからこそ、本稿の読者やその他多くの人に、それらを読んでください、と言うだけで、本稿の役割は本来終わる。だが、最後に少しだけ、これらの著作を複数読むことで私が面白いと思った点をいくつか挙げておこう。

(1)「できること」の実証と意味転換

二〇一七年の著作群を読んでの印象は、それ以前から当事者がかかわる本の中で言われていた主張が洗練されて示されていることと、それぞれの著者の実際の経験や活動によって具体的に裏付けられているということであった。たとえば、周囲の適切な理解やサポートによって認知症の人にはできることが多くなることは、それまでくり返し主張されてきたことである。そうした理論や良心的実践における常識のようなものは、スワッファーの本では、「断絶処方（Prescribed Disengagement）」といったインパクトのある概念で説明がなされている。認知症の診断後に、それまでの生活や生き方と断絶させるようなアドバイスが医師などからなされることで認知症の人の生き方の幅が狭まってしまい、それまでできていたこともできなくなるという問題をクリアに概念を用いて示しているのである。障害者運動の活動家でもある彼女の著作からは、このように、認知症の人が権利を得ていくための運動にとって基盤となる洗練された言葉や説明を見つけることができる。また、10年以上前から語る認知症の人の象徴であり現在でも講演を行っているクリスティーン・ブライデンによる講演録と自叙伝は、彼女の主張やこれまでの歩みを振り返り通覧するのに有益である。

他方で、日本人の認知症と診断された人たちによる本は、完成されたメッセージが示されているというよりも、それぞれの人の人生の歩みをたどるような構成で書かれている。以前からのその人の姿を示すとともに現在の生活の様子が書かれているのである。たとえば、認知症と診断された後も、同じ会社で部署を変え仕事のやり方を工夫することで仕事を続けている丹野智文の本には、認知症になる前、なった後の具体的な経験や生活上の工夫のプロセスが示されている。丹野の生活の中心である仕事に関する章では丹野自身が具体的にどのように工夫して仕事を行っているかが書かれていて、とても参考になるのだが、より印象に残ったのは、「忘れたから教えて」とか「今日は調子が悪いからこっちの仕事をするね」と笑って言える丹野の職場の環境に関する記述である。このような具体的なエピソードを通じて、もの忘れそのものが仕事をできなくさせているのではなくて、もの忘れをすることで生じる困りごとを他に言い出せない、頼れないことで仕事ができなくなるといった認知症と呼ばれる状態の社会性が腑に落ちる形で伝わってくる。

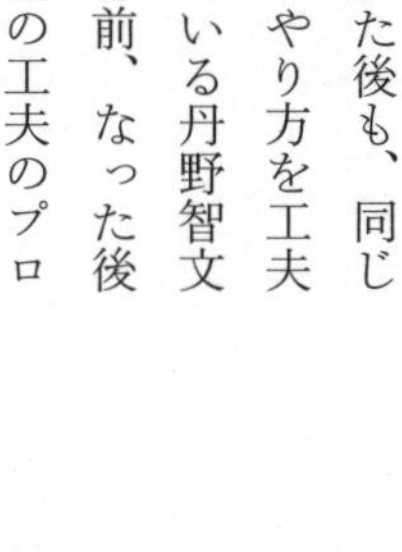

以上のような日本人の当事者たちによる著作を読む中で、個人的に最も面白いと思ったのは、本人のニーズや周囲へのメッセージが明示的に著者によって発せられている部分ではなかった。そうした明確な主張も大事だが、それよりも、日本社会という文脈で、認知症と診断された当人たちが、いか

にしてそういった主張を発する主体（アイコン）となっていくか、あるいは、そうした主張を発する存在になっていくことを可能にしていたものは何かが、本の中から見えてくることが面白いと思ったのである。

以上のことを、やや私の関心に引き付けて拡張して言うと、実はこれらの著作で示されていることは、当事者が本を書くとか、主張を発するとはいかなることなのか？という根本的な問題とも関わっているのではないかと思う。当事者による著作の中には、よく「本当に認知症なのか？」という風に講演を聞いた人などから疑念を抱かれた経験が登場している。その疑念の背景には、語れることや発信すること自体を「認知症らしくない」と見なす認知症の社会的なイメージがある。そうしたイメージに基づくまなざしの延長には、認知症の当事者によって書いた本に対して、それは本当にその人が書いたの？という疑念が存在しているだろう。あるいは、書いたとするならば、それは認知症ではないのではないか、とか、特別な能力を持っている人なのだろうといった評価が裏面に付随している。いずれも認知症の本人が個人として本を書けるのか否かということを問題としている。

しかし、彼らの著作群を読むと、そうした疑念がいかに意味のないものなのかが見えてくる。「自分がすべて書く」とか「書ける」ということは認知症だとされている人にとっては重要なことではない。丹野の本では、周りにできないことを助けてもらうことで、むしろできることが増えるというような発想を、経験に基づき示している。そうした観点でよく考えてみると、どこまでの範囲のことをすれば「書いた」ことになるのか、それはそもそも、曖昧なものなのである。それは、認知症に限らず私たちが何かを書く場合、実は常にそうではなかろうか。私もこの原稿を誰かに見せることでその反応をもらい、その反応を生かす形で書いている。時に自分よりも自分の原稿についてよくわかっている人がいる場合もある。

本を書くという文脈に載せて、先に述べたことを繰り返すと、私がこれらの本の中で注目すべきだと思ったのは、どのようにして本の著者としての自分となることが可能になっているのかという点だ。一つ単純な例はＳＮＳの利用である。たとえば、藤田の本は、フェイスブックで過去に書いたことを引用する形でストーリーが展開している。フェイスブックで過去に書いたことはその時点での意見や感じたことであるが、それを記録として残し時間がたってから、自分とサポーターとで振り返ることで対象化し、本の記述としているのである。こうしたやり方は、自分自身のことを書く一つのやり方として、強い印象を与えてくれる。

さらにSNSの利用というのは、このように本を書くための記憶装置や素材としての直接の利用だけにとどまらない(断片的な手書きのメモを利用して書かれた本はこれまでもあった)。著者たちのほとんどは、日常的にフェイスブックで積極的に投稿、他者のポストへのコメントをしており、本を出す前も出した後もSNSを通じて発信をしている。そうした姿を見て、私たちは著作を出した本人のリアリティを感じ続けることができるのである。さらに、SNSは単なる技術的な進展ではない。その裏には、人と人をつないでいるネットワークがある。藤田や丹野、大城の著作の中からは、彼らが単独で語りを紡ぎ出しているのではなく、自らが生活する地元において関係を作る中から、本を書くような活動に至っていることが見えてくるのである。大城の本は、そうした関係をネット上に広げてクラウドファンディングの形で出版資金を集めることで出版されている。

このように、内容以上に、これらの著作に見ることができる「書く」スタイル自体が、認知症とされた人が、人として生きるあり方を示しているとも言える。一人で内省して机に向かって独力で文章を絞り出していく作家(人間)の姿ではなく、必要な部分でモノや人の助けを得て、それぞれのスタイルで「書く」姿である。また、それを読み楽しむ私たちも著作だけを読むのではなく、SNSなどで示される本人の声や、本人による活動などとの関わりの中で本人の姿を知っていくのである。以上のことは、二〇一七年の当事者本が登場してきたことで、「書くこと」のスタイルを見直すことにつながっており、そこから、違った意味での認知症の人の「できること」を拓いていると解することができる。さらに言えば、「認知症新時代」に私たちが生きていく上での重要なあり方を指し示しているとも言えないだろうか。

(2) 希望を示す例とその先

二〇一七年の著作群は総じて「ポジティブな」認知症の姿や可能性を示そうとしたものである。それは、それまでの認知症の姿が「重度」を前提としたもので、それに基づいたケアなどの話題が中心となってきただけでなく、認知症と診断されると必然的にそうした状態に至ることが想定されていたためである。そのイメージを前提とすると、そう診断された後に希望が持てなくなるという認識の下で、それとは違う認知症の姿を示そうとしていると言える。

早期発見早期診断というスローガンと併走する形で、認知症の人の生きる幅が広がってきたとも言える。

しかし、おそらくこの次に示される姿、あるいは示されるべき姿は、より複雑な姿となるだろう。それは、一見以前に回帰するように見えるかもしれないが、いつかやってくるかもしれない病気の進行やできなくなることを含んだ姿である。認知症の人が人として生きていくというとき、当然、そこには希望もあれば何かに思い悩むことも含まれるだろう。乱暴な表現をすれば、皆と同じように悩む権利が認知症の人の人権ということで求められていることであろう。「何もできない人と見なして支援のみを考えること」も、「何も支援を提供しないこと」も、そうした普通の人の味わっていることから引き離してしまうゆえに問題なのである。「認知症患者」ではなくて、「認知症と生きる人」である、という主張はそういった意味で理解する必要があるだろう。

丹野智文の本の第七章には二〇一六年の丹野のスコットランドへの旅の様子が書かれている。丹野はそこで、車の運転が好きな当事者と会った際に、自分がかつて運転をあきらめなくてはならなくなった際の気持ちについて書いている。この旅の様子は、NHKのドキュメンタリー番組ともなっているが、その番組では、明るく旅をする丹野が、記憶障害が段々と進んできて、そのことについて自分でも気づきて、涙を流したり、その後の人生について思い悩むシーンが示されている。また、二〇〇五年前後に積極的にメディアで発信していた太田正博は、一〇年ほどの間に認知症が進行し、以前のように語ることで伝えていくことが難しくなっていった。その事実に直面して、家族や支援者などの周りの者たちは太田とどう向き合い関わりを持っていくべきかを課題とし、そのことを考えることを、認知症と共に生きる社会を作っていく上での試金石として問題提起している。[4]

このように、ポジティブな姿を示した先には、記憶障害や身体的な衰えといった認知症の核となる変化との付き合い方という課題が残されている。しかし、この課題は、当事者の声が登場する以前のケアや認知症問題への対処といったパラダイムとは違ったレベルで考えていくべき課題となっている。たとえば、認知症の人の周囲の人たちは、認知症と生きる人の実存的な悩みを受け取り、ともに考えていくこと、応答していくことが要請されているのである。もちろん、先駆的なディケアなどでは、そうした悩みとの向き合いがケア実践やセラピー的になされていた。しかし、そうした特別な場所での局所的な「取り組み」としてではなく、私たちの日常的な人間関係の中で、進行に向き合うことや進行と向き合っている人たちとの関わりを持つことが通常化していくだろう。「ジブンゴト」として考えるというのはそうした意味合いも含みこんでいる。

そうした社会は、正直に言えば、まだまだ「怖い」ものなのかもしれない。しかし、その中で生きていくためにとっかかりとなるツールがある。その一つが、今回紹介したこの一〇年で生まれた当事者による本や語りである。その本や語りがツールとなるのは、当事者が語っているからゆえではない。当事者の語りの背後にその語りや思いを実現する関係性が存在しているからだ。それこそが、認知症を包摂した新しい社会に向けての根拠（エビデンス）たりうるだろう。

■注

1　二〇一七年九月から一〇月にかけて都内の書店でブックフェアが行われ、これらの本が集められ陳列された（https://note.mu/higuchinaomi/n/nd5ea57ae0dc4.）。

2　朝日新聞二〇一七年四月二九日「認知症国際会議が閉会　四千人参加、当事者約二〇〇人も」（https://www.asahi.com/articles/ASK4Y5TPXK4YPTFC00D.html）。

3　鳥取県の小山のおうちで痴ほうの辛さに向き合う独自の実践をしてきた石橋典子や痴ほうを生きることに早くから注目してきた小澤勲などが文章をよせている。

4　NHK厚生文化事業団のフォーラム（NHK EテレTVシンポジウム「認知症を正しく知る——本人にも家族にも優しい支援とは」など）において太田の一〇年後の映像が流され、太田の妻を含む参加者で語り合われている。

■文献

【二〇〇四年のADIカンファレンス前後の本】

クリスティーン・ボーデン、檜垣陽子（翻訳）2003『私は誰になっていくの？——アルツハイマー病者からみた世界』クリエイツかもがわ

クリスティーン・ブライデン、馬籠久美子・檜垣陽子（翻訳）2004『私は私になっていく——痴呆とダンスを』クリエイツかもがわ

一関開治 2005『記憶が消えていく——アルツハイマー病患者が自ら語る』二見書房

越智須美子・越智俊二 2009『あなたが認知症になったから。あなたが認知症にならなかったら。』中央法規出版

太田正博・菅崎弘之・上村真紀・藤川幸之助 2006『私、バリバリの認知症です』クリエイツかもがわ

太田正博・太田さんサポーターズ 2007『マイウェイ——認知症と明るく生きる「私の方法」』小学館

社団法人呆け老人をかかえる家族の会編 2004『痴呆の人の思い、家族の思い』中央法規出版

社団法人呆け老人をかかえる家族の会編 2005『若年期認知症　本人の思いとは何か——松本照道・恭子夫妻の場合』クリエイツかもがわ

【二〇一〇年代に出版されたもの】

樋口直美 2015『私の脳で起こったこと——レビー小体型認知症からの復活』ブックマン社

中村成信 2011『ぼくが前を向いて歩く理由——事件、ピック病を超えて、いまを生きる』中央法規出版

NPO法人認知症当事者の会（編集）、永田久美子（監修）2012『扉を開く人 クリスティー

ン・ブライデン』クリエイツかもがわ

佐藤雅彦 2014『認知症になった私が伝えたいこと』大月書店

――― 2016『認知症の私からあなたへ 二〇のメッセージ』大月書店

【二〇一七年に出版されたもの】

クリスティーン・ブライデン、馬籠久美子（翻訳）2017『認知症とともに生きる私――「絶望」を「希望」に変えた二〇年』大月書店

クリスティーン・ブライデン、水野裕（監修）、中川経子（翻訳）2017『私の記憶が確かなうちに』クリエイツかもがわ

藤田和子 2017『認知症になってもだいじょうぶ！――そんな社会を創っていこうよ』徳間書店

大城勝史 2017『認知症の私は「記憶より記録」』沖縄タイムス社

ケイト・スワファー、寺田真理子（翻訳）2017『認知症を乗り越えて生きる』クリエイツかもがわ

丹野智文（文・奥野修司）2017『丹野智文 笑顔で生きる――認知症とともに』文藝春秋

【一連の当事者の活動の取材・当事者の声を集めた企画本】

生井久美子 2017『ルポ 希望の人びと ここまできた認知症の当事者発信』朝日選書

永田久美子（監修）2015『認知症の人たちの小さくて大きなひと言――私の声が見えますか？』harunosora

認知症の私たち（著）・NHK取材班（協力）2017『認知症になっても人生は終わらない 認知症の私が、認知症のあなたに贈ることば』harunosora

書評②

刷新と舗装

森山至貴

『社会的包摂と身体――障害者差別禁止法制後の障害定義と異別処遇を巡って』

榊原賢二郎 著
二〇一六年 生活書院
3400円＋税

最終的な目的は明確だが、その目的を達成するための手段があまりにも壮大である……『社会的包摂と身体』はそんな本だ。果たして上手くいくのだろうかと思いつつ歯ごたえのある議論をじっくり読み進めていくうちに、これは相当に上手くいっているのではないだろうか……と評者は感じるようになった。しかし、筆者である榊原の筆運びは、緻密であるがゆえに難解である(はしがきに代えて「読者への手引き」と題された小文が本書冒頭に配置されていることから、筆者自身もそのことに自覚的であると思われる)。その難解さの少なくとも一部分は、筆者が依拠しているルーマン流の社会システム理論、正確にはこの理論のパーツとなる各種の用語の難解さに帰着させることができるだろう。そこで本稿では、榊原の議論を評者なりに噛み砕き、可能なかぎり社会システム理論の用語を用いずに要約してみたい。上手くいけば、本稿自体が『社会的包摂と身体』の難解さにたじろぐ人のための手頃な地図になるだろう。上手くいかなくても、つまり「手頃」とはいかなくとも「ないよりはあったほうがマシ」な地図は提示できるはずである。そのうえで、評者が感じた疑問を二つ提示してみたい。

本書の要約

本書の目的地は明確だ。すなわち、障害者の異別処遇(=別扱い)は一律に否定されるべきではなく、むしろ積極的に目指される場合があることを示し、それを正当化することである。障害者差別禁止法制が各国で成立して以降、基本的には障害者を健常者と同じように扱う(=同一処遇)ことが目指され、別扱いは「合理的配慮」として限定的かつ例外的に認められてきた。しかし筆者によれば、別扱いはもっと積極的な価値を持つ場合があり、だとすればそのような意義ある別扱いを明確に正当化できる論理を打ち立てなければならない。これが筆者の目的である。

そして、この目的を達成するために筆者が採用した方針は、これまでの障害の定義を書き換え、障害に関する理論を大幅に更新するというものである。リフォームではなく建て替え、とでも言うべき大規模工事が必要なのは、筆者によれば以下の二つの理由による。第一に、既存の障害理論が、損傷・障害・障害者差別の相互参照による定義に基づく不安定なものであり、それゆえに「結局何を解決すべきなのか」に答えられていないからである。相互参照とは、辞書で「右」の項目に「左の反対」、「左」の項目に「右の反対」と書いてあるような事態のことである。よく考えれば、「右」と「左」が互いに反対であるとわかってもどちらがどの方向を指すのかはわからない。既存の障害の定義に存在するこのようなあやふやさは、具体的な問題の解決を妨げかねない、と筆者は考えるわけである。

第二に、障害理論において主流となっている社会モデルが、身体を適切に扱えていないからである。障害を個人の身体の何らかの「欠損」に求める医学モデルに対し、社会モデルは「特定の身体を持つ個人に何らかの行為をできなくさせる社会」を問題視する。その問題視は重要だけれども、「社会が変われば障害者もなんでもできるようになる」と言わんばかりの社会モデルは、明らかに障害に関係しているはずの個々の身体のありようを軽視してしまう。それでは障害に関する理論としては明らかに不適切である。筆者はこの問題点が、社会学(あるいはジェンダーをめぐる議論)において一般的な考え方である構築主義(特定の要素の「本質」と見えるものは、歴史的社会的に形成されたものだと明らかにしていく立場)にもあてはまるという。筆者は、身体を適切に障害理論の内に位置づける、という課題は、社会学者として解かなければならないものなのだ、と表明するのである(以上序章)。

社会学者たる筆者はこれらの課題に第Ⅰ部で答えていくのだが、その解を筆者は社会モデルの読み直しによって探り出す。すなわち、この社会モデルが指摘したのは、「社会が変われば障害も変わる」点だけではなく、「障害とは社会的排除である」という点でもあり、実は重要なのは後者なのである。障害を何よりも社会的排除と捉えると、既存の障害理論の不備を乗り越えられる。「欠損」した身体がまず存在して、そこに否定的な意味付けが加わると障害となる、と考える既存の障害理論は議論が循環していて不適切である。なぜなら、「欠損」の中に否定的な意味付けが先に含まれてしまっているからである。そうではなく、ある領域から人を排除する際に、その人の身体が「理由」となる時、その事態をひっくるめて障害というべきなのである。まず社会的排除ありき、そしてその理由が後から遡って身体に求められると障害、と考えれば矛盾はない。

　このように社会的排除に着目した議論には、単に矛盾がない、という以上の旨味がある。すなわち、既存の障害理論（正確には星加良司の障害理論）に存在する「不利益の集中」という重要な要素を、複数の領域からの排除と読み替えて取り込むことができる。ここは社会システム理論の内実に少し踏み込んでしまうが、排除（とその反対の包摂）という言葉は、（全体）社会が複数の領域に分化して相互を「外側」として成り立っているという前提を含む単語なので、多層性や複数性を議論に組み込むのに都合がよいのである（以上第1章）。

　改めて筆者の障害定義に必要な要素を列挙すると、身体、社会的処遇（同一処遇か、異別処遇か）、社会的排除、の三点となる。ある社会的排除が、どのような身体をどのように扱うのか、という内実を含んで捉えられる、そのような事態こそ、障害と呼ばれるべきものなのである。

　この定義には不十分な点がある。すなわち、「どのような身体をどのように扱うのか」という内実を含んで捉えられる社会的排除というだけでは、性に関する社会的排除や人種に関する社会的排除と障害を区別することができない。そこで筆者は、障害に関する場合に重要なのは断片的身体情報だと説明を加える。性や人種に比して、障害の場合、遡って身体に求められる特徴は部分的なものだからそれらとは区別できる、と考えるのである。したがって先ほどの定義をさらに更新すると、ある社会的排除が、どのような部分的身体情報との関連で当該人物をどのように扱うのか、という内実を含みつつ捉えられる、そのような事態こそ、障害と呼ばれるべきものなのである。

　このような障害定義からは次のような可能性が切り開かれる。すなわち、同一処遇か異別処遇かと、社会的排除か社会的包摂かは別の要素なので、今まであまり考慮されなかった「同一処遇という社会的排除」や「異別処遇という社会的包摂」を考慮することができるようになるのである。よって、障害定義の刷新によって異別処遇正当化の可能性を模索する、という筆者の目論見は、早くも目的地に辿りつくこととなる（以上第2章）。

以下、切り開かれた道を丁寧に舗装する作業がおこなわれる。まず、そうは言っても異別処遇は障害者の価値を低く見積もっているのではないか、その意味で許容できないのではないか、という疑問に筆者は否と答える。ここで筆者は、従来異別処遇の理論的根拠となってきた潜在能力アプローチに批判を加え、自らの議論をそこから区別する。潜在能力アプローチは、「みなに同じものを与えることが福祉」という基本財アプローチを批判し、「みなが同じようにできるように＝同等の潜在能力を保持できるように、例えば障害者には保障を手厚くする必要がある」と考える。ところが、確かに異別処遇を正当化するように見えるこのアプローチは、「与えてもできるようにならない人」に対処ができないゆえに、そのような人が生まれることを予防するという形で、特定の身体のありかたを「あってはならない不幸なもの」としてしまう。これに対して、社会的排除を基礎とする障害理論は、社会が特定の身体をどう処遇するか、という観点からはみ出さないがゆえに、あくまで社会の処遇の是非という形で問題を組み立てられる、つまり個々の身体の「良し悪し」のせいにせずに済むのである（以上第3章）。

第Ⅱ部において筆者は、障害者の生の経済的側面に着目して包摂的異別処遇の可能性を具体的に検討する。まず筆者は、障害者の雇用や労働に関して、異別処遇が包摂的でありうることを述べる（第4章）。しかし、障害者の生の経済的側面は、雇用や労働に還元されない。そこで、続いては労働と所得補償の関係に着目しつつ包摂的な異別処遇の可能性を探ることになる。明らかになるのは、障害の程度に応じた所得補償の勾配によって障害者が序列化されることを批判し、所得補償でなく労働による包摂を、と主張してしまうと、かえって働ける（正確には有資格の）障害者と働けない障害者が分断されてしまうということであった。したがって重要なのは、障害者はまとめて異別処遇という（障害者内同一処遇？）方針ではなく、異別処遇の「異別」のきめ細やかさを分断を避けつつ可能にする実践である、と筆者はまとめている（第5章）。

第Ⅲ部では、そもそも社会的に包摂されている、ということをどうやって評価するのかを、障害者に対する教育を題材に検討していく。筆者はここで、包摂を選択肢（筆者自身の言葉で言えば「可能性集合」）との関連で考えることを提案する。すなわち、選択肢のリストに「良い」選択肢が加わるか、あるいは、選択肢のリストが多くの要素を含んでいるか、どちらかが言えれば「より包摂されている」と言えるだろう、と考えるのである。具体的には、障害者も健常者と同じように教育を受けることこそ理想とせずともよく、支援員などを配置し異なる仕方で教育を受ける選択肢＝異別処遇も排除する必要はないこと（第6章）、さらには学級内での異別処遇（ここまでがいわゆる統合教育の範疇に含まれる）にとどまらない、別施設などでの分離教育もともに選択肢にあってもよいこと、が主張される（第7章）。統合教育と分離教育、同一処遇と異別処遇が同一平面上での選択肢として提示されること自体、筆者が処遇のあり方とは独立した要素として社会的包摂／排除を捉えていることの必然的帰結だと捉えることもできるだろう。最後に筆者は本書全体の議論を要約し、障害に関する経験的研究や、障害以外の社会的排除への接続可能性にも触れつつ、論を閉じる（第8章）。

二つの疑問

以上が本書の要約である。目が粗いことこの上ないが、ここまでで一応の「地図」にはなったのではないかと思う。この要約からも分かる通り、そして冒頭にも述べたように、高密度の理論構築をまず一気におこなったあと、実際の事象に目配せしつつその論を自ら補強していくというスタイルの本書は、緻密であるゆえに難解である。しかし、丁寧に読んでいけばその意味と旨味は明晰に理解できる。評者としては、とりわけ第Ⅰ部の障害定義の刷新は説得的であり、この理論に基づく経験的研究が早く読みたい、と思わせるものであった。

しかし、本書には評者として疑問に思う点が二つほど存在する。

一点目は、「差別」という語の扱いに関してである。筆者は「差別」という語を、「別扱いは悪いことである」という考え方を示すものとみなした上で批判の対象としている。確かに、「差別」という語がそのような考え方を示すものであれば、包摂的異別処遇の可能性を探る本書において「差別」が批判の対象となるのは当然である。しかし、筆者自身もおそらく気づいているように、これは「差別」という語の持つニュアンスの一つの側面を強調し、ある意味筆者が独自に「定義」してしまった用法に過ぎない。だからこそ、筆者は差別でなく社会的排除を出発点とする自らの立場に対して「差別の定義を精緻化すれば、上首尾な説明は可能かもしれない」(p.167)との留保をつけるのである。しかし、それでも筆者は差別ではなく社会的排除、という語彙選択に拘泥する。その旨味が、私にあまり理解できないのである。

繰り返すが、筆者の議論に矛盾があるのではない。筆者の考える意味において「差別」という語を捉えるのであれば、それは確かに障害を考えるための中心的概念としては棄却されるべきである。また、直接差別と間接差別が「意図や処遇における別扱い」と「効果における別扱い」という別の要素を指すにもかかわらず、ともに「差別」を含むことで対比的に考えられうるように見えてしまうことの問題性も理解できる(p.166)。しかし、それでもなお、「差別」という語のニュアンスを筆者のように限定する感覚を評者はうまく共有できないのである。たとえば、男女雇用機会均等法の内実が「女も男並みに働けるような社会を目指す」ことになってしまっていることを、均等法成立時からフェミニストは問題にしてきた。そこでは、月経も妊娠も出産も起こりうる身体を持つ女性にとって、男性との「同一処遇」は平等でもなんでもなく、むしろ差別にすぎない、といったことがずっと考えられてきたのである。「差別」は確かに「悪い」ことなのだが、その中に「別扱い」というニュアンスが組み込まれているという感覚がどのくらい一般的なのかは、評者にはわからない。

また、まさに「合理的配慮」の必要性が社会に認知され、異別処遇の意義が浸透していけば、「別扱いすなわち差別」といった感覚を人びとが徐々に失っていくことも考えられる。本書は五年後、一〇年後も読まれる価値のあるものだと評者は考えるが、五年後、一〇年後の「場合によっては同一処遇こそ不当」と感じる読者には、筆者の頑なにも思える「差別」忌避は現在の評者以上に不思議に映るのではないか。「差別」という言葉を用いてなされてきた(し、なされていくであろう)他領域の研究との接続可能性を確保するためにも、「差別でなく社会的排除」と強く押し出さなくてもよかったのではないかと評者は考える。

二点目は、「断片的身体情報」概念の妥当性についてである。筆者は、障害とは「断片的身体情報」に関するものであり、性や人種に関する社会的排除は「一体的身体情報」に関するものであると述べる。しかしこの区別の精度については、榊原自身もかなり危ういものを感じているように思える。「障害現象における身体の扱い方は（中略）性差における差異とはやや異なるように思われる」（p.141 傍点引用者）、障害現象における身体情報は「統一体としての身体への言及も否定されない」（p.142）など。たとえば、ジェンダーと身体に関しては、男性身体が完全体であるのに対して、女性の身体がたとえば子宮に還元され、その断片性ゆえに低く価値付けられ差別される、という議論も多く存在する。「断片／統一体」の二項対立は、筆者が分析するよりもう少し複雑か、あるいは分離不可能なものなのではないか。

評者の見立てでは、評者自身にとってはこの二項対立を棄却しても本書の大きな瑕疵にはならないが、筆者にとってはおそらくこの二項対立を棄却することはできない。障害と性の問題が実は同じ問題であった、という結論になったとして、マクルーアの議論（p.45。「強制的異性愛」という用語に倣い「強制的健常性」という語を使用することで、クィア・スタディーズと障害学を接合するものである）にも通じるその結論を評者はスリリングで興味深いと感じる。しかし筆者は、障害を他の社会的排除と異なるものとして定義することを自らの課題としているので、「興味深い」で済ませることはできない。だとすれば、「断片的」という言葉の意味するところをより詳しく説明するか、あるいは全く別の基準で障害を性や人種の問題と切り離すか、いずれかが必要だと思われる。

とはいえ、評者の二点の疑問が本書の根幹に打撃を加えるような批判では全くなく、むしろ枝葉に関する単なる質問であることは明らかである。あまりにも堅牢に組み立てられた本書の根幹から、あるいは細部から、多くの読者が多様な知的・実践的滋養を得られることは間違いない。

書評③

介助をめぐるあれこれを考える

田中恵美子

『〈不自由な自由〉を暮らす
——ある全身性障害者の自立生活』
時岡 新 著
二〇一七年 東京大学出版会
3200円＋税

1 この本の内容と特徴——メールで送っていただいたことも含めて

本書について書評を書くのは二回目である。同じ評者が二回も書評を書くのでは著者には申し訳ないが、一度目の書評では書ききれないと思っていたので、私にとっては二度目のチャンスといえる。

最初の書評が公表されたとき、著者から私の疑問や驚きに対してのコメントが寄せられた。今回はその内容もご紹介しながら、もっと突っ込んだ内容に触れていきたいと思う。またお返事があることを密かに期待しながら。まず本書の内容について説明をしておこう。

本書は副題にあるように全身性障害者の自立生活に関する「聴き取りの記録」(著者のメールより)である。したがって、論文でも研究書でもないという。最初の書評の疑問の一つが本書の位置づけであったが、この点は著者のメールで分かった。しかし、三二六ページと決して短くはない本書で取り上げているのが香取さんただ一人ということ、しかも一九九四年から二〇一四年という二〇年の長期間に及ぶ聴き取りの結果が収録されていることに対する驚きは変わらない。そして本書の始まりが一九九四年であるにもかかわらず、香取さんの素朴な思いと介助者集めの状況から、一九七〇年代の自立生活運動の創成期を思わせる点も同様に驚きである。特に「補論　聴き取りの背景」（p.281-p.324）では、ニュースレターなど当時の記録とそれに対する香取さんのコメントなどが用いられているが、ここには介助労働がボランティアから有償専従化し、さらに組織化していく過程が描かれている。一九九四年といえば東京ではすでに二四時間介助保障の整った地域もちらほらと出てきていたのだが、香取さんは大学の中で大学からの「学習補助費」（p.288）を使って大学生活をやりくりした。彼は大学という介助制度未開拓の地で、在学六年の間に一九七〇年代から一九九〇年代までの介助形態の変化をギュッと濃縮して経験していたのであった。

続いて私が驚き、疑問に思ったのは障害者の遠慮であった。物事を頼むとき、自立生活を体現している人たちは物おじしないというのが定説である。野菜の切り方、トイレの掃除、細かいところまで自分のやり方を通すのが自立生活者なのだという話は伝説のように語り継がれている。実際はそこまで細かいことを言う人ばかりではなく、介助者に任せることも自分の決定の中の選択肢であるということは既に私自身も書いてはいるのだが、障害者の遠慮について、掘り下げて聞いたことはなかった。そしてその遠慮が、障害者が介助者の気持ちを慮っている（「余計な負担」p.14、障害者と他の健常者の間に入って仲介するような「ちゅうぶらりん状態」p.28）ことにつながっているということについても改めて本書で指摘されることで「なるほど」と思えるのだった。

加えて障害者が介助者に自分の思いを言えないのは、遠慮だけでなく、孤独感や悲しみにも由来していることを初めて知った。そう、私は、そこまで深い意味があることに気づいていなかった。介助者が、香取さんが乗っている車いすを「これ挙げてください」というとき、いつも介助に遅刻してくるとき、介助者は悪気なく、しかし香取さんをもののように扱い、香取さんの生活を軽んじているということにつながっているという。言わなければ分からない、そのくらいに自分が軽く見られていることを自覚するとき、香取さんは言いようのない悲しみと孤独感にさいなまれる。だから、言えない、言わない。ああ、なんて障害者の生活って切ないんだろう。そうそれは、著者の例えでいえば「恋愛と一緒」（p.146）。もちろん、介助者を恋愛対象にしているのではないが、介助関係の中にそういう悲しさと切なさがある、ということだ。

私も著者同様、最初の書評で私的な関係に置き換えた比喩を使って本書の特徴を二つほど紹介した。一つは障害者と介助者のこだわりのポイントのずれについて、新婚生活のようと評した。「さしみのしょうゆ」のつけ方（p.155、p.161）とか「紅茶のお湯の温度」（p.156）とか緑茶を「さまし湯で淹れろとか」（p.157）。障害者の方がこだわることもあるが、時には介助者の方のこだわりが強くて、障害者はどうでもいいのだが、介助者がとことんやるまで気が済まないということもある。どうでもいいという人にとってはどうでもいいような、些細な事柄である。でもそこにその人のやり方、ひいてはその人が育った家でのやり方が無意識に出てしまう。そしてその一つ一つが自分の思うようにいかない。いちいち言いながらイライラする。分かって折り合っていくまでには時間がかかる。

さらに、介助者に感情を抑えながら指示を与えている場面については、子育てに似ているとした。思いがけないことをする、何度も同じ間違えをする、『だ・か・ら』（気をつけろと言っているだろう、等々と怒鳴り散らしたくなる）」（p.165）。しかし、感情を抑えてことを伝えなくてはならない。あるいはあらかじめ起こることを想定して用意しておかなかった自分を責めるしかない。子育ては親育てという言葉を思い出しながら、双方が学んでいく過程として理解した。ただ困難さを極めるのはストレスの発散が難しいということである。ストレスの発散自体に介助の手が必要で、それがまた思うようにいかないとさらにストレスが増す。著者は「介助者をもどかしく、はがゆく感じる日日を果てなく暮らす気持ちなど、想像さえできない」（p.167）と言うが、私はそれを想像して障害のある生活の大変さに思いをはせた。さらに結婚や子育ては決まった相手との関係で、そう簡単には交代しない。何度も経験し、時間がたつにつれて分かり合えることが増えるのが通常だ。しかし、障害者と介助者の場合、一日のうちに交代があり、また介助者は仕事を辞めることもできる。「自立生活は、障害当事者が自ら決めた生活を介助者が支え、助けてはじまる。理念的にも現実にもその理解に大過はない。ただ筆者が香取さんに訊くかぎり、自立生活はむしろその細部を障害当事者が耐え、あきらめながら維持、継続されている」（p.167）。再度読み返してみて気づいたのだが、著者も障害者と介助者の関係を「同居して日の浅い男女」（p.172）、あるいは「中学生の子とその親を想像して」（p.176）理解しようとしていた。でもそれで納得せずに問を突き詰めていく。

このころ(二〇〇八年から二〇一一年)になると、障害者と介助者の立ち位置は「対等ではないよう」で、何か事が起こったとき、介助者は何か言い返すこともできず「完全に固まって」(p.173)しまうという。つまり男女のあるいは親子の関係とはまた別の「利用者と介助者の非対称な立地点」が「前提」(p.173)になるという。介助制度に関する直接的な説明はないが、金銭を介した介助関係のせいなのか、あるいは香取さんが一利用者というだけでなく、自立生活センターという組織の管理的立場にいること(つまり介助者にとっての雇用主)での「非対称」なのか、定かではない。しかし、介助者当人の前で怒りを発散するのは「たぶん、うちの利用者では、できないですよね。いま、俺くらいじゃないですか(笑)。みんなヒヤヒヤしているんですよ、俺が介助者に言う(発散する)もんで…(笑)」という香取さんの言葉からすると、相変わらず他の利用者は介助者にはものが言えないのか。

時代の変化の中で、障害者と介助者が一対一で対峙する場面にコーディネーターという存在がたちあらわれてくるようになる。障害者と介助者の間のあれこれのずれを、双方の話を聞いて調整していく役だ。香取さんはこの役を通しての経験を語るようになっていく。その中で「自立」とは何かと問うと、それは自分が食べたいものを決め、ジャムの量を決め、カップラーメンを三分のところ五分ゆでで柔らかくなってしまったら自分の責任としてそれを受け止めていくこととして説明される。「介助者のせいにするんじゃなくて、自分がそれを決定して、自分(の不足)でそうなっちゃったっていうのをきちんと引き受けること」(p.255)であるという。香取さんは「養護学校卒業して自立生活しようっていう人」に自己決定の「練習」をさせる(p.254)教育者であり、同時に介助者も育て、障害者と介助者の調整役も務め、事業所の経営者として介助者が「将来設計できるように」(p.237)家族のことまで考える。そうして香取さんは社会的な存在になっていく。この書は論文でも研究書でもないのだから、結論は書かれていない。最後は、まるで〈つづく〉ような、また何か「はじめてのできごと」が待っているかのように終わる。

2 障害者の自立生活研究における本書の位置づけと戸惑い——研究書ではないが

本書は研究書ではない。それは著者からご説明を受けた。しかし、とはいえ、障害者の自立生活に関わる詳細な記録ではあるので、自立生活を描き出す書籍の中での位置づけについてラフにスケッチしておきたい。ただし、障害当事者が書いたものは、おそらく私が知りえない実に多くの書籍があるだろうからここでは省略させていただく。

障害者の自立生活に関する著書といえば『生の技法』（安積他 1990）がある。[2]この本自体が変化しつつあるのだが、しかし障害者の自立生活に関しての古典であり、バイブルといっても過言ではない。[3]『生の技法』が介助関係、制度、歴史、施設生活との対比と多面的に自立生活を描き出しているのに対して、続いて出版された『こんな夜更けにバナナかよ』（渡辺 2003）は鹿野靖明氏と介助者・介助組織の関係を描いた点で本書に近い。しかし制度の説明や他の障害者や介助者へのインタビューも行われ、北海道における自立生活運動という地域性も表現されている。障害者と介助者の関係を、介助者の側から描いている書籍としては、『「健常」であることを見つめる』（山下 2008）、『介助現場の社会学』（前田 2009）、『介助者たちは、どう生きていくのか』（渡邉 2011）、『福祉と贈与』（深田 2013）などがある。介助者への丹念で多数のインタビューや日々の生活の考察、歴史的な資料を用いた点などそれぞれに貴重な書籍である。[4]

私が書いたものは、介助関係というよりは、年代の異なる九名の障害者へのインタビュー・参与観察を行うことで、自立生活の全体像とその変動、そして管理の多様性を表そうとした。つまり自立生活といっても資源の管理の仕方は複数あり、多様で個別的なものであるということである。一方本書は、介助関係を、香取さんという一人の重度身体障害者の側から丹念に描き、長いスパンでのインタビューを用いることで生活の変動をも描き出している。特に補論を付加することによって、介助組織の変化から制度の変化を描写している。さらに香取さんの、介助者や介助組織との立ち位置の変化を通して、一障害者が資源の管理者役割を確立していく変化も表現されている。

生活変動と管理者役割という共通項を確認しつつ、しかしながら本書は障害観の固定化、いわゆる「強い個人」としての自立生活者像を強化、固定化してしまったのではないだろうか。特に本書の登場は、知的障害者の自立生活に関する書籍（『良い支援?』（寺本他 2008）、『ズレてる支援!』（寺本他 2015））によって自立生活の意味がさらに多義化された後であった。知的障害者の自立生活では身体障害者のそれとは時に真逆の支援があり、両書にはそれが記載されている。例えば「遅刻しない介護者にいい介護者はいない」（末永 2008:194）、あるいは「当事者の意思よりも、周囲の都合によって」「自立生活は成り立つ」(岩橋 2008:87)など、驚き、考え込むような描写がある。

それに対して、本書では障害者の自立生活における自己決定の大変さ、介助者の人となりまで理解したうえでの行動を自分の責任としてとらえ、背負っていくことが強調される。加えて香取さんは介助者を教育し、他の障害者も自立生活者に育て上げていくコーディネーターとしての役割も果たし、組織の経営者として介助者の生活設計にまで思いをはせる。自己決定、自己選択、自己責任…これが自立生活なのだといわれると、かつては「うんうん」と納得できた(とはいえ、今回こそこまでしなくてはならないのかと、その大変さに打ちのめされた)が、今はそう簡単にうなづけない。

3 今後について

身体障害者の自立生活で最もやってはいけないといわれているような介助を、知的障害者の場合はむしろやっていかないといけない場面がある。そのこと自体は本書とは直接的には関係がないといえば確かにそうだろう。しかし、本書が介助関係の中で、あきらめつつもやはり(あきらめる部分も含めて)自分で決めていく、選んでいく、そしてその責任を介助者のせいにしないで自分で背負っていくのだと強調することによって、そしてそうした役割を担うことで重度の身体障害がある香取さんが社会的な存在へと変化していく過程を見ることで、やはりその対象とは別の障害者はどうするのだろうかと思わずにはいられなくなる。本書にそのことを期待するのは多大な欲求であろうが、幸いにも聞き取りは継続するようだ。[5] 続編ではきっと、香取さんがコーディネーターとして知的障害者の自立生活に向かうことになるだろう。その時、自立をどのようにとらえるのか、理念にも沿いながらどのように障害者と介助者に自立生活を教育していくのか。そのことが語られる時を待ちたいと思う。

■注

1 田中恵美子 2009『障害者の「自立生活」と生活の資源』生活書院

2 『生の技法』は初版一九九〇年と第二版一九九五年の出版時は藤原書店、第三版二〇一二年は生活書院。

3 大野更紗氏も『生の技法』第三版の解説を書くにあたって、「旧約聖書のヨブ記の解説を書けと命じられているのと、同じくらいの重みがある」と述べている。

4 各々にもっと論ずべき論点があるのだが、ここでは紙面の関係上必要な特徴だけに省略して記載している点をお詫びしておきたい。

5 p.322では、「連携」について今後もインタビューが継続されるとある。

■文献
安積純子・岡原正幸・尾中文哉・立岩真也 1990, 1995, 2012『生の技法』藤原書店・生活書院
岩橋誠治 2008「それぞれの自立生活への道を自立生活獲得のための支援」
末広弘 2008「当事者に聞いてはいけない」介護者の立ち位置について
田中恵美子 2009『障害者の「自立生活」と生活の資源』生活書院
寺本晃久・末永弘・岡部耕典・岩橋誠治 2008『良い支援？』生活書院
寺本晃久・末永弘・岡部耕典・岩橋誠治 2008『ズレてる支援！』生活書院
深田耕一郎 2013『福祉と贈与』生活書院
前田拓也 2009『介助現場の社会学』生活書院
山下幸子 2008『「健常」であることを見つめる』生活書院
渡辺一史 2003『こんな夜更けにバナナかよ』北海道新聞社
渡邉 琢 2011『介助者たちは、どう生きていくのか』生活書院

書評④

〈逆接的関係〉でつながるフィールドワークの力

倉石一郎

『〈被爆者〉になる
――変容する〈わたし〉のライフストーリー・インタビュー』
高山真　著
二〇一六年　せりか書房
３２００円＋税

1　〈逆説的関係〉とは

本書を読んで強い感動をおぼえるとともに、深く得心した。それは極めて個人的な理由による。評者は最近、社会学的フィールドワークをめぐるある雑誌の特集号に寄稿した論文のなかで、標題にある〈逆説的関係〉でつながるフィールドワークというもののあり方について書いた。その文章は、ある名状しがたい義憤のようなものにかられて、勢いだけで書いた生硬なものだった。最近の私の文章が全てそうであるように、論理的にあまりきちんと詰められてもいない。〈逆説的関係〉という概念も多分に生煮え感が残っていたが、私はどうしてもこのことを書かずにはおれなかった。文章化できて、書き終えたときはいくぶんスッキリした。だがしばらく待ってもくだんの論稿に対する反響は全くなく、ほとんど黙殺された状態だった。やはり独りよがりだったかといささか落ち込んでいた時に出会ったのが本書、『〈被爆者〉になる』である。まるで著者の苦吟を表わすかのように話が行きつ戻りつする本書を読み進める作業は率直に言って楽ではなかったが、しかし核心部に近づくにつれ、私は心のなかで快哉を叫んだ。高山さん、よくぞ書いてくれた、これが私の言いたかった〈逆説的関係〉でつながるフィールドワークの形だ、と。

2　違和感を突き抜けた境地へ

順を追って説明していきたい。著者は長崎で「語り部」として活動する原爆被災者を対象とする研究を行って、慶應義塾大学社会学研究科から学位を得た。その博士論文を著作にしたのが本書である。冒頭で本研究の依拠する方法論がライフストーリー論であることがまず示される。「語り手（調査協力者）と聞き手（調査者）の相互行為に注目し、相互行為をとおして『語り』がうみだされるプロセスを観察する方法[2]」、これが著者による方法論の要約である。この立場は桜井厚さんを中心に、今ではゆるやかに広く共有されているもので、私自身もその考えに共感しその実践をめざす一人である。大学の教壇で「社会調査法」なるものを講じる機会があった頃は、学生に向かってこの考え方をもっともらしく規範として語ったこともある。だが本当のことを言って、語り手と聞き手の共同作業によって語りが構築されるとはどういうことなのか、私はいまだにその核心をつかまえきれないでいる。またライフストーリー論で求められる透明性[3]という方法基準や、「道具としての自己」を自覚化するといった論点をどう具体的な調査行為に落とし込むのかも見当がつかない。言うは易しだがというこの方法論を、前人未到の境地まで突き詰めたのが本書、『〈被爆者〉になる』であったと私は考えている。

本書には主に四人の登場人物がいる。Tさん、Yさん、Mさんという長崎で被爆を体験した三人の語り手、そして著者の高山さん自身が投影された〈わたし〉である。いや、もう一人いる。その語りが本書のなかで俎上にのせられることはないが、「もっとも信頼できるフィールドでの相談役[4]」だったKさんで、〈わたし〉が三人と出会う橋渡しをしてくれた人だ（調査中に逝去）。このうちTさんは一三歳のとき爆心地から一・六キロ地点、Yさんは八歳のとき四・三キロ地点で、そしてMさんは一五歳のとき四・八キロ地点でそれぞれ被爆している（Tさんも調査中に他界）。被爆時の年齢や爆心地からの距離がいちいち問題になるのは、被爆者援護法などを根拠とする医療・福祉の諸制度がその枠組みで組み立てられ、被爆者手帳の発行を受ける際などに否応なくこの「同心円イメージ」に巻き込まれていくからだ。この同心円秩序は語り手たちにも深く内面化されていて、たとえばTさんは〈わたし〉に向かって、「としはもいかない年齢で、遠いところで、被爆をしたものに、いったいなにを語ることができると思う[5]」

などと挑発的な言葉をはく。そうした言説に反論して、「爆心地の近くで被爆した、有名な被爆者や、第一級の被爆者には語ることができないこともあるでしょう」[6]と〈わたし〉に語るYさんにも、同じ秩序が深く内面化されているだろう。ともに教職についていた二人だが、Tさんが在職中にいわゆる平和教育から距離をおき、退職後に芝居の上演を通して被爆体験の表現活動を行うようになったのに対して、Yさんは一九七〇年に小中学生の「原爆意識調査」にたずさわったのを契機に平和教育の実践に積極的に関わるようになり、現在は「被爆遺構めぐり」や「体験講話」の活動を行っている。この二人は一見対立する対照的な立場にみえながら、実はある意味で同じ土俵上にいることが分かるだろう。

他方でMさんの存在はかなり異質である。「長崎の証言の会」メンバーとして多くの被爆者からの聞き書きを重ねてきたMさんは、〈わたし〉に対して「案外に客観的に原爆というものを眺められる立場だったと思う」[7]と自分のことを語る一方、聞き書き体験にかかわって、本書の核心部にふれる、「被爆体験の広まり」「被爆者としての深まり」という謎めいた言葉を〈わたし〉に残す。この二つの結果として、自身が「被爆者になっていった」のだとMさんは語る。この言葉こそ本書のモチーフをなすものであり、本書のタイトルにもなっている。しかし〈わたし〉にはこの「被爆者になる」という言葉の意味がつかめず、長いあいだ心のなかで宙づりにされたままになっていた。むろんMさんは〈わたし〉に対して「被爆者になる」ことの意味を何度も丁寧に語っている。被爆者になる、とは、「『自分よりももっと大変な思いをした人びと』の体験を想像し、可能なかぎり『それを自分自身の痛みとして内面化する営み』[8]を重ねること、あるいは「他者の痛みや、他者の体験を、自分自身の体験として内面化し、自分自身の体験を深めることと、広めること」[9]である。〈わたし〉も頭ではそれを理解しているのだろうが、その意味するところに得心がいかない。そこに転機が訪れたのは〈わたし〉の身に起きたある喪失体験がきっかけであったが、それによって、これまで〈わたし〉が対話を積み重ねてきたTさんやYさんの言葉にも新たな光が当てられ、その意味が照らし出されることになった。

著者は、フィールドで〈わたし〉がTさんやYさんとのインタビューにおいて感じた違和感、認識の相違、無関心、わからなさ、リアリティのなさ、共感できなさ等々を包み隠さず記している。著者はそれをたとえば、「自分自身の想像をはるかに超えた体験の語りと、彼らが訴える普遍的なメッセージに乖離があることにたいする違和感と、そのどちらにも、つまり、凄惨な体験の語りにも、普遍的なメッセージにも、わたし自身が関心をもつことができないという違和感」[10]などと表現している。通常、こうした思いにとらわれてしまった調査者が、インタビューや聞き取りを継続することはむずかしい。自分を突き動かすモチベーションが枯渇してくるし、こうした思いは表情や態度となってすぐに表われ調査協力者にも伝わってしまうから、先方にもまた困惑の気持ちを生み出してしまうことが少なくない。だが他方で、こうした違和感やさらに強い嫌悪感にとらわれることは、フィールドワークを経験していると実に頻々と起こるものだというのが私の実感である。あまりにも多くの事例でしかし、こうした気持ちの出来は起きなかったものとして隠ぺいされ、もちろん作品上からはきれいに拭い取られてきた。この気持ちを、ここまで堂々と正面きって記述した例を私は知らない。脇道にそれるがついでに言うと、この違和感の隠ぺいに関連して思い出すのが、調査の依頼やインタビューの冒頭なのでつい口をついて出る「貴重なお話を」とか「貴重な経験談」という言葉を発する瞬間の自分のいやらしさ、きっと幇間のような表情をしたいやらしい自分である。ときどきそれを見透かされて「どこが貴重だよ!?」と逆襲されてしまう場合もあるが、『〈被爆者〉になる』の高山真の身振りは、このいやらしさの対極にあるものだ。だがむろん急いでつけ加えれば、こうした違和感の表出は社会調査論の教科書的にはNGに近い、ギリギリの線を歩いているのだろうが。

Mさんの「被爆者になる」という言葉、あるいは思想は、〈わたし〉がTさんやYさんの語りに感じ悶々としていた違和感を突き抜けた境地へと、〈わたし〉を誘ったのだと思う。Yさんは自身の体験を、ユーモアを交えて「三分で（語り）おわる被爆体験」と呼んでいた。だが他方で、そういう立場だからこそ語りうる体験があるとも語っている。そうしたYさんはまさに、「自分よりももっと大変な思いをした人びと」の体験を想像し、それを自分自身の痛みとして内面化する営みを行っているのだ、と〈わたし〉は思い至る。そのようにしてYさんは「被爆者になって」いったのだと。この構図はYさんと〈わたし〉との関係にも当てはめることができる。Yさんの痛みやその体験を、〈わたし〉は自分自身の体験として内面化し、自分自身の体験を深めることと、広めることにつなげていくことができる。そのとき〈わたし〉、すなわち著者・高山真にもまた、「被爆者になる」道が開かれていくのだ。このアイデアを著者は、ロバート・リフトンの罪意識をめぐる円環の議論から汲んでいる。

3 再び、〈逆説的関係〉へ

さて、高山真のこの労作の意義を私は、冒頭で述べたように〈逆説的関係〉でつながるフィールドワークの可能性を宣したものとして考えたい。そのためには私が何を考えてこうした議論を始めたのかを明らかにするのが先決である。

ライフヒストリー（ライフストーリー）、エスノグラフィ、フィールドワークなど質的研究が活況を呈し、多くの議論が交わされている。だが天邪鬼な私は、自分がその世界にドップリつかっているのを棚に上げ、そうした議論にまとわりついたある種の能天気さに石を投げてみたくなった。私が直観的に「能天気さ」をかぎとったのは、質的調査論やフィールドワーク論に前提とされている、「分からないことは当事者にきけばいい」というスタンスである。「そうした人びと（倉石注、当事者）を尊重し、そこから学ぶ姿勢」[11]は非の打ちどころのない、何の問題もない立派な態度のように思える。知りたいことを知るため、必要を充たすため、当事者のところに出向き教えを乞う、この合理的で一寸の無駄も逡巡もない態度で成立するフィールドワークを、私は〈順接性〉の関係でつながったフィールドワークと名づけた。

ところで、本書『〈被爆者〉になる』も例外ではないが、質的研究やフィールドワークにコミットする研究者の多くが関心をもつ事象は、戦争、差別、植民地支配、自然災害、経済恐慌や革命などの巨大社会変動、病気、障害、死、犯罪など、暴力的に人びとに襲いかかり突然に日常を引き裂くようなものが多くを占める。だから「分からないことを聞こう」として接近する当事者とは、このような圧倒的な不合理・不条理に日常を引き裂かれてしまった、その当事者である。かれらは、そうした災厄が世にあることは知識としては知っていたにしても、他ならぬ自分自身がなぜそれにまきこまれなければならないのか、問うても詮無い自問自答を繰り返してきたことだろう。

ここで再度問いたい。こうした研究において、研究者と当事者の間を結ぶ線は、ほんとうにねじれのない「順接の線」なのだろうか。以下、私の言葉を繰り返す。「たとえば戦争、差別、植民地支配、自然災害、経済恐慌や革命などの巨大社会変動、病気、障害、死、犯罪被害などなどの社会・歴史事象に深く心惹かれ、研究を志したとする。そのとき、これらの事象の、生きた生身の当事者や関係者に会い話を聞くことが、それこそオートマティックに必然化されるだろうか。そんなことはないように思う。生活史やライフストーリー、あるいは広くインタビューと呼びならわされる具体的他者との言語を介した出会いだけが、これらの事象にアプローチする唯一絶対の回路であるはずがない。…こう言うのでなければならない。他にいろいろな優れたアプローチがあるのだけれど、それは百も承知で全て試したけれども、自分がとる道はこれ…しかなかった、何の因果か分からないが気づいたらここ（注、当事者の前）…にいたのだ、と。『けれども』という逆接的関係で当事者とつながっていることの自覚が、私にはきわめて重要であるように思える」[12]。この逆説性においてこそ、当事者とののっぴきならない切実な関係が初めて生まれると私は考えている。

本書における〈わたし〉つまり高山真が、はじめから逆説的関係でつながるフィールドワークに自覚的であったかどうかは分からない。もしかすると出発時点では順接性のドグマにとらわれていたかもしれない。だが彼が結果として調査のなかでとった身振りは、逆接性の関係でつながるフィールドワーカーのそれだったのではないか。被爆者の調査であるにもかかわらず、当事者の被爆体験の語りにリアリティが感じられない、共感できない〈わたし〉。にもかかわらず〈わたし〉は、TさんやYさんに向き合い、対話し語り合うことを止めなかった。Mさんからは「いったい、あなたは、何のために、わたしに聞き取りをしているのですか」と問われ、「インタビューの意味を説明する論理をもちあわせていな」かった[13]にもかかわらず、〈わたし〉はMさんの前を去らない。なぜそうしたのか、結局本書ではそれが詳らかにされてはいない。それはそれこそ「語りえない」ものなのかもしれない。とにかく、ロジカルには解き明かしがたい得体のしれぬ力に吸引されフィールドに立ち続けた〈わたし〉によって生み出された本作品は、〈逆説的関係〉でつながるフィールドワークの力を高らかに示したものだと言えよう。

最後に、本書は第二回井筒俊彦学術賞を受賞したとのことである。著者と版元に心からお祝いを申し上げたい。

■注

1 倉石一郎 2017「蟷螂の斧をふりかざす——社会調査における『向真実の時代』への抵抗」『現代思想』45-5: 100-111

2 高山『〈被爆者〉になる』p.8

3 ライフストーリー論の立場に立つ研究者が、インタビューの場において、あるいは調査協力者（語り手）とのさまざまな相互行為において、〈わたし〉という人間の中にあるいかなる資源を取捨選択し向き合ったかを、調査の全過程にわたって詳らかに反省的に記述すること。

4 高山『〈被爆者〉になる』p.83

5 前掲、p.96

6 前掲、p.96

7 前掲、p.28

8 前掲、p.36

9 前掲、p.87

10 前掲、p.92

11 岸政彦・石岡丈昇・丸山里美 2016『質的社会調査の方法——他者の合理性の理解社会学』有斐閣：163

12 倉石「蟷螂の斧をふりかざす」pp.108-109

13 高山『〈被爆者〉になる』p.279

論文

上田敏をちゃんと読もう!——社会モデルとは何だったのか

三井さよ

1　はじめに

上田敏(うえだ・さとし)といえば、日本におけるリハビリテーション医学の大家であり、医療や福祉について少しでも学んだ人であれば、名前くらいは知っているだろう。著作も多く、一般向けの本もたくさん出ている。

にもかかわらず、案外と読んでいない人が多いようだ。かくいう私も、断片的に文章を読むことはあっても、一冊まともに読んだことはなかった。二〇一六年六月二九日に一橋大学の猪飼周平が開いている研究会に登壇すると聞き、それならと思って伺い[1]、同時に少し著作を読んだ。少し読み始めたら止まらなくなってもっと読んだ。そして自分を恥じた。なぜもっと早くから読まなかったのだろうか。

私がそれなりに馴染んできた障害学や社会モデルの議論では、リハビリテーションに対する批判が多く、そこで上田の名前が挙がることは珍しくなかった。だが、それでよかったのだろうか。確かに、リハビリテーション医学の担い手と自称する現場の医師や理学療法士の中に、批判したくなるような人たちは少なからずいるのだろうと思う。だが、上田はそれとは違う主張をしてきている。そして、上田の批判者たちが、上田を批判することで示そうとしているもの、大切にすべきだと主張しているものは、まさに上田自身が大切だと主張してきたもののように私には思える[2]。上田の議論を引き継ぐ形で展開されてもよかったのかもしれない。

自分への反省を込めて言うのだが、私たちはもっと上田敏をちゃんと読み、的外れな上田批判は止めた方がいい。社会モデル的な要素も含めつつ、上田はリハビリテーション医学を打ち立ててきたのであり、そこから学べるものも多々あるのだから。

ただ、それでは社会モデルや障害学が上田の議論に包摂されるのかといえば(上田自身は、自らを医学モデルと社会モデルの双方を弁証法的に統合した「統合モデル」だと称している（上田 2013: 303-304）、そうではないと私は思う。社会モデルや障害学には、上田の議論では捉えきれていない要素が入っている。だがそのことを、社会モデル論者や障害学はきちんと言ってきただろうか。障害は社会にあるという主張だけでは、社会モデルの大切な論点を見失うのではないか。

それでは以下で、各論点について、もう少し細かく述べていくことにしよう。

2　上田のいうリハビリテーション医学

ではまず、上田のいうリハビリテーション医学の簡単な説明から始めたい。といっても、上田自身による優れた説明はいくつも出ているので、ここではむしろ、特に誤解されがちな点（というより私が誤解していた点）に注目して述べていくことにしたい。

第一に、リハビリテーション医学は、落ちてしまった心身機能を復活させることでは必ずしもないという点である。どうしても、リハビリテーションといえばその人の身体を訓練することだと思われがちである。それも、痛いばかりでほとんど効果のないような訓練をさせられたり、出口が見えないような繰り返しをさせられたり、というイメージは根強くある。

だが、上田がずっと主張しているリハビリテーション医学は、それとは異なるものである。無用な痛みを伴い、効果のないことを繰り返すのではなく、その人が望む社会生活のありようのために、「活動」の範囲を広げることなのである。

ここで、ＩＣＦ（国際生活機能分

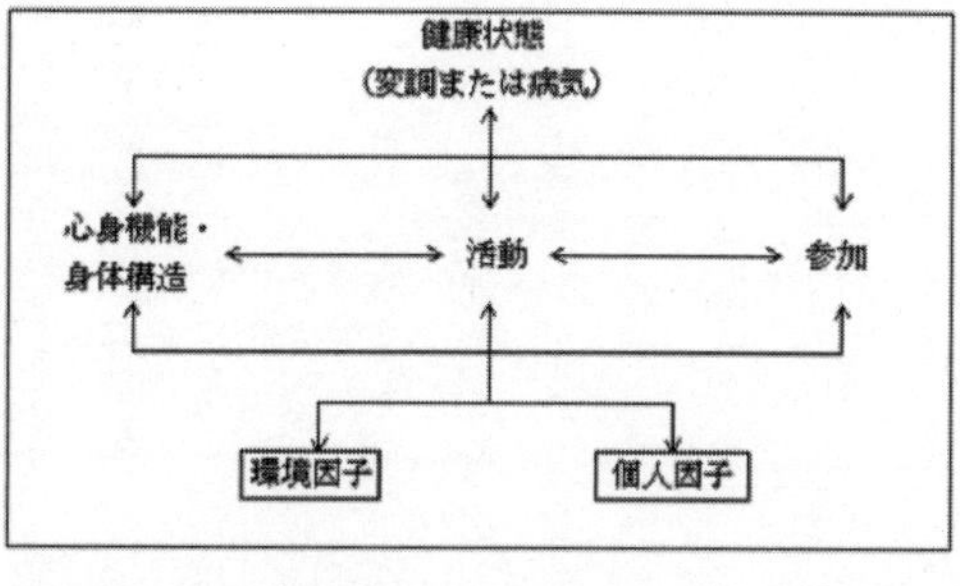

2004年「国際生活機能分類－国際障害分類改訂版－」（日本語版）の厚生労働省ホームページ掲載について（平成14年8月5日　社会・援護局障害保健福祉部企画課）より
http://www.mhlw.go.jp/houdou/2002/08/h0805-1.html.

類、2001）モデルを確認しよう。ここでは、「心身機能」と「活動」、「参加」が区別されている。

「参加」と「心身機能」の違いは多くの人がイメージできるだろう。だが、「心身機能」と「活動」の違いはなかなかわからないのではないか（かくいう私もよくわからなかった）。この違いにこそ上田のリハビリテーション医学の面白さと、まさに専門的技能 expertise と呼ぶべきものとが凝縮されている。

たとえば、上田が挙げる高校の物理教員（四八歳）の例では、右側の手足が当初は完全に麻痺、九か月後には歩く方はかなりしっかりしてきたが、利き手である右手がなかなか回復しなかったのだという。黒板に字が書けるかどうかは、教員として復職できるかどうかにもかかわるため、本人にとっても重要なことだった。発病後一年して東大病院リハビリテーション部の上田のもとを訪れたが、リハビリテーション医学の観点から、右手で字が書けるほどに回復することは絶対にありえないということがはっきりしたそうである。

だが、だったら左手で字を書くという方法もある。この人の場合、三か月も練習すれば、立派に読める字が書けるようになったという。さらには、（後述するように）上田の努力もあり復職し、定年まで一一年間を勤め上げ、その後も時間講師として働いたそうである。それでも、右手は前と同じ重い麻痺のままだった（上田 1987: 36-39）。つまり、「心身機能」は改善されずとも「活動」を広げることは可能であり、それによって「参加」も大きく変えられるのである。

その他にも、両手でなければまな板と包丁は使えないように思えるが、ゴムの吸着版や二本の釘を打ったまな板などの簡単な補助具で炊事は可能だという（上田 1987: 46）。手に力が入らなくてキーボードがたたけないように見えても、ちょっとした道具（指サックなど）を使うことによってかなりやりやすくすることも可能らしい（池ノ上 2009: 146）。車いすも、歩行という「活動」を補助する重要な補助具である（上田 1983: 80）。このようなちょっとした工夫や補助具を導入することによって、「活動」を、ひいては「参加」を拡大していくことが、リハビリテーション医学の専門的技能なのである。

第二に、「参加」の位置づけについてである。リハビリテーション医学には、訓練してその人の「心身機能」（あるいは「活動」）が拡大しなければ社会的な活動に参加できない、という一方向的な図式がある、と批判されることが多い。「心身機能」や「活動」の回復があってはじめて「参加」という、いわば「段階論」とでも呼ぶべき認識が前提になっている、というのである。

現に、医師や理学療法士、あるいは福祉の専門家にそうした態度を示す人は少なくない。ある知的障害を持つ人から、以前受けた「就労支援」として、まず体力をつけるために毎日ジョギングをさせられた、という話を聞いたことがある。もちろん就労には体力が必要だろうし、ジョギングはそのための手段として悪くないとは思う。ただ少なくとも本人は、どのような仕事に従事するのか、そこで具体的に何をしなくてはならないのか、という話はいっさい把握できていなかった。ジョギングができるようになってからはじめて、どのような仕事に就けるかという検討が始まる、と認識されていたようである。だから、本人からすればジョギングは、まだ就職ができていない人への懲罰のようなものとして意識されていた。ここに典型的に示されているように、「心身機能」や「活動」が回復しなければ「参加」はない、とされれば、「参加」はうまくやれた人への「ご褒美」のようなもので、訓練はうまくできない人への「懲罰」になりかねない。

しかし、上田は、そのような発想からもっとも遠い医師のひとりである。上田にとっては常に「参加」が最優先で意識されているからである(上田 1992: 210)。この場合の「参加」は、職業に従事するということも含むが、家事を担うこと、趣味の会に出ること、自分なりの趣味を続けることなど、実に多様に考えられている。それらをいかにして実現するかということと、「心身機能」や「活動」へのアプローチとは、常に同時並行である(上田 1992: 207-209)。医学的な観点から「心身機能」や「活動」へのアセスメントをしつつ、同時に「参加」のレベルでの目標を具体的に探り、どの「参加」が望ましいか、患者自身に選んでもらうのが上田のやり方である。「心身機能」や「活動」を探り、これ以上ADLの向上が見られないと確認できたところで「参加」に対応するアプローチを始めるような「段階論」(実はこれは上田が用いている表現である)は、上田が強く批判するところなのである。[3]

いかにまず「参加」ありきで上田が発想するかは、本の中に出てくる事例を見るとわかりやすい。たとえばある女性が、別の病院を自己退院してしまい、しかもその罪悪感で苦しんでいたという。話を聴いていくうちに、夫が離れていってしまうのではないかという強い不安があることに上田は気が付いた。そこで、数日間かけて片手で包丁とまな板を使う方法だけ教えるから、あとは早く関西にいる夫の元へ行き、そちらでリハビリテーションに通いなさいと勧めている（上田 1987: 39-47）。また、学校とのかかわりでいうなら、上田のところを訪れた子どもたちの多くが、病気になる前から（あるいは悪化する前から）通っていた学校に通いたいという希望を強く持っていたこともあり、なるべくそのまま通わせるようにしている（上田 1992: 283-288; 上田 1983: 252-253）。[4] 部屋の掃除がまったくできない状態になっている高次脳機能障害の女性に対して、母親は「いまは就労よりも身の回りのことができるようにならなくては」というのだが、本人は「働きたい」という思いが強かった。そのため上田は、部屋の掃除は後回しでいいから就労を、と手助けし、結果的に「働ける」という自信をつけた本人が身の回りのことにも力を注げるようになったという。[5]

第三に、障害を持つ本人への向き合い方についてである。専門家というと、患者=障害者の話をろくに聴こうとせず、一方的に治療や療法を押し付けるというイメージがあるが、上田はおそらく、そうした古い専門家たちとは異なっていたのだろうと私は思う。上田が自著で挙げている事例では、上田がいかに精力的かつ丁寧に患者の話を聴いてきたかが示されている。その上で、患者のいまの思いや心情を上田はとても大切にする。たとえば先述した高校の物理教師の例では、本人は右手が治ることを切望していたため、いきなり左手の訓練を始めたのではなく、両方の訓練を行っている（上田 1987: 38）。

そのことが象徴的に表れているのが、上田の「障害受容」に関する議論である。これは特に批判が多い議論のひとつなのだが（南雲 1998; 南雲 2002; 田島 2009）、批判の多くは上田の議論そのものというより、その概念がリハビリテーション領域に浸透していったありようの方に向けられている。「障害受容」が価値の転換とともに「段階的」になされるかのようにイメージされ、それによって具体的な障害当事者たちに対する人格的判断がなされてしまうことへの批判が主だからである（南雲 1998: 75-85）。

だが、上田の用いる「障害受容」という概念は、あくまでも結果である。上田によれば、リハビリテーション医学の目標は「参加」のありようであり、本人が望むような「参加」が実現したとき、結果として「障害受容」が起きることがあるという。目標ではないので、患者がやらなくてはならないものでもなんでもない。[6]

それでも「障害受容」に上田が注目する理由は、もしある程度「参加」が可能になっているように見えるのに、「障害受容」につながっていないように見えるなら、「参加」のありように問題が残っているからかもしれない、という点にある。つまり、「障害受容」に注目することで、「参加」のありようについて、医療者にはまだ見えていない問題があることに気づけるというのである。

上田の挙げる例では、ある中学校教員(すでに復職していた)に、「活動」を拡大するためのさまざまな手法を提供しようとしても、頑強に拒否されていたことがあるという。チームの一員であるソーシャルワーカーが本人と面接を繰り返すうちに見えてきたのが、校長や教頭が変わったことで、元気だったその教員の姿を知る人がいなくなっており、誰もがはれものに触るような態度で接し、「一人前に扱われていない」と感じる状況があるということだった。本人はその不満を感じつつ、「実際一人前じゃないのだから仕方がない」とも思って不満を口に出せずにいた。そこからチームで話し合い、結果的には上田の意見書を携えたソーシャルワーカーが学校を訪ねて本人とともに校長と面接し、本人の口から真の希望を伝えてもらったという。医療者からすれば復職していたのだから大成功に見えるのだが、実際にはそうとは限らないことがわかり、実態を変えるためのアプローチを探ることが可能になったのである(上田 1987: 131-139)。

ここからすると、上田の「障害受容」論は、「障害を受容できない」人を見つけて非難するための道具ではない。むしろその逆である。本人の思い、その人から見た世界を理解するための手がかりとして、「障害受容」という概念が用いられているのである。

3　上田敏と社会モデルの共通性

このように、上田のリハビリテーション医学の発想をみてくると、社会モデルとの共通性を多々有していることがわかる。

社会モデルは、一九九〇年代からイギリスなどの障害学が主に提唱してきた考え方で、それまで個人に属するとされてきた障害を、社会によって与えられたものとして捉えかえすモデルである。よく使われる例でいうなら、車いすユーザーが移動に困難を感じるのは、その人が車いすでないと移動できないからというより、街中に車いすで移動する人にとって使い勝手が悪いバリアがあふれているからである。ただ、単純にバリアフリーを求めるというにはとどまらない。たとえば社会モデルの立場に立つなら、ろうの人が「聴覚障害者」として不便を抱えるのは、聴者中心社会の中で手話通訳が保障されていないからである。発達障害や知的障害が「障害」としてクローズアップされるのは、現代社会のサービス産業化が進み、ある種の知的能力やコミュニケーション力が重視されるようになったからである。このようにある状態が「障害」として経験されるのは、社会構造のためであると捉え、その改善を求めるのが社会モデルだった。資本主義社会そのものを含めた根底的なところから社会のありようを問い直す議論である（Oliver 1990=2006; 星加 2013: 23）。

日本で社会モデルという呼称が用いられるようになったのは、海外の障害学の議論が入ってきた一九九〇年代以降のことだが（障害学会の設立は二〇〇三年）、それ以前にすでにこのような考え方は生まれていた。そもそも障害学自体が、一九七〇年代から世界各地で始まった障害者運動の中から育まれた考え方である。日本でも、一九七〇年代以降に生まれた障害者運動（特に障害をもつ本人たちが中心となったもの）では、「障害は関係にある」といった表現がよく用いられていたようである。

社会モデルが自らを「社会モデル」と名乗ったのは、「医学モデル」との対比からである。そして「医学モデル」として批判の対象とされたもののひとつは、当時のリハビリテーション医学だった。確かに、当時の英米の状況ではそうだったのかもしれない。上田が述べるところによると、アメリカのリハビリテーション医学は一九六〇年代当時でかなり進んでおり、ADL（日常生活動作）を向上させる技術は向上していた。それが、ADL偏重の空気を生んでいたところはあるという。

だが上田は、ADLだけを重視するという姿勢は当初から持っていなかった。上田が早い時期から、リハビリテーションを「全人間的復権」と翻訳していたことに明らかなように、上田が重視したのはあくまでも人間としての復権であり、「参加」である。その人の本来ありえた人生や生活を取り戻すための試みがリハビリテーションであり、ADLだけに特化したものではなかった。

上田はそのためには社会制度への働きかけも辞さなかった。たとえば先に挙げた高校の物理教師の例では、上田は、本人が「まだ治ってもいないのに」と渋るのを励まし、また仕事上の具体的な問題をよく話し合って解決策を事細かに検討したうえで、「復職可能」という診断書を県教育委員会に持っていってもらっている。ところが教育委員会は復職を認めなかった。上田は三か月後に再度教育委員会に診断書を持っていってもらったが、それでも認められず、教育委員会から直接に連絡があったこともあって、電話で長々と交渉し、結果的に半年の仮復職が認められたという(上田 1987: 118-123)。他にも、たとえば重い疾患を患う子どもについても、学校や教育委員会が、障害を持つからという理由で入学に際して問題にしてきたときにも(小学校でも中学校でも問題にされたようである)、そのつど意見書を出すことで、入学を許可させるよう働きかけている(上田 1992: 226-227)。

それに何より、先に述べたように、上田にとって「参加」は、心身機能や活動が改善された後にご褒美のように渡されるものではない。徹頭徹尾、「参加」こそがリハビリテーションの目標として設定されうるものであり、その目標をいかにして患者と共有できるかが重要な鍵となる。患者は、たとえば学生であれば学校に戻りたいと思うことが多く、まだ定年まで遠ければ仕事に戻りたいと思うことが多い。だとしたら具体的にどのような形と水準でそれらの希望がかなえられるか、知識と技術の限りを尽くして探るのがリハビリテーション医学なのである。

だとしたら、上田に社会モデルの視点が欠けていると批判するのはいささか筋違いだろう。たとえ多くの理学療法士や医師に社会モデルの視点が欠けているという現状があったとしても、その代表格として上田に言及するのは無理がある。

先にも述べた通り、上田は、自らの立場を医学モデルと社会モデルを弁証法的に統合した「統合モデル」だと述べている。ここには、上田自身が自分に社会モデルによく似た視点が含まれていることに自覚的だったことが示されている。

ただし、「統合」という表現には、医学モデル的な要素を手放すつもりがなかったことも示されている。といっても、医師や医学者が医学モデルを手放さないこと自体は当然だろう。いかに社会構造の与える影響に鋭敏な医師であっても、よってたつ医学的知識や観点を放棄するなら、医業はできないはずである。その意味では、上田は医師として可能な限り、社会モデル的発想に近づいていたというべきなのかもしれない。[7]

4 専門職としての倫理

しかし、「統合モデル」という上田の議論の仕方に、問題がないわけではないと私は思う。ここには、上田と私の社会モデルに関する理解の違いがかかわっている。

上田は、社会モデルについて、ICF序論に基づき「障害を個人に属するものではなく、社会環境(制度的・意識的・物的）によって作られるものだと考え、対応は社会環境を変える政治行動（差別禁止法制定など）が中心だとしている」立場とまとめている（上田 2013: 304）。要は、障害が何に起因すると捉え、同時に何によって問題の解消を目指すべきものと捉えているかによって、社会モデルを理解している。だから、上田にとっては医学モデルと社会モデルとは、確かに「相容れない」ものであり、「同一平面上で妥協的・折衷的に一緒にはできない」ものではあるが、「より高い水準で弁証法的に統一する」[8]ことができるものだった（上田 2013: 304）。

だが私には、社会モデルが、障害の原因と問題解消の道だけによって定義されるものだとはどうしても思えない。確かに、社会モデルについて一般的にみられる説明はICF序論のようなものであるし、多くの社会モデル論者たちもその方向で議論を深めてきた[9]。だが、そこにこそ誤解があるのではないか。社会モデルが、あるいは障害当事者の運動の中で「障害は関係にある」と言われたことが持っていた実感は、単に障害の原因と問題解消への道というレベルにはとどまるものではなかったのではないか。

そのことを理解するための補助線として、まず上田敏が徹底した専門職（プロフェッショナル）だったということを確認しておきたい。

上田は、本人による自己決定を大切にするのは当然だとしつつも、意思決定能力については担保が必要だ、と述べている（上田 1983: 32-35）。この点は障害者運動から当事者の意思を否定しているとして批判されそうなところだが、上田の意図するところは、いささか異なる。上田がこのように述べているのは、たとえば「重度知的障害のある人には意思決定能力がない」というような話ではない[10]。上田が問題にするのは次の二点である。

第一に、脳卒中や大きな事故などで身体に大きな損傷を受けたり、さまざまな状況から自分の可能性を知らされていなかったりすると、本人はなかなか冷静に自らの状況を踏まえた判断ができないということである。たとえば、優れた介護職であっても自分の家族の介護は難しいし、弁護士自身が紛争に巻き込まれたときは、紛争解決のための努力を他の弁護士に依頼することが多い。恒久的能力について議論しているのではなく、その人が置かれた状況や状態について考慮する必要があるといっているのである。

第二に、患者には専門的知識がないということも含まれている。事故などで心身機能を著しく損傷された人の場合、まず望むのが「元通りの身体」であることが多いという。だがそれは医学的に見て不可能であるという場合もある。それでも活動の幅は広げられるし、それによってさまざまな参加（ひょっとすると「元通りの参加」も）が可能になることもある。こうした可能性を見出す作業は、専門的知識がない患者に勝手にやれといっていいことではない。専門的知識を持つ側が責任をもって一定の判断をしていく必要があるというのである。

ここにみられるのは、上田が専門職 professional としての責任を強く意識していることである。患者の置かれている状況と自らの状況との違いをよく認識し、そこで自らがなさなくてはならないことは何か、強く意識しているのである。

慌てて付け加えておくが、ここでいう専門職とは、いわゆる「専門職支配 professional dominance」（Freidson 1970＝1992）のような、自分の持つ知識体系とそれに基づいた決定や判断だけが正しいと信じ込むような専門職像とは少々異なる。[11]

まず、本来的にリハビリテーション医学は患者の主体性なしには成立しない。医師が勝手に治療を行えばなんとかなる、というわけにはいかないからである（上田 2001: 176-177）。だから医学の中でもリハビリテーション医学は、もっとも「専門職支配」とは距離を置かざるを得ない領域の一つである。

そして上田は、患者の意思を積極的に重視し、「専門職支配」とは異なる専門職像を追求してきた。上田はインフォームド・コンセントの議論を早くから導入した上で、インフォームド・コオペレーションという表現を用いている。単に医師の提案に基づいて患者が決定するというより、医師と患者の協働作業が続けられていく過程として、医師─患者関係をとらえているからである（上田 2001: 170-174）。上田からすれば、障害者は「リハビリテーション（全人間的復権）の「中心プレイヤー」（専門家・家族・一般社会の支援を受けつつ、自己の「復権」を実現する存在）」である（上田 2016: iv）。このように、上田の思い描く専門職像は、患者の主体性を重視した、新たな専門職の姿なのである。

その上で、上田は専門職としての「甘え」には厳しい。先に挙げた「自己決定能力」に関する議論も、いわば専門職の「甘え」を禁じ、本当の意味で患者の意思を尊重するとはどのようなことかを考えたものである。

冒頭で述べた猪飼の研究会でも、上田は専門職の「甘え」に厳しい態度をかいま見せた。フロアから出た質問には「理学療法士が、その患者の足が元通りにはならないのは知りつつも、その人が顔を出すことを患者が喜んでいるからという理由で通っている」という話が含まれていた。上田は質問に答える際に、そのエピソードに触れ、「それは専門職としての堕落だと思う」とコメントした。

おそらく、上田は、通うことそのものを否定しているのではない。そうではなく、「元通りにならないと知りつつも患者が喜んでいるから」という表現の中に、理学療法士という専門職としてなすべきことをしていない怠慢さを見出しているのだと思う。足が元通りにならなくとも、「活動」を広げることは可能である。何からその人の「活動」は広がるのか、その人はどのような「参加」を求めていて、そのためにどのような「活動」が可能になればいいのか。これらのことを検討せずして、「患者が喜んでいるから通う」などといっていていいのか。おそらくそう言いたいのである。確かに、本当に専門職と自称するなら、「あなたの暮らしをどこからどうすればよくなるのか、まだつかめていなくて申し訳ない、もう少し通わせてほしい」とでもいうべきなのだろう。

このように、上田は徹底して専門職（それも私からすれば理念型に近いような）である。専門職である以上、自らの立ち位置を意識し、そこで最善を尽くさなくてはならない。それが上田のスタンスだった。患者の意思を大切にし、社会制度に働きかけたとしても、その根底の姿勢はあくまでも専門職だったのである。[12]

そしてここにこそ、社会モデルとのズレがあるのだと私は思う。

5　社会モデルの潜勢力――「ともに生きる」

社会モデルや障害者運動が「障害は関係にある」「障害は社会に存する」という表現で生み出したのは、本当に字義通り、障害をどう定義するか、あるいは生活上の困難をどう軽減するかという問題だったのだろうか。

まず踏まえておきたいのは、障害者運動にかかわった人たち（本人であれ非障害者であれ）にとって、日々の課題となるのは、上田のリハビリテーション医学のように、何かを変えられるような契機というより、日常の介助・介護だったという点である。重度障害者たちは、介助なしに生活をまわしていくことはできない。そのため、非障害者とされる人たちは介助をしなければならなかったし、障害者は介助者を使いこなさなくてはならなかった。

そして介助は、単なる手助け／人助けとは少し異なるものとして意味づけられていた。初期の身体障害者を中心とした運動の中で、介助を長年担ってきた人が、「以前は介助やってるときに、自分は社会を変えてるんだって実感があった」と言っていたことがある。ここには、介助や介護が、手助け／人助けとは異なる意味づけがなされていたことが示されている。

この違いは何か。しばしば、「障害者本人が主体となる」ということとして理解され、繰り返しそう表現されてきた。たとえば自己決定の重視という言い方もそのひとつである。それまでの介助や介護が、介護する側の都合や意思でなされていたのに対して、あくまでも利用する本人の意思と指示に基づいてなされるのだ、といわれた。

ただ、本人の意思が重視され本人が主体となるという点は、上田のリハビリテーション医学とも共通している。先述したように、上田もまた、患者の意思を大切にした。そのため、本人主体や自己決定という論点だけでは、この違いは理解できない。

違いは、介助者にせよ医師にせよ、障害者と向き合う側の自己定義、あるいは障害者と周囲の人間との関係性にある。「介助やってるときに、自分は社会を変えてるんだっていう実感があった」という表現には、具体的な介助・介護は確かに障害者本人の意思に基づいてなされているのだが、介助者はそれを障害者本人のためにだけやっているのではなく、もう少し別の意味を見出してもいることが示されている。

「障害」をもたらしているのが社会であるなら、その社会によって「障害」されているのは、本当は「障害者」だけではない。実際、障害者運動にかかわった人たちの中には、現状の社会のありように強い不満や違和感を抱いていた人たちが多く含まれている。「社会を変える」というとき、その変える主体は、障害者だけではなかったはずであり、変わることによって「障害」を減じられるのも障害者だけではなかったはずである。このとき、障害者とその周囲の人たちは、ある意味では同志であり、仲間である。同じ「社会」に「障害」され、ともにその「社会を変え」ようとする存在として。

このことは、障害者運動のなかで、「ともに生きる」という言葉が、場所を変え、形を変えて、さまざまに用いられてきたこととかかわっている。障害者と介助者は、助けられる人と助ける人ではない。「ともに生きる」仲間であり、同志なのだ。

といっても、もちろん実際には、この社会の中で「障害者」とみなされる人とそうでない人との間には大きな断絶がある。そのことは繰り返し障害者運動の中でテーマ化されている(山下 2008)。ただ、テーマ化されているということ自体に、障害者と非—障害者の間に一定の共通性が見出されうるという前提があることが示されている。そうでなければ、断絶は問題にならないはずだからである。[13]

こうした関係は、専門職とクライアントの関係とは大きく異なる。たとえ上田のように、専門職とクライアントがともに同じ目標に向けて協働するという関係を大切にしたとしても、話は同じである。そこでいう「同じ目標」は、基本的には患者にとっての目標だからである。医師にとっても目標ではあるが、それはあくまでも「医師としての目標」であって、個人としての目標ではない。それに対して、社会モデルで障害者と介助者がともに「社会を変えよう」とするとき、そこで共有されているのは「介助者としての目標」にとどまるものではない。この社会に生きる一員として、つまりは「ともに生きる」ために障害者と介助者が同じ地点に立って描く目標である。

このように、社会モデルには、単にアプローチの対象が社会であるというにとどまらない、障害者とその周囲にいる人たちとの関係性を大きく変えるような意味があったのではないか。あまり社会モデル論者たちはこうしたことを主題として取り上げないが、[14] 実は「社会を変える」という目標設定から導き出せることでもあるように思う。

「社会を変える」という目標は、残念ながら往々にしてそう簡単には実現しない。障害者運動は地道な努力の結果、現在の重度訪問介護制度やバリアフリー化、情報保障、障害者差別解消法の施行などを実現するようになったが、こうした変化や改善は本当に遅々たる歩みである。

これは、専門職の視点からすれば、迂遠で遠回りなやり方にみえるだろう。たとえば上田は、リハビリテーション医学では「目標志向的アプローチ」が重要だと述べていた。これは、どのような「参加」を目指すかというイメージを共有し、実際にそれを実現していくものである。上田は、実現不可能なイメージを安易に抱かせることには禁欲的なのだが、その上で患者があるイメージを選ぶとき、そこに向けて医師も理学療法士らもチームとなって取り組むというものである(上田 1992: 200-232)。そうした上田にとってみると、いつ実現するかわからないような目標を立てることは、専門職としての「甘え」にみえるだろう。

だが、「社会を変える」という目標は、なかなか実現しないからといって、意味を失うタイプの目標ではないのだ——専門職ではなく、「ともに生きる」という姿勢を前提とするなら。長い道のりだからこそ、ともに歩む仲間を必要とする。仲間がいれば、長い道のりは、たとえ最後まで行きつかなかったとしても、歩むこと自体に意味がある。「ともに生きる」ことは、試みの結果や効果が思ったようにはともなわなくても、それ自体がかけがえのないものとなりうる。

むしろ、目標がそう簡単に実現しないことには積極的な意味があるとすらいえるかもしれない。だからこそ、長い道のりをともに歩むことができ、そこから「ともに生きる」かかわりが生まれるかもしれないのだから。

6　専門職であることと、「ともに生きる」との緊張関係

このような、専門職であることと、「ともに生きる」こととの間には、実はかなりの緊張関係が生じうる。もちろん、共通する部分もあるだろう。特に、上田流の新たな専門職であれば、本人との間に基本的な人間としての信頼関係を築くことが前提になっているし、医療提供の過程でも本人の意思決定を重視し、必要とあれば社会制度への働きかけも辞さないのであり、「ともに生きる」のと重なる部分もたくさんある。だが、それでもやはり両者は異なる。いや、異ならなければならないのだと思う。少なくとも、それぞれの姿勢を突き詰めようとするなら、その担い手たる主体の行動様式や判断の仕方がかなり異なるものとなるため、お互いに相手の行動様式や判断の仕方がとても採用しえないものと見えてくることが、少なからず出てくる。

専門職は、「ともに生きる」と安易に口にしてはならない。なぜなら、専門職は患者に対して、どうしても専門的技能の点において、そして現状の社会保障制度の仕組みゆえにも、優位に立つからである。何をサービスとして提供すべきかを最終的に判断できるとされるのはやはり専門職である。その優位性を踏まえずして「ともに生きる同志でございます」という顔をするのは、もちろん必要な局面もあるのだろうが、やはり「甘え」になりやすい。

言ってみれば、教師が生徒と「友人」になるようなものである。もちろん、教師と生徒が友人になることはあるのだと思う(少なくないとすらいえるかもしれない)。だが、教師が安易に「友人」面をするのであれば、話は別である。少なくとも私は安易に「友人」面をする教員は基本的に信用しない。そういう教員は往々にして、自分が「友人」面をやめたくなったときには一方的にやめてみせる。

だから、これはまさに倫理の問題なのだ。専門職が、一

時的にあるいは前提としては同志になりうるが、同志そのものにはなりえない、という立場をわきまえることは、専門職として必要な倫理である。人間としては対等であっても、専門職とクライアントとしては、決して対等にはなりえないことを踏まえなくてはならない。「ともに生きる」などといった関係に、自らを安易に落とし込んではならないのである。

もちろん、「ともに生きる」立場の人たちが、障害者と非障害者が対等になりえるなどという安易な考えに陥っているわけではない。むしろ、対等になりえないという現状を見つめつつ、それを決して温存させてはならないという決意が、「ともに生きる」という言葉に表れている。だから根本から全く相反するというわけではないのだが、それでもその姿勢や決意を突き詰めたときには、やはりお互いに相容れない姿に見えてくるときも出てくるのである。

他方で、「ともに生きる」ことを目指す立場(本人であれ、周囲の人たちであれ)からすれば、専門職は自らのかかわりをあまりに限定的に考えていると見えるだろう。「ともに生きる」と考えるのであれば、その時間はまさに数十年単位の、死ぬまでの時間である。それに対して、専門職はあまりに短い期間しかかかわろうとしない。

だが、専門職からすれば、短期的に介入して相手の状況を改善することこそが、自らに課すべき課題である。たとえば上田のリハビリテーション医学でいえば、「参加」をいちはやく可能にしていくことが重要であり、そのためにはなるべく早く状況を改善できた方がいいということになる。「参加」できない状況が長引けば長引くほど、その人の人生に与えられる悪影響は大きくなるからである。

そして、ある程度相手の状況を改善できたなら、その後はむやみやたらとかかわるべきではないとみなされるだろう。特に医師などのマイナスのプロフェッション[15]は、人の不幸にかかわることで生業を成り立たせているわけであり、あまり長く患者にかかわらなくて済むなら、それに越したことはない。患者の不幸が短く終わったということを意味するのだから(もちろん、患者の不幸が終わっていないのにかかわりを止めてしまうのであれば、それは非難されるだろうが)。

このようなかかわりの時間的スパンの違いは、「ともに生きる」立場と専門職の基本的な姿勢をさらに異なるものとしている。ひとつには、支援の効果をみる視点が変わる。長い人生には浮き沈みがある。当初は良いことだと思った支援が裏目に出るかもしれない。あるいは良いことであるのは変わらないにしても、それにともなって別のことが生じることもある。たとえば、自分の口で喋れることは一般に良いことだとみなされるだろうが、喋れるようになったことで、喋れなかった間に身に着けていた処世術が使えなくなったり、うまく避けていた物事に直面せざるを得なくなったりする。良いことが起きたらそれに合わせて生活全体を再編しなくてはならなくなることは少なくない。長くかかわり続けるということは、このような変化の結果がどう転んでいくのかをつぶさに見ることになる。そうなると、どのような支援が良いかといったことについての評価や判断も、多義的で複層的になる。専門職のように明確に判断を下すことは、むしろ非現実的に見えてくる。

　もうひとつには、かかわる側の感情をどこまで出すかということも変わってくる。短いスパンなら、かかわる側も、自分の醜いところや欠点、不足したところは相手にさらさなくていいし、晒さない方がいい。専門職はクライアントに不機嫌な顔など見せるべきではないとみなされており、多くの専門職は自身の感情をコントロールする仕組みを作り上げている。[16] だが、「ともに生きる」と立てるのであれば、その長いスパンの中で、自分の醜いところや欠点、不足したところを相手に晒さざるを得ない。それらを隠そうとするなら、「ともに生きる」ことから外れていかざるを得ないからである。むしろお互いに負の感情も含めてぶつかり合い、ダメなところを見せ合うことでこそ、「ともに生きる」ことにつながるともいえるだろう。

　専門職からすれば、「ともに生きる」ことを目指す人たちのかかわり方や議論の仕方は、迂遠でわかりにくいと思えるかもしれないし、過度に自身の感情を出しすぎだと思うかもしれない。「ともに生きる」ことを目指す人たちからすれば、専門職はあまりにも、何が正しく何が良いことかについて迷いがなさすぎるし、自分の醜さを見つめなさすぎるだろう。

　このように、両者の姿勢は、実はかなり緊張関係になりうる。だとすると、上田のいう「統合」はそう簡単にできるものではない。

　医学モデルや社会モデルの「モデル」という言葉を、単に問題の原因を何に帰するか／解決をどこに求めるかというレベルだけでなく、それにともなう障害者とのかかわり方というレベルも含めて用いるなら、医学モデルは専門職の姿勢を当然視しており、社会モデルは「ともに生きる」を前提としている、と整理できるだろう。前者のレベルでの「統合」はありうるだろうが、後者のレベルでの「統合」は、案外と難しいはずである。

先述した通り、上田は、問題の原因や解決を社会に求める捉え方はある程度共有しており、そのレベルでなら社会モデルを受け入れている。だが、上田は専門職という姿勢は堅持し続けるだろう。社会に問題の原因や解決を求めるという視点を上田が取り入れるのも、専門職として障害という問題に向き合うがゆえのことだからである。そして、専門職としての姿勢を突き詰めるなら、「ともに生きる」という立場はそう簡単に受け入れられるものではない。だからこのレベル（障害者とのかかわり方）においては、上田はおそらく社会モデルと相容れないところを持ち続けるだろう。それは上田が社会的な問題に対して鈍感だということではなく、姿勢が異なるからである。

7　おわりに
——リハビリテーション論と障害学の対話に向けて

といっても、（上田の用いた表現だが）「弁証法的」というなら、いろいろ「統合」がありうる。上田の発想だけでは「統合」はできないと私は思うが、それを超えた「弁証法的な統合」はありうるとは思う。それは、複数の主体が複数のモデルを実践し、同時に支え合うような場の構想になるだろう。

そして実は、そのような場の構想は、上田の議論に含まれている。上田は、リハビリテーションにはいくつもの領域があると述べ、当初は医学・教育・職業としており（上田 1983: 229-282）、特に近年ではそこに地域や介護も入れて構想している（2016/6/29 地域社会研究会レジュメ）。上田のいうリハビリテーションは多領域に及ぶものであり、上田自身が実践してきたリハビリテーション医学はその一部に過ぎないというのである。

ならば、次のようにも考えられるだろう。医学と教育、あるいは職業、まして地域や介護など、領域によって、働く論理や関係性が異なるのは当たり前のことである。医学については上田の考えるようなリハビリテーション医学でもいいのかもしれない。だが、障害をもって生きる個人にとっては、人生において医学がかかわる時間と領域はそう大きくはない。もっとも大きいのは介護や地域、あるいは教育や職業のはずである。そこで働く論理や関係性は、また異なるものであり、そのひとつとして「社会モデル」が提起してきたような「ともに生きる」仲間や同志のような関係というのも、考えられるのではないか。

ただ、医学や教育、職業、地域、介護など、領域が違うから関係性が異なる、と言い切っていいのか、私にはまだためらいが残る。専門職の倫理を保持すべき領域と、「ともに生きる」関係であるべき領域というのが、明確に区分できるとも思えないからである。いいかえるなら、介護や介助だから「ともに生きる」でなければならない、といえるかというと、そう単純ではないだろう。

それでも少なくともいえるだろうことは、ひとりの人が生きていく上で、専門職としてかかわる人も必要だろうが、「ともに生きる」人も必要だろう、ということである。ある人が生きていく過程には、多様なかかわりがあるのが当たり前だろうし、それが取り戻されてこその「全人間的復権」である。私たちは、「ともに生きる」人を必要とするし、専門職として必要な支援をしてくれる人も必要としている。それらがあってこそ、私たちは「人間」として「復権」するのだろう。

専門職が悪いというわけではない。いい専門職であろうとする人たちが、いい専門職として活躍することは、それとして必要だし、重要なことのはずである。だが、いい専門職だけで生活や世界が回るわけではない。「ともに生きる」人たちを生み出していかなくてはならない。そしてそれは、リハビリテーションを総合的に成立させていくためには、実はかなり肝要なポイントになりうる。私たちはこのことを、リハビリテーションの議論に持ち込まなくてはならないのではないだろうか。

冒頭で述べたように、これまで障害学は、上田敏の議論を真正面から取り上げてきたとはいえないと私は思う。批判的な言辞はたくさんあるのだが、生産的な対話がなされてきたとは言い難い。

おそらく、こうしたことが起きる背景には、障害学や社会モデル、あるいはそれに近い立場をとる人たちにとって、医学モデル批判があまりにも議論の前提となってしまっていたことがあるのだろう。障害者運動は、医師のマジョリティと闘わなくてはならなかったし、それはかなり強硬な敵だった。そしてリハビリテーション医学の医療者にも、問題のあるふるまいをする人は少なくなかったのだろう。だから、まとめて医学モデルと呼び、批判し続けるのが当たり前になってしまっていたのかもしれない。

しかし、時代は明らかに変化してきている。今日の医療者は、少なくとも一九七〇年代の医療者と同じ教育を受けてはいない。中身がどうかは大いに問題を残すにしても、病院中心の医療や入所施設が中心の福祉から、地域で暮らし続けることを前提にした包括的なケアシステムが必要だと言われるようにはなった。まだまだ不十分だし、問題が多々残っているにしても、いやだからこそ、医療者を医学モデルだと批判しているだけでいい時代ではない。そうではなく、では医療者には何ができて何ができないのか、その前提になっているのは何なのか、対話していくことが必要な時代に入っているのではないか。

今回の文章で試みたかったのは、その対話の糸口をつくることである。

■注

1 この研究会は一度では終わらず、二〇一六年九月七日にその続きが行われた。また、猪飼周平が準備している地域包括ケアに関する本の企画として、上田敏へのインタビューに参加させていただいた（実施は二〇一七年二月一日および二月一三日）。インタビューの内容は、日本看護協会出版会から出版予定の本に掲載される。こうした場での議論が本稿の背景にある。時間を割いてくださった上田、機会を作ってくれた猪飼と日本看護協会出版会に心から御礼申し上げる。

2 なお、本稿では障害学などの立場からの上田批判のうち、上田の障害論や支援論、あるいは実践そのものにはかかわらない論点については触れていない。たとえば多田富雄による批判は、リハビリテーション医療に制限が加えられたときに、上田が強く反論しなかったことに向けられている（多田 2007: 18-19; 立岩 2017: 270-287）。また杉野昭博は、上田ら「良心的専門家」は、一定水準のサービスを制度的に保障するシステムについては「とたんに口が重くな」ると述べ、しかし利用者が求めるのはまさにその制度的保障なのだと指摘している（杉野 2007: 99）。これらの批判や指摘は、ユーザー目線と提供者目線の違いを示していると捉えることもできるのだが、少なくとも批判の的となっているのは、政治的・政策的課題である。そのため、上田その人や立論に対する批判というよりは、上田がリハビリテーションの代表的論者だったためになされる批判といっていいだろう。

3 「このような「段階論」は意外に多くの医師・セラピストの考え方の中にくい込んでいると見なければならない。私はこれを以前から批判してきた。これは機能障害の治療を最も重要と考えて他のものを軽視する「治療主義」であり、その限界があきらかになるまでは「治療」しか考えず、限界にぶつかって初めて、やむなく他のアプローチに移るもので、リハビリテーションの姿はとっているものの、古い治療医学の考え方にほかならず、先にも批判した「障害の治療医学」、それもほとんど機能障害だけの治療医学である。」（上田 1992: 206）

4 ただし、「すべての障害児を普通学級に」という姿勢はとっていない。一定の個別的な指導が必要なケースもあり、それなくして普通学級に置かれても「お客様」になってしまうだけになりかねないというのが理由である（上田 1983: 251）。上田が重視していたのは、あくまでも実質的「参加」だったことが示されている。

5 二〇一六年一〇月三〇日（日）「高次脳機能障害を生きる〜当事者と家族〜」（於：浜離宮朝日ホール）での上田による講演会より。この事例については上田（2013: 257-258）でも触れられている。

6 むしろ、「障害受容」について上田がリハビリテーション部の勉強会でテーマとして取り上げた当初、症例の見直しから見えてきたのは次のようなことだったという。「ある症例が長期にわたる抑鬱から短期間のうちに劇的な立直りを示したことから、障害の受容のめざましい成功例だと担当者たちが考えていたにもかかわらず、角度を変えて見直してみると、実は抑鬱期にある患者に自立を「強要」し、それが十分達成されないことにたいして、批難がましい感情をもつことによって一歩誤ればひじょうに危険な瀬戸際まで患者を追いつめていた可能性があったこと、そしてもしわれわれにもうすこし深い洞察力と患者の苦しみにたいする共感力とがあれば抑鬱の期間をはるかに短く切り上げて、数か月も早く受容に到達させえていたかもしれないということの認識（と反省）に到達しえたことはわれわれにとって一つの啓示といってもよいものであった」（上田 1983: 206）。ここからすると、南雲が批判したような「障害受容」の捉え方は、上田にとっても批判の対象であり、そうした捉え方がいかに一方的で誤ったものかということが、上田の「障害受容」論の入り口になっているといえよう。

7 立岩真也は、上田が「両方が大切である」といいつつ、議論を進めるうちになぜか一方だけ（主に医学的な対応）を重視する話になっていると指摘する（立岩 2010）。さらに、そのどちらがどのように重視されるのかということには、社会的・政治的なさまざまな力が働くのであり、「両方が大切である」といえば終わるわけではないと述べる（立岩 2011）。それは確かにその通りなのだが、上田が後述するように専門職として強く自己定義していたことを考えると、上田の議論の中でリハビリテーション医学が結局中心になるのは、避けがたいところもあるだろう。専門職は自らの専門外についての発言には慎重になりがちである。

8 上田自身の説明によると、「弁証法」とは、「二つのもののうち、正しい要素は生かし、誤った要素は除き、さらに両者にない新しい要素を加え、全体を組織する」ことである（同上）。なお、さらにいえば、「医学モデル」「社会モデル」がマイナス面にしか注目していないのに対して、ＩＣＦや自身の立場はプラス面を主にすることで視点を一八〇度変えているのだという。この点については後述する。

9 二一世紀に入ってから、日本でも徐々に、社会モデルの考え方をただ輸入・適用するのではなく、社会モデルそのものを主題として深めていく議論が発表されているが、その多くが、障害が社会に起因するということの意味やそのプロセスについて議論を精緻化するという方向にある（星加 2007; 川越・星加・川島 2013; 榊原 2016）。

10 上田は、「自己決定権は基本的人権の一つであり、そのもっとも中核的なものであるから、重度心身障害児であろうと、重度の知恵おくれ児であろうと、痴呆老人であろうと誰からもそれを奪うことは許されない」と述べた上で、「リハビリテーション（全人間的復権）の対象者には、ここにあげたような重度の、自己決定権にすら制約のある障害者も当然含まれる」「むしろこれらの人々こそ、最大限の「人間らしく生きる権利の制限・喪失」状態にあり、もっともリハビリテーションを必要としているとさえ言わなければならないのである」（上田 1983: 34-35）と述べている。

11 障害者運動は、専門職を批判的に捉えてきたわけだが、その内実について障害学は、どちらかというと、フリードソンのいう「専門職支配」に即したような専門職への批判としてまとめてきてしまったように思われる。たとえば堀智久は、「障害者解放運動の理念や思想」が、専門職に対して患者（＝障害者）が協力的でなくてはならないとされることに対して批判しただけでなく、病気や障害が否定されるべきことだと捉えられてきたことに対して痛烈に批判したのだと述べる（堀 2014: 36-47）。だが、もしそれだけなのだとしたら、たとえば上田のように、「専門職支配」のような専門職像から抜け出そうとした人たちのことは捉えきれない。上田は、本文でも述べたように、医師に患者が従うべきだとは捉えていないし、機能障害それ自体を単にマイナスで捉えるような視点は持っていない。

12 なお、付言しておくと、そもそも専門職がどの程度まで社会制度に働きかけるべきか、というのは、実はかなり難しい問題である。専門職への批判として、社会制度に十分働きかけないという批判は多くあるのだが、社会制度に働きかければいいというものではない。たとえば産婦人科医が「あるべき女性の一生」について語り、それに基づいた社会制度の構築を訴えたら、どうだろうか。私は二〇代後半のとき、ある産婦人科医に「女性は医学的にみて早くに子どもを作った方がいいから、勉強はそこそこにして結婚しなさい」と説教され、閉口したことがある。専門職が安易に社会制度に働きかけることは、本来はそう簡単に推奨されることではないはずだと私は思う。そして上田は、その点に対するためらいは常に持っていたようである。確かに先述したように、夫に見捨てられるという不安に駆られていた女性に、東京で訓練するのではなく関西に住む夫のもとへ戻ることを勧めているのだが、この事例については当初「急ぎすぎではなかったか」という反省も抱いていたそうである（上田 1987: 47）。とことん、専門職なのである。

13 ここで言いたいのは、障害者運動が一枚岩で、同じことを障害者と非障害者がともに目指してきた、ということではない。障害者運動にかかわってきた人たちには内部で対立も多いし、障害者と非障害者の間の断絶はいわば前提である。比ゆ的にいうなら、「同床異夢」ではある。ただ、専門職は原則としてクライアントと「同じ床」にはつかないのに対して、同じ床に居続けようとしているという点で、やはり大きく異なるのである。

14 ただし、障害者運動史についての研究では、このことは繰り返しテーマ化されている（ごく一部を挙げるにとどめるが、山下 2003; 渡邉 2011; 深田 2013 など）。

15 石村善助の概念で、医師や弁護士が、他人の不幸をいわば「飯の種」にしていることを指摘したものである（石村 1969）。それに対して教師や保育士は、他人が成長していくプロセスを「飯の種」にしているという意味で「プラスのプロフェッション」と分類された（なお、ここでいうプラス／マイナスは、たとえば疾患や障害が人生において常にマイナスを意味する、ということを意味しているわけではない）。同じプロフェッションでも性格が異なることを示す区分である。たとえば教師なら、卒業生から連絡が来ることは普通にあるだろうし、望ましい事例として語られるだろう。それに対して、たとえば尊属殺法定刑違憲事件の弁護士だった大貫正一さんは、罪に問われた女性が執行猶予になったのち、毎年はがきを送ってきていたのに対して、事件を思い出すことになるから送らなくていいと伝えたといわれる。

16 たとえば医療者が身に着ける「白衣」は、それを身に着けることで気持ちを切り替える重要なツールになっていることが多い。だが一般には、「白衣」は「ともに生きる」ことを阻害するものとみなされるだろう。

■文献

Freidson, Eliot, 1970 *Professional Dominance: The Social Structure of Medical Care*, New York: Atherton Press（＝1992 進藤雄三・宝月誠訳『医療と専門家支配』恒星社厚生閣

堀智久 2014『障害学のアイデンティティ――日本における障害者運動の歴史から』生活書院

星加良司 2007『障害とは何か――ディスアビリティの社会理論に向けて』生活書院

深田耕一郎 2013『福祉と贈与――全身性障害者・新田勲と介護者たち』生活書院

石村善助 1969『現代のプロフェッション』至誠堂

川越敏司・星加良司・川島聡 2013『障害学のリハビリテーション――障害の社会モデルその射程と限界』生活書院

南雲直二 1998『障害受容――意味論からの問い』荘道社

―― 2002『社会受容――障害受容の本質』荘道社

榊原賢二郎 2016『社会的包摂と身体――障害者差別禁止法制後の障害定義と異別処遇を巡って』生活書院

杉野昭博 2007『障害学――理論形成と射程』東京大学出版会

多田富雄 2007『わたしのリハビリ闘争――最弱者の生存権は守られたか』青土社

田島明子 2009『障害受容再考――「障害受容」から「障害との自由」へ』三輪書店

立岩真也 2010「社会派の行き先・2」『現代思想』一二月号（⇒ 2017 立岩真也『リハビリテーション／批判――多田富雄／上田敏／他』Kyoto Books）

――2011「社会派の行き先・3」『現代思想』一月号（⇒2017 立岩真也『リハビリテーション／批判――多田富雄／上田敏／他』Kyoto Books）
――2017「リハビリテーション専門家批判を継ぐ」『多田富雄コレクションⅡ――人間の復権【リハビリと医療】』藤原書店
上田敏 1983『リハビリテーションを考える――障害者の全人間的復権』青木書店
――1987『リハビリテーションの思想――人間復権の医療を求めて 第2版』医学書院
――1992『リハビリテーション医学の世界――科学技術としてのその本質その展開そしてエトス』三輪書店
――2001『科学としてのリハビリテーション医学』医学書院
――2013『リハビリテーションの歩み――その源流とこれから』医学書院
――2016「新版への序」上田敏・鶴見和子『患者学のすすめ〈新版〉――〝人間らしく生きる権利〟を回復する新しいリハビリテーション』藤原書店
渡邉琢 2011『介助者たちは、どう生きていくのか――障害者の地域自立生活と介助という営み』生活書院
山下幸子 2008『「健常」であることをみつめる――一九七〇年代障害当事者／健全者運動から』生活書院

くまさんのシネマめぐり⑦

台湾と日本を考えるために

好井 裕明

台湾は、一八九五年から一九四五年までの半世紀、日本の統治下にあった。かつて台北を訪れたとき、私は日本統治の象徴である台湾総督府が行政府として使われ、観光名所となっているのに驚いたことがある。韓国では朝鮮総督府は負の記憶を喚起させる忌むべき象徴としてずいぶん前に跡形もなく破壊されている。台北の街を歩けば、戦前の建物が今も大切に使われていることも多く、それに気づく私たちはなぜ今も日本統治下の古い建物が壊されることなく使われているのだろうかと、台湾と日本の関係に思いをはせることになるだろう。しかし日本と台湾との関係を考えるうえで、まだまだ関連する書物や映像作品は少ないのではないだろうか。今回は必見のドキュメンタリーや映画を紹介したい。

『湾生回家』(ホァン・ミンチェン監督、二〇一五年)。湾生とは、戦前の台湾に生まれ育った約二〇万人の日本人をさす。彼らは日本から公務員、警察官、企業の駐在員として、また農業従事者として移民した人々の子孫だ。そして太平洋戦争終結後、彼らのほとんどは中華民国政府の方針により、日本へ強制送還された。しかし彼らの故郷は台湾であり、彼らの心は常に台湾に向かう。移民として台湾に渡り、荒廃していた土地を豊かな農場へと変えた親たち。それをすべて放棄し日本に帰国を余儀なくされた。幼くあまり記憶がないが、故郷への思いを語る男性。小さい頃、現地の友人と遊び戯れた場所を訪れ、かつての友人を探し続ける男性。台北で育ち、父親の仕事の関連で花蓮に転校した女性。彼女は日本に帰国するも、異邦人として暮らすことに苦しみ、自分の居場所、故郷はどこかを探し求め、台湾で自分の戸籍を見つけるのだ。別の女性は、台湾で何不自由ない暮らしを送っていたが、帰国後、台湾が植民地であったことを知り、当時、差別や不平等が日常であったことに思いいたる。他にも湾生たちにとって、一人一人の〝故郷台湾と自分〟の物語があることをドキュメンタリーは丁寧に見つめていく。

『台湾人生』(酒井充子監督、二〇〇八年)。台湾の現代史に翻弄されたのは湾生だけではない。本作品では統治下で日本教育を受けた〝日本語世代〟に焦点があてられる。「二〇歳まで日本人だった」と語る女性。夫との会話は今も日本語だ。「男だったら特攻に志願した」と彼女は語り、台湾人の国建国をめざし運動を続けている。少数民族パイワン族出身の男性。彼は長年国会議員を勤め少数民族の権利確立を目指し続けた。日常の暮らしも完全に支配されていた当時の原住民の状況を語り、思いを吐露する。ある男性は、小学校でよくしてくれた担任の記憶を語る。戦後三〇数年たち、先生との再会を果たすがすぐに死別する。彼は毎年日本への墓参を欠かさない。台湾総督府と二二八記念館でボランティア解説員をしている男性。日本人や日本政府に複雑な感情を持つが、台

湾と日本の現代史を若い世代に伝えることが自分の役割だと語る。戦争中は、日本兵として日本の為に戦った彼ら。日本人でないというために何の戦後補償もない。彼らの複雑な思いをドキュメンタリーは少しでも掬いとろうとする。

『台湾アイデンティティ』（酒井充子監督、二〇一三年）。本作品は『台湾人生』の続編といえるものだ。少数民族ツオウ族リーダーの長女として生まれた女性。彼女は戦後家族を支えるために歌手になるが国民党による尋問が続き、一九七一年に自首証を提出し、ようやく自由の身となる。戦争中、日本軍として働くが、戦後台湾へ戻り、小学校教員として過ごした男性。彼は国民党政権の白色テロ時代、民主主義とは何かを子どもたちに語り続けた。一八歳で海軍に志願した男性。高雄で敗戦。戦後は二二八事件の際、抗議行動に参加、政府による執拗な尋問を受けるも逮捕にはいたらなかった。戦前、台湾人の父と日本人の母に間に生まれた男性。台湾独立運動に参加し、政治犯として八年間収容所がある島で過ごす。その後、日本語ガイドの仕事をし、観光会社を立ち上げ、活躍している。かつて日本人だった「日本語世代」が、蒋介石・中華民国国民党政権の言論統制や弾圧を経験し生きてきて、今何を感じ、何を思うかを語っている。

『セデック・バレ』（ウェイ・ダーション監督、二〇一一年）。本作品は、四時間半という長さのなかで「霧社事件」を描く。一八九五年以降、台湾を植民地化した日本は、インフラを整備する一方で言語や教育も含め、現地の人々の徹底した「日本人化」を進めていく。こうした圧力への抵抗が霧社事件につながっていく。事件は一九三〇年に起きた。台湾中部山岳地帯に住む狩猟民族であるセデック族、彼らは「狩り場」を持ち獣を捕え暮らしている。「狩り場」は生活の糧を得る空間であり、それを守ることは部族の男たちの義務であり誇りだ。捕えた鹿の湯気がまだたつ生肉を食べる姿。出草（しゅっそう）という首狩りのシーンに私たちは驚くかもしれない。しかしそれは彼らにとって宗教的呪術的な意味をもつ重要な生活の一部なのだ。日本人は彼らを野蛮で未開だと決めつけ日本語や生活習慣を強要していく。「狩り場」を奪われ、部族としての誇りを奪われ、言葉も奪われ、日常的に日本人警官から侮蔑され見下される彼ら。鬱積した怒りが日本人の運動会への襲撃を機に大きな武力蜂起となっていく。映画では「狩り場」を縦横に走る誇り高き男たちの姿や部族の日常を描き、事件の背景や原因、実際の蜂起、日本軍による徹底した弾圧を迫力ある映像で描いていく。DVDのコピーには「かつて誰も味わったことのない獰猛な映画体験」とある。必見の作品だ。

『餘生～セデック・バレの真実』（タン・シャンジュー監督、二〇一五年）。このドキュメンタリーは霧社事件以降の彼らがどう生きたのかを追い、現代にとってその事件がもつ意味を問い直す。映画とあわせて見るべきだろう。

ブックガイド

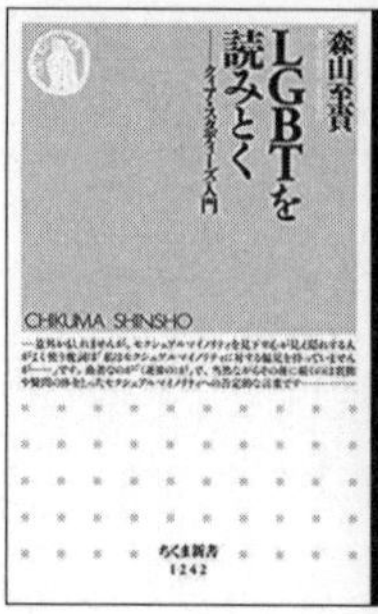

諦めないための知識

三部倫子

『LGBTを読みとく――クィア・スタディーズ入門』森山至貴 著
二〇一七年 ちくま新書
800円＋税

およそ一〇年前、私が性的マイノリティの研究を始めた頃、どれほどの人がレズビアン(L)・ゲイ(G)・バイセクシュアル(B)・トランスジェンダー(T)を意味する「LGBT」という言葉を知っていただろうか。私が行った調査で、子どもからカミングアウトされたある親が「LGBTってプロパンガスかなっていうくらい訳わかんないですから」と言ったのを思い返すと、「LGBT」を理解しようとする機運に満ちた今日は、まるで隔世の感がある。このような動きはもちろん喜ばしいことではあるが、言葉が人口に膾炙すれば当然に、その意味には何かしらの偏りが生じるものだ。森山は『LGBTを読みとく』というずばりのタイトルを冠した本書のなかで、今日の「LGBT」現象を少し斜めの角度――クィア・スタディーズの視座――からアプローチし、「LGBT」の陰に隠れるものを照らし出す。

副題に掲げられている「クィア・スタディーズ」とは、差異に基づく連帯を志向し、否定的な価値付けを積極的に引き受けることで価値を転倒、さらにはアイデンティティの両義性や流動性に着目する研究群を指す(二六-二七頁)。つまり、クィア・スタディーズは、「LGBT」内の差異に潜むヒエラルキーにそのまなざしを向けているのである。

こうした特徴をもつ本書の醍醐味は、次の三つにまとめられる。

一つ目は、人々が抱く「差別心」への強い抗議の姿勢である。本書がターゲットとする読者層は、専門課程で学ぶ大学生・大学院生や、専門は異なるがクィア・スタディーズに興味を持ち始めた教員や研究者、そして「知っていれば他者を傷つけずに済むことがあれば知っておきたい」(八頁)という知識欲を持つ人々である。本書には、巧妙に「他人を差別」(四四頁)しようとする人々に対峙する(もしくはたまたま居合わせてしまった)読者が、「使える」ヒントもちりばめられている。例えば、「生物学」という自然科学の学問領域を持ち出し、性交が生殖に結びつかない同性愛を「正しくない」とする主張の問題点が痛烈に批判される(四二-四四頁)。中立を装う非論理を論破するこの箇所は、読んでいて爽快である。

二つ目は、「LGBT」に連なるこれまでの国内外の動きが、コンパクトにまとまっている点である。歴史を辿ることによって、「LGBT」という言葉以外にも性的マイノリティや性的な行為を指す言葉が多く存在し、それらが社会・時間と連動して変化してきたことを理解できるはずだ。

三つ目は、概念を用いて現象を分析する楽しさを味わえる点にある。特に6章で紹介される新しいホモノーマティヴィティ（よき消費者であるほど同性愛者は社会に認められやすい）、ホモナショナリズム（ナショナリズムを支持する見返りに同性愛者が社会に認められる）概念を通して、近年、急にお茶の間に登場した「LGBT」現象のカラクリの一端を垣間見ることができる。

ただ、若干腑に落ちないのは法に関する議論である。法制化の問題点として森山は、日本で同性間の婚姻が認められると、「同性カップル＝同性愛者同士のカップル」という誤解が広まり、バイセクシュアル自認の人々が今以上の差別を受けるリスクがあるとする（一六三頁）。今日、日本に暮らすバイセクシュアルの人々は同性との交際では同性カップルとしての差別を受けるにもかかわらず、異性との交際時は異性愛者として誤認されてしまう落差に戸惑っているだろう。誰もが相手の性別に関係なく婚姻できるようになれば、バイセクシュアルの人々が理不尽にも感じざるをえないこの落差が、低減されるというメリットがもたらされるとも考えられるのではないか。

新書という体裁をとる書に少々欲張りな注文をつけてしまったかもしれないが、本書は現在、日本語で読めるクィア・スタディーズの良書であることには違いない。性をめぐる言葉や意味内容は、それを生み出す社会のなかで生まれる。変化が社会の常であるならば、性的マイノリティを指す言葉や、概念を通した「多様な性の正確な把握」（二四頁）も暫定的、括弧付きの「理解」に留まる。しかし、そうであるからこそ、私たちは変化に常に向かい続けなければならない。理解を放棄した先には、差別は常にあるものだから仕方が無いという諦めしか残らないからだ。変化する物事を理解し続ける・把握しようとする姿勢が、差別や偏見の軽減に繋がるのだと本書は読者に訴えている。

「不関与」の町の来し方とこれから

前田拓也

『貧困と地域――あいりん地区から見る高齢化と孤立死』
白波瀬達也 著
2017年　中公新書
800円＋税

「帰りにおもしろがって新今宮で降りたらあかんで」

わたしが中学一年生だったある日、担任の教師が、放課後の生徒たちに伝えた言葉だ。

一九九〇年。ここで「下校時におもしろ半分に行ってはいけないところ」として名指されているのは、バブル経済崩壊のとば口に起こった、いわゆる「第二二次西成暴動」の、その現場のことである。

わたしたち「大阪の人間」にとっては、つねに日常ととなりあわせでそこにありながら、どこか近寄りがたい場所、近寄ってはならない場所、キタやミナミといった街場とはまた違った、観光気分で行くべきではない「ヤバいところ」。でありつつ、だからこそわたしたちを魅惑し続ける「例外的な町」。それが、大阪西成は釜ヶ崎／あいりん地区である。

本書は、釜ヶ崎／あいりん地区の来し方を通時的に整理すると同時に、この町が、ホームレス問題、脆弱な住まい、社会的孤立といった課題とどのように対峙してきたかが検討されている。

戦前に形成されたスラムが、戦後の高度経済成長の過程でドヤ街へ。しかし、バブル崩壊後、寄せ場機能の低下によって、日雇い労働者の町が中高年男性ホームレスの町になっていく。さらに、「この町だから暮らしていける」人びとが流入し、生活保護を受けて定住する。

これまでもしばしば指摘されてきたように、釜ヶ崎は、住民が互いに「深入り」することがなく、それぞれの過去を問うことのない、流動的で匿名的な、「不関与」を規範とする町である。しかし、生活保護を受給して定住生活に移行すると、この規範は脅かされ、「関与」を嫌う者はみずから孤立を選んでしまう。この帰結としての「孤立死」がある。こうした「死にかた」は、やっかいなことに、しばしば住民同士のつながりが極端に希薄なために見えにくく、社会問題化すること自体が困難である。それゆえ、あらたな地域ネットワークの（再）構築が、喫緊の課題となる。

もはや貧困が特定地域に偏在する問題ではなく、全国的な課題になりつつあるいま、釜ヶ崎が直面している課題は、あらゆる地域社会にとって他人事ではない。そうした意味での象徴的な町ではあろう。

本書のハイライトは間違いなく、第4章「社会的孤立と死をめぐって」にある。著者既刊の『宗教の社会貢献を問い直す――ホームレス支援の現場から』では、「宗教の社会参加」としてのおもにキリスト教系の組織による支援の実態が報告されていたが、著者の本領は、この「死／弔い」に注目する宗教社会学者としての部分にこそある。

「不関与」を旨とする釜ヶ崎は、無縁死者と向き合ってきた歴史が長く、そのため独自の弔いかたが発達してきたが、最近では、「孤立死を避けたい」という共通の関心が、「不関与の町」に新たな地縁を生み出しつつあるという。本書の白眉は、弔いそのものではなく、この、弔いを可能にするための社会関係の構築に注目したことにあるだろう。

一方で、日本の「都市下層」に関心をもった初学者が、まず最初に手に取る可能性の高い「新書」という場の性格を意識しているからなのか、それとも著者本人の元来の習性なのかはわからないが、現行の政策やこれまでの労働運動への評価について、意図的に「バランス」を取ろうとしすぎているきらいがあるようにも見える。それぞれの「現場」を、それとして尊重し評価する態度は理解できるものの、これまでの文脈が共有されていないところでどのように読まれるのかを思えば、やや危ういところもないではない。
それゆえ、併せて、まずは著者自身も執筆者の一人として名を連ねる『釜ヶ崎のススメ』を。さらに、おもに関西の若手・中堅どころの社会学者たちによって編まれた『ホームレス・スタディーズ』を手に取られることをおすすめしたい。この町を考えるにあたって、より立体的な文脈を手に入れることができるだろう。

一九七〇年代青い芝の会の運動を知るために

山下幸子

『差別されてる自覚はあるか——横田弘と青い芝の会「行動綱領」』
荒井裕樹 著
二〇一七年　現代書館
2200円＋税

本書は、脳性マヒ者たちの運動団体である「青い芝の会」が一九七〇年代に発表した、会の「行動綱領」を主題に論じたものである。私たちは、本書によって、行動綱領発案の経緯、行動綱領の内容、発表後の青い芝の会内部に及ぼした影響、そして横田弘が行動綱領に込めた意味を理解することができる。横田弘という、青い芝の会における中心的な活動家の軌跡をたどるとともに、一九七〇年代青い芝の会運動の動向を知る上で、貴重な書籍である。

本書の優れている点はいくつもあるが、そのうちの一つを挙げれば、「読みやすさ・わかりやすさ」にあると、私は思う。これは著者である荒井裕樹氏の文才とともに、当時の青い芝の会関係の資料の収集・精読と聞き取り作業の充実に裏付けられている。そして、著者が、横田に「行動綱領について『わかりやすく』書いてほしい」という依頼を受けていたことも大きく影響しているだろう。この依頼に対し、著者は「腰が抜けるほど驚いた」(p.25)そうだ。横田が「わかりやすく」という依頼をする。これは結構すごいことだと私も思う。本書でも述べられているように、健全者が脳性マヒ者について、安易に理解したと捉えることの欺瞞を追求したのが、青い芝の会運動の重要な一面だったからだ。

青い芝の会の行動綱領は、横田によって起草された「われらは自らがCP者である事を自覚する」、「われらは強烈な自己主張を行なう」、「われらは愛と正義を否定する」、「われらは問題解決の路を選ばない」といった四項に加え、一九七五年の青い芝の会全国代表者大会で決まった「われらは健全者文明を否定する」という項目から成る。これら項目一つ一つのインパクトの強さは一読して明らかだ。

行動綱領の背景には、一九七〇年に起きた、母親による障害児殺害事件があった。横田は、この事件を、殺されうる自らのこととして捉えた。著者は、行動綱領のうち、横田が一番重きをおいてきたのが、第一項「われらは自らがCP者であることを自覚する」だと繰り返し主張する。脳性マヒ者としての生は、健全者から否定される。そうした自身であると徹底的に見つめることから、脳性マヒ者の運動が始まっていくと横田は主張していた。

他、私が本書を読んでいて興味深かったのは、青い芝の会の中心を担った横田弘と横塚晃一の思想や運動スタイルの違いを描出した点だ。著者は、両氏の違いを「自分のことをポジティブに捉えようとする発想があるかないか」(pp.185-6)だと述べる。横田も横塚も、マハラバ村での大仏和尚の教えから「絶望からはじまる」という哲学を持っていた。横塚が、脳性マヒ者としての独特の見方・考え方を元に、社会の価値の変革を主張したのに対し、横田は「絶望という地点に留ま」り、そこから声を発していくことの重要さを主張した(p.187)。

さて、私は本書に学びながら、本書の延長線に「障害者運動におけるリテラシー」という論点があると考えていた。

一九七〇年代当時、横田による文章は、運動における学習会でテキストとして用いられ、脳性マヒ者本人はもちろん、青い芝の会に関わった健全者たちにも強い影響を与えた。横田ら活動家のリテラシーの高さは、運動を広めていくうえで、とても重要だった。

『支援』vol.7のロングインタビューで、りぼん社の小林敏昭氏は、青い芝の会運動の「大衆化と、青い芝運動の持っている先鋭な思想性みたいなものとの矛盾」(p.202)があったことを指摘している。青い芝の会運動の広がりに伴い、そこに参加する障害者が増えてきても、そこに集う障害者の全てが横田らのような思想性をもち、運動を進めるのは、実際に困難だった。一九七〇年代後半、関西を中心に、青い芝の会による健全者グループへの糾弾と、それに伴うグループの解散が相次ぐが、そうした糾弾の背景の一つには、青い芝の会に関わる健全者による、障害者のランク付けの実際があった。あの障害者はいろいろ教えてくれるが、あの障害者は黙ってばかりだから、介護に行くのは嫌だ、といったように。

横田は、「脳性マヒ者の〈自己〉は『健全者』に奪われていて、脳性マヒ者は〈自己〉の喪失状態にある」と主張した(p.174)。障害者のリテラシーが低くなる大きな要因は、横田が言うように、「健全者に奪われて」きたためだ。ただ、教育や社会経験を積む機会を奪われてきた脳性マヒ者たちにとって、障害者運動への参加は自らの過酷な生活状況打開のために必要であっても、その運動哲学を文章と議論から読み取り、解釈する、さらには他者に伝えていくことには、現実的な困難があった。

どちらも必要だった。障害者運動の思想を伝え、運動を牽引するためのリテラシー。そして、リテラシーだけが全てではない、障害者たちが生身の身体でもって、健全者中心社会で生き抜き、声を上げていくこと。本書によって、横田が紡ぐ言葉と思想が明確になったわけだが、明確になればなるほど、横田だけではない、この社会で生き続けるための運動を行ってきた障害者たちの声と行動を知りたいという思いを、私はもった。

やわらかくしなやかな語りの力

深田耕一郎

『記憶と感情のエスノグラフィー——認知症とコルサコフ症候群のフィールドワークから』

佐川佳南枝 著

二〇一六年　ハーベスト社　2600円＋税

人は記憶を喪うとどうなるのか。目の前の人が誰だかわからず、その人との想い出も消えてしまったとき、「私」はどうなるのか。「他者」との「関係」はどうなっていくのか。もし自分や身近な人がそうなったら……。想像しただけで、私などは恐怖におびえてしまう。

しかし、本書の著者は言う。認知症が進行し言語が失われても残る記憶がある。たとえ記憶が喪われても他者とかかわり続けようとするとき湧き上がる感情がある。それは人間が社会を形成するときに現れる、根源的な力である、と。

こう語る著者の筆致はやわらかく、力強い。そして、不思議と明るい。著者の佐川佳南枝さんはかつて中国地方の認知症デイケアに勤めた作業療法士だ。仕事の傍らデイケアのフィールドワークを続け、そのエスノグラフィーを博士論文にまとめた。本書は、それを書籍化したもので、認知症とコルサコフ症候群の当事者およびその家族の語りを中心に構成されている。この本のよさはいくつもあるが、ここでは三点をとり上げたい。

一つは語りの力だ。認知症やコルサコフ症候群は「思い出せない」「覚えられない」障害である。発症した当初は本人もその周囲の人もショックを受け悲嘆にくれる。にもかかわらず、かれらは何ごとかを語りはじめ、それが新たな現実を生んでいく。その語りのなんと充実したことか。デイケアの連絡帳を介した妻と夫の語りや、デイケアの利用者同士で実施した座談会、認知症高齢者夫婦へのインタビューなど、それらはときに味わい深く、ユーモラスですらある。妻が認知症となり自分のこともわからなくなった森さんは、若いころは「愛のことなんて感じる暇なかった」と言いながら、いまは「ほんとの芯からの」「最後のお互いの愛情」があると語り、妻と一緒にお風呂に入る。「一緒に入らないと。こっちは、あのー、まあ、濡れたりすると思うから、やっぱり、もう一緒に、どうせ夫婦だからと思ってね。ね？一緒にしたらね、そうしたら向こうも。たまにはニコって笑って。こう、風呂の中、居眠りするでしょう？だから、『バアっ』て。ははは。居眠りしていると危ないでしょう？たまには頭、洗うてやったりね」。ここには老熟した境地と無邪気な戯れが同居しており、記憶がなくなっても感情が関係性を維持する機能をもつようになると著者はいう。

二つは人間への信頼だ。著者は作業療法士であり認知症ケアの専門家である。とはいえ、専門家然とした言説が見られない。「支援」や「専門性」という言葉も出てこない。専門性を発揮して支援しようという欲がないのだ。実際にインタビューのなかで著者は「ふーん」とか「へぇ」

とかいって、驚いたり当惑したりしているだけだ。これは、著者の関心が「いかに支援するか」ではなく、「いかに関係を結ぶか」という点にあるからだろう。もっというと、著者は記憶が喪われゆく人の魅力に感動している。「語りあい」や「かかわりあい」のなかから何かが生まれる。そういう人間の力を信頼している。その姿勢がすばらしい。

三つは領域越境的な人間理解の深さだ。本書は現実を言語によって構築されるとする構築主義の立場から一線を画し、身体の相互作用によって立ち現れる具体的な経験に照準する。動物行動学や脳科学などの自然科学の知見が参照され、人間を一個の身体をもった動物として浮かび上がらせる。これは一見、刺激反応図式的に対象を観察する冷徹な視線を思わせるが、描かれる世界は温かい。たとえば、哺乳類が毛づくろい（グルーミング）によって集団の紐帯を強めあうように、認知症高齢者は互いの感情を吐露しあうことで「喜び」という「共感」を抱く。役割の喪失や家族からの疎外感、戦争体験のようなネガティブな記憶であっても、他者とのかかわりのなかでそれらが生き生きと語り直され、人間を活性化させていく。こうしたかかわりのなかから記憶や感情の生成を見ようとする視点が本書に温かさを与えているだろう。

やわらかくしなやかな語りは静謐なエッセイを読むようだ。高齢社会を生きる私たちにとって、ゆたかな知恵を授けてくれる一冊である。

社会科学批判としての社会運動史の記述

友常　勉

『下丸子文化集団とその時代——一九五〇年代サークル文化運動の光芒』
道場親信　著
二〇一六年　みすず書房
３８００円＋税

通夜の席で、学生時代の友人たちは、道場親信が小田実と鶴見俊輔に抱いていた感情はほとんど〈初恋〉だったと語った。野暮でホモソーシャル、そして歯に衣着せぬこの追悼の言葉になぞらえれば、著者の最初の著作であった『占領と平和——〈戦後〉という経験』（青土社、二〇〇五年）は「ベ平連」を中心とした戦後反戦平和運動史に対応し、『下丸子文化集団』は、前著を引き継いで、「思想の科学」の方法を意識下に据えた文化運動史に該当する。

一九五〇年代の下丸子を中心とした京浜地帯の工場労働者・文化活動家たちのサークル詩運動、うたごえ運動を「ベ平連」や「思想の科学」に匹敵する文化・思想運動として記述する——二〇〇三年から始まった共同研究の成果である本書は、その企図を実現しようとするものであった。それはなかば実現され、同時に多くの課題を残した。そのことは本書の画期的な意義を損なうものではまったくない。むしろ私は、それなりに著者を身近に感じて仕事をしてきた人間の一人ではあるが、そしてにもかかわらず著者の生前、彼の仕事に対して誠実な応答をしてきたわけではないものとして、一書にまとめられたこの論考から、多くのことを学んでいる。とりわけ江島寛（＝星野秀樹）という、わずか二一歳で早世した、谷川雁や船本洲治に匹敵する〈工作者〉を戦後社会運動史の表舞台に引きあげた著者の功績には、かぎりない恩恵を感じている。このことはあらかじめ表明しておきたい。

　本誌『支援』の読者を考慮して、私は次の二つの点から評価したい。第一には、ある社会運動の自律性を確定するために、内在的に、内的な強度を通して書き込むという方法論の有効性である。本書は、とりわけ第一章と第二章で、下丸子とその周辺で、そして全国で一九五〇年代に展開されたサークル運動誌・紙、活動家、ネットワークとその年次活動が詳細に書き込まれている。そこでは性急な総括は排除されている。それによって「サークル性」「下丸子性」の独自性の定義に成功している。かつて石田雄が社会運動の生成・発展・衰退（問題提起の終わり）を淡々と記述したような、そうした総括は回避されている。すなわち社会運動史を一般的に類型化するような従来の社会科学的態度が、資料に対しても、実際の運動に対しても無責任であることを示したのである。これに対して第二には、とりわけ第六章・第七章を通して、第一の点を補うように、通歴史的な論点を補強したことである。一九五二年後半に廣末保が編集長に就いた短い期間、『人民文学』誌上で展開された「実践と創作」論争はそうした、文化史・文学史で記憶されるべき出来事のひとつであるが、江島寛という忘れがたい人物の軌跡とあいまって、それは肉声を持った論争として蘇った。そして「工作者」という定義の確立である。今後編纂される社会運動・文化史辞典に、上記のタームに対する著者の定義が第一に参照されることは疑いない。

　これに対して、残された課題について私が感じることは、一九五〇年代後半にはもはや「死体」をさらすことになっていくサークル運動の可能性をどう救いだすかである。著者の病状の悪化に対して、焦燥をつのらせながら編集されたもう一つのサークル運動研究である『「サークルの時代」を読む』（影書房、二〇一六年）はそうした課題を意識しているが、しかしなお著者の方法論に準拠して、〈サークル運動〉の定義をより精緻に仕上げようとするものであった。だが江島寛や井之川巨、さらに下丸子の文化・文学オルグとしての安部公房らの実践と表現には、一九六〇年代の新左翼運動とのつながりや、〈党〉とは無関係に展開されていった文化・表現運動へのエコーが聞き取れる。いずれにせよ、〈オーソリティ〉から身をひきはがそうとする契機を、けっして見逃さずに追求する方法によってしか、社会運動や文化の自律性は記述できない。著者が徹底したその方法論を検証することは、マイノリティの運動のなかでも実践されるべきであると、痛感している。

修復的司法という発想をどう「使う」か

三井さよ

『性暴力と修復的司法――対話の先にあるもの』
小松原織香 著
二〇一七年　成文堂
4500円＋税

修復的司法にはもともと個人的に関心があり、数年前から本を集めて読んでいる。だが、もうたぶん三〇冊くらいは読んでいるはずなのに、どうもいまいち自分の中で整理がつかなかった。それが、この本を読んだら一気に整理がついたように感じた。おそらく、著者が法学者ではなく、性暴力被害者に寄り添う立場で活動してきた人だからなのだと思う。いろいろ余計な前提が外され、「使う」べきところが非常に明確に示されているのである。

もともと私が修復的司法を勉強し始めたのは、触法障害者のことを考えていく上で大事なヒントが含まれているという直観に基づいている。だが、修復的司法にかかわる諸議論には、その立場からすると頭を抱えるような表現がたくさん見られる。

一番厄介なのは、「コミュニティ」がすぐに出てくるところである。英米圏での「コミュニティ」の語感は日本のそれとは異なるとは思いつつ、コミュニティの再編といわれてしまうと、触法障害者を当てはめて考えたとき、ひどくいびつな像しか私には見えなくなってしまう。女性の学生には知的障害者と思える人に性暴力の被害を受けたという人も少なくないのだが、話を聴く限り、その人たちが一番苦しんだのは、「障害者だから仕方がない」という周囲の大人の対応である。コミュニティの再編というのがこれなのだとしたら、絶対にご勘弁願いたい。コミュニティからもっとも排除されがちなのが触法的な行動の多い障害者なのに、コミュニティで解決といわれた時点で、まともなことが生じるとはとても思えない。

それに対して本書で著者が明確に述べるのは、修復的司法のポイントは「対話」にあるということである。修復的司法の議論にはコミュニタリアニズムの一環として理解できる表現も多いのだが、それらを排してさらりと「対話」とまとめる著者の姿勢には、「使う」ところを「使う」姿勢がみえて、そうか、そうすればいいのかと、膝を打つ思いになった。

もうひとつには、被害者の像である。修復的司法の成功例として出てくるような事例では、被害者は加害者に対して大人としての配慮を向け、心を配る。将来の成長を願い、いまなすべきことについて語る。まあ、百歩譲って、階層差や年齢差がある中で、こういうことが生じるのはわかる。そして、これらの事例は本当はむしろレアケースで、レアだからこそ取り上げられているのだということは頭ではわかる。だが、先に述べたような性暴力の被害のときに、このような姿勢を見せろというのは、無理がある。このように、典型的に出てくる被害者像にはどうしても辟易としてしまっていた。

だが、本書で著者が示すのは、ひとりの人間の中に、多様な主体があるということだった。性暴力の被害者の中には、相手を罰したいと思う主体も、自らの傷を癒したいと思う主体も、そして対話を望む主体もいるのだという。性暴力には修復的司法が似合わないとよくいわれるそうなのだが、それでも被害者の多くが「why me?」と口にするそうで、一人の人の中に対話する主体が生まれることがあるのも否定できないという。

これにはひどく納得してしまった。確かに、被害を受けた後、生きていく過程において、その人の中には多様な思いが噴き上がり、混ざり合い、反発し合うだろう。それは当たり前のことで、自然なことである。それを、「深く傷ついた犠牲者」とだけ捉えることも、「激しく加害者を憎む被害者」とだけ捉えることも、その人の揺れ動きや葛藤、思いの一面化と単純化である。それに対して本書が示すのは、同じ人が、ときに相反するような思いを抱きながら、自分の明日をつくろうと格闘しているという被害者像なのである。

第5章の「解体的対話」の議論も重要である。著者は従来なら関係の修復のためと捉えられてきた「対話」を、むしろ二者間の呪いのような絆を分断するためのものになりうるという。一般に考えられる「赦し」とは全く違う、「解体」と「再生」の「赦し」が描かれている。

ここには被害者と呼ばれる人たちへの深い敬意があると思う。そして同時に、被害者が修復的司法を「使う」という視点が示されていると思う。本書で示される修復的司法は、現実に被害を受けた人と加害者とされる人がいる場において、それぞれがそれからを生きていくために「使う」ものなのだ。苦しみや傷と向き合うために、ときに拒絶し、ときに「使う」ような、そういうツールなのだと思う。

ただ、本書の先に考えなくてはならないことがまだあるとは思っている。たとえば、「対話」というのなら、知的障害や発達障害の触法障害者とされる人たちの一部が実質的に排除されがちだということに踏み込んで考える必要がありそうである。といっても、こうした課題に気づけるだけでも、本書がつくってくれた足場は心強い。修復的司法を、ここまで地に足のついた形で「使う」方法を考え抜いた本は、なかなかないように思う。紛争や葛藤についての現在の処理の仕方に疑問を感じる方には、ぜひ一度手にとってほしい。

執筆者一覧（執筆順・★は本誌編集委員）

出口泰靖（でぐち・やすのぶ）★
千葉大学文学部教員、社会学
著書に『あなたを認知症と呼ぶ前に』（生活書院）など

白井千晶（しらい・ちあき）
静岡大学人文社会学部教員、社会学
著書に『不妊を語る』（海鳴社）など

山縣文治（やまがた・ふみはる）
関西大学人間健康学部教員、子ども家庭福祉学
著書に『子ども家庭福祉論』（ミネルヴァ書房）など

田代志門（たしろ・しもん）
国立がん研究センター生命倫理部長、社会学、生命倫理学
著書に『死にゆく過程を生きる』（世界思想社）など

伊藤英樹（いとう・ひでき）
ＮＰＯ法人井戸端介護代表
著書に『奇跡の宅老所「井戸端げんき」物語』（講談社）など

山下幸子（やました・さちこ）★
淑徳大学総合福祉学部教員、社会福祉学
著書に『「健常」であることを見つめる』（生活書院）など

土屋葉（つちや・よう）★
愛知大学文学部教員、家族社会学
著書に『障害者家族を生きる』（勁草書房）など

三井さよ（みつい・さよ）★
法政大学社会学部教員、社会学
著書に『看護とケア』（角川学術出版）など

宍戸大裕（ししど・だいすけ）
映像作家
映画に『風は生きよという』など

諸岡了介（もろおか・りょうすけ）
島根大学教育学部教員、宗教学、社会学
論文に「終末期ケアと〈お迎え〉体験」（『緩和ケア』24巻2号）など

樋口直美（ひぐち・なおみ）
レビー小体病当事者
著書に『私の脳で起こったこと』（ブックマン社）など

井口高志（いぐち・たかし）★
奈良女子大学生活環境学部教員、医療社会学、家族社会学
著書に『認知症家族介護を生きる』（東信堂）など

斉藤龍一郎（さいとう・りょういちろう）
立命館大学衣笠総合研究機構員、アフリカＨＩＶ陽性者運動研究、障害学
著書に『貧しい国々でのエイズ治療実現へのあゆみ』（〈分配と支援の未来〉刊行委員会）など

黒田宗矢（くろだ・しゅうや）
リヨン第二大学文学部修士課程、フランス文学
共著論文に「発話困難な重度身体障がい者における通訳者の『専門性』と『個別性』について」（『Core Ethics』10）など

黒田良孝（くろだ・よしたか）
社会福祉法人りべるたす職員、呼吸器ユーザー当事者

渡辺克典（わたなべ・かつのり）
立命館大学衣笠総合研究機構教員、社会学
編著に『知のフロンティア』（ハーベスト社）など

飯野由里子（いいの・ゆりこ）
東京大学教育学研究科研究員、ジェンダー／セクシュアリティ研究
著書に『レズビアンである〈わたしたち〉のストーリー』（生活書院）など

猪瀬浩平（いのせ・こうへい）
明治学院大学教養教育センター教員、ＮＰＯ法人のらんど代表理事、文化人類学
著書に『むらと原発』（農山漁村文化協会）など

岡部耕典（おかべ・こうすけ）★
早稲田大学文化構想学部教員、福祉社会学、障害学
編著に『パーソナルアシスタンス』（生活書院）など

星加良司（ほしか・りょうじ）★
東京大学教育学研究科附属バリアフリー教育開発研究センター教員、社会学
著書に『障害とは何か』（生活書院）など

森山至貴（もりやま・のりたか）
早稲田大学文学学術院教員、社会学、クィア・スタディーズ
著書に『ＬＧＢＴを読みとく』（筑摩書房）など

田中恵美子（たなか・えみこ）
東京家政大学人文学部教員、障害学、社会福祉学
著書に『障害者の「自立生活」と生活の資源』（生活書院）など

倉石一郎（くらいし・いちろう）
京都大学人間・環境学研究科教員、教育社会学
著書に『増補新版　包摂と排除の教育学』（生活書院）など

好井裕明（よしい・ひろあき）
日本大学文理学部教員、社会学
著書に『「今、ここ」から考える社会学』（ちくまプリマー新書）など

三部倫子（さんべ・みちこ）
石川県立看護大学教員、社会学
著書に『カムアウトする親子』（御茶の水書房）など

前田拓也（まえだ・たくや）
神戸学院大学現代社会学部教員、社会学
著書に『介助現場の社会学』（生活書院）など

深田耕一郎（ふかだ・こういちろう）★
女子栄養大学栄養学部教員、福祉社会学
著書に『福祉と贈与』（生活書院）など

友常勉（ともつね・つとむ）
東京外国語大学大学院国際日本学研究院教員、地域研究、思想史
著書に『戦後部落解放運動史』（河出書房新社）など

◆口絵写真　矢部朱希子（やべ・あきこ）
写真家
「はじまりの場所――たこの木クラブ三〇周年記念写真展」を、二〇一八年七月九日（月）～一五日（日）多摩市ベルブ永山ギャラリーで開催予定。

◆表紙挿画をお描きいただいた鈴木雄（すずき・ゆう）さんについて
岩手県釜石市在住。障害のある人の地域での自立生活をめざして様々な場で活動している。二〇一一年より自ら手書きで文章を綴りイラストを添える「雄（ゆう）新聞」をつくり始め、二〇一七年一二月には三〇号を刊行した。内容は身近な出来事から地域の福祉や交通バリアフリー情報まで幅広い。今回のイラストは、魚を抱く釜石大観音とハートのモニュメントを背景に、ノンステップバスを待つ男性の姿が、鈴木さんならではのユニークなタッチで描かれている。

編集後記

「今から病院に来ることできますか?」

ある日の夕刻、私の携帯電話に妻が入院している産婦人科から連絡が入った。出産予定日を過ぎても一向に産気づく気配がないまま、妻は検査入院ということで、健診に通っていた産婦人科でしばらく病院生活をしていた。

急に病院から呼び出しをくらったのは、妻が入院してから数日後のことだった。ちょうど、仕事が一段落して今から妻の様子を見に病院に行こうとしていたときだった。何事だろう。妻が入院してからは彼女と彼女のお腹のなかにいる娘の様子が気になり毎日仕事が終わるとコンビニによって夕食のおでんを買っては病院に通っていた。昨日も妻は普段通りの様子だっただけに、妙な胸騒ぎがした。

おでんを買う余裕もなく夕刻の車の渋滞に苛立ち焦りながら急ぎ病院に駆けつけた。すると、産婦人科医から告げられたことには、お腹の赤ちゃんの心音が乱れているので、緊急で帝王切開の手術をすることになった、ついては家族として同意書にサインをして欲しい、とのことだった。私は立ち会い出産を希望していた。だが、今回の場合夫であっても分娩室には入れないという。

後で聞けば、妻は帝王切開にすると告げられるまで、病院で仲良くなった妊婦さんとのんびりとお茶していたそうだ。車いすに乗って手術室の前にあらわれた妻の表情は、急に手術することになった戸惑いの色が見てとれた。

妻の母と私は、手術室の外で、ただただ手術が無事終わるのを待つしかなかった。しばらくして、中から産声が遠く聞こえてきた。娘は無事に産まれたようだ。だが、産まれてから数日間、様子をみるということで娘は保育器に入れられたままの状態が続いた。スヤスヤ眠り続けている娘の姿を、ガラス越しでしか見つめ続けることができずにいる日々がしばらくの間続いた。

後から産婦人科医の医師から説明を受けたことではあるが、心音が乱れていた娘はけっこう危険な状態であったとのことだった。いつもは音楽をかけながら分娩をするという医師もその余裕はなかったという。そんな後日談を聞くと、産まれてきた娘の〈いのち〉が、ただただ奇跡としか感じるしかなかった。

数日後、やっと娘をじかに触れることができる日が来た。この日を何度待ちわびてきたことか。だが、じかに赤ん坊の柔肌を触れたとき、〈いのち〉のもろさ、はかなさを肌で感じた。私は慣れない手つきで抱っこをした。すると、ふにゃふにゃ、ぐにゃぐにゃな娘のからだが、自分の腕と手にじわっと伝わってきた。私の、この手に、娘の〈いのち〉がゆだねられている。大げさなことかもしれない。だが、そう思うと、異様なほど大量の汗がどっと噴き出してきた。

もっと大汗をかいたのは、「はじめてのおむつ換え」のときだった。ふにゃふにゃ、ぐにゃぐにゃな、全介助状態の、赤ん坊の娘の、ちっちゃい、ちっちゃいからだを、どれほどまでに繊細に支えねばならないのか、加減がわからないなかでのおむつ換えに、私は情けないほどまでに、指という指が小刻みにぶるぶると震え、今までにないほどの緊張感を味わった。自分の人生のなかで、今まであれほどまでに噴き出したことがないくらい、尋常ではないほどの汗が、頭からといい、背中からいい、全身から噴き出して来て、ボタボタとしたたり落ち床を濡らした。

あれから、一四年の年月がたった。あれから娘の〈いのち〉の軌跡は、なんとかすくすくと歩んで育ってくれている。それどころか、私が歩んできたものとはまったく異なったものになっている娘の〈いのち〉の軌跡に、とても不思議さを感じている。

たとえば、私は学校という場にかなりこじれてきた(『支援』五号の特集「わけること、わけないこと」の文章を参照)。そんな私とは異なり、娘は学校に喜々として通っている。娘は青春を謳歌するかのように吹奏楽部の部活動に励む日々を送っている。私の部活時代はというと、卓球部に属したものの下手くそだったため、数に限りがある卓球台で練習ができなかった。あぶれた部員は「技術」の工作室の机をくっつけてそこにネットを張り、かりそめの台をこしらえて練習するしかなかった。そのうちそこからもはじかれた私は、あぶれはじかれた部員同士で「卓球部内相撲部」と名うったグループをつくり、学校の廊下のたまり場で相撲ばかりとっていた。そのうち、他の部員から総スカンをくう始末(当然のことではあるが)だった。

私と違った人生を歩む娘の〈いのち〉は、今後、どのような軌跡を描くことになるのだろうか。とても楽しみではある。ところで、二〇一一年に産声をあげた雑誌『支援』も、八号を送り出すことができた。今号から新たなメンバーも加わり、雑誌の〈いのち〉の軌跡もまた新たな息吹が産まれようとしている。私の娘と同じように、雑誌『支援』〈いのち〉もまた、どのような軌跡を描くことになるのだろうか。編集委員の一人である私自身も、また楽しみでもある。(出口)

＊

今号より新たに編集委員に加えていただいた岩永理恵です。なぜ編集委員が増えたのか、と思われる読者もいらっしゃるかもしれません。その理由はたぶん高橋さんが書いてくださるのと思いますので、個人的な動機を書きます。直接のきっかけは、二〇一八年三月に生活書院から出版した『被災経験の聴きとりから考える――東日本大震災後の日常生活と公的支援』にまとめた井口さん土屋さんとの共同研究です。

共同研究は、東日本大震災後から開始しました。『支援』の第一号は二〇一一年三月二〇日発刊ですから、継続する号に向けた試行錯誤のあったであろう時期に、お二人と(田宮さんと)一緒に過ごす時間が多かったのかなと思います。東北地方という四人にとって遠方での調査が中心の研究ゆえ、長距離移動から食事に宿泊なども共にして、さまざまなおしゃべりをしました。そのなかで、『支援』に関わるお話をうかがったことは少なくなかったと思います。

実際、共同研究に縁のありそうな『支援』の中身として、第三号の、難民を助ける会・野際さんへのロングインタビュー、第五号の木村高人さんへのロングインタビューがあり、今号の表紙は、調査の過程で出会った鈴木雄さんの力作です! 私自身、第六号の特集1に拙稿を掲載していただきました。

このように外から『支援』に関わってきて、私にとって『支援』は〈近くて遠い〉という印象でした。〈近くて遠い〉をもう少し説明したいところですが、今はうまく表現できません。しかし、この感覚的なものが、大事なような気がしています。今回、編集委員になって考える場と仲間を得た気持ちであり、そのことに感謝して、〈近くて遠い〉を言葉にできればと思っています。(岩永)

＊

はじめまして。今号から編集委員に仲間入りさせていただくことになりました堅田香緒里と申します。私はこれまで、『支援』とそれほど密に関わってきたわけではなく、紙面にもほとんど登場したことがありません。短いブックガイドを書かせてもらったり、フェミの友人と共に創っている「ゆる・ふぇみカフェ」という取り組みについてインタビューしてもらったりしたことがあるくらいです。だから、この編集後記にまで目を通すようなコアな『支援』読者の皆さんでさえも、「あんた誰?」って訝しがっていることとお察しします。

そこで、この場を借りて簡単な自己紹介をさせてください。私は、過去のほんの短い期間ですが、路上で生きる人たちと一緒に生きたり、運動したりしていたことがあります。今でも細々とではありますが、そうした人たちとつながりながら生きています。そこでは、路上で暮らす人に対する数々の暴力を見聞きし、同時に私自身も路上での暴力(セクハラ含む)に見舞われました。そんな経験から、これまで貧困(というよりは、貧者の統治)の問題や女の生=労働の問題について考えたり書いたりしてきました。けれどもそれは決して、貧しい人や女性を「支援」する、といった文脈ではなかったように思います。正直に申し上げると、支援らしい支援の経験もなければ、それについてじっくり思考したこともないのです。

それでもこれだけは言えます。私は、このヘンテコな雑誌『支援』を愛する一読者(少なくとも、編集後記を読んでいるあなたと同じくらいにはコアな読者)です。そして、それが私の(ほとんど唯一の)強みだと自負しているので、これから、一読者の視点で自分が読みたい！と思えるものを皆さんと一緒に「シノゴノ」言いつつ「ジタバタ」作っていきたいと思っています。よろしくお願いします。（堅田）

*

これまで『支援』の一ファンでしたが、この号から作り手の側に加えていただくことになりました深田耕一郎です。ファンが作り手にさせてもらったのですから、こんなに光栄なことはありません。同時に「大丈夫なのか？」という声も飛んできそうなので、ほんの少し緊張もしております。

私は身体障害の人たちの自立生活に介護者としてかかわらせてもらってきました。とても小さなフィールドですが、現場で教えていただいたことは小さくはなく、いまもそれらを言葉にする仕事をしています。また、2年前くらいから、児童養護施設等を退所した学生のためのシェアハウスの運営に携わっています。こちらはこちらで独特の世界が広がっていて、予期しない出来事の連続にオロオロと動転する毎日を送っています。

介護もシェアハウスも「支援」という気はあまりなく、目の前の人と出会ってしまったがために、いないよりはいたほうがいいのかなとおせっかいにも思い、ときどきは怒ったり悲しんだり、喜んだり楽しんだりしながら、過ごしています。そればかりではいけない、もっと視点を広げなければと思いつつ、どうやらそれが私なりの視点になってきました。とはいえ、『支援』の「発刊の辞」にある「シノゴノ言いつつ、ジタバタやろう」の世界を地で行っている気がするので、私なりに、現場の手触りや空気感を読者の皆さんに伝えていけたらと思います。これからどうぞよろしくお願いいたします。（深田）

*

『支援 vol.8』をお届けします。vol.7の編集後記で、なぜ「津久井やまゆり園」でおきたことについて『支援』では特集などはまだ組めないのかということと、私個人の想いをごちゃまぜにしたような文章を書いてしまったのですが、もちろん考えることをやめたわけではありません。

今号には、昨年秋に開催された、猪瀬浩平さんと岡部耕典さんのトークセッション「津久井やまゆり事件から／へ」を掲載させていただきました。お二人が話された、事件のあとの一部の言説や表現の在り様についての違和感や、東日本大震災などとのシンクロ感などは私の言えなかったことを言語化してくださったという気がしています。特集1の「どうこうしちゃえるもんなの？命」と併せ、事件がおきてからこの雑誌が考えてきたことの一つのカタチとしてお読みいただければと思います。

「私たちの手も汚れている」と岡部さんがおっしゃるように、状況は厳しくなる一方のようにも思われますが、そんな明日が見えない日々でも、トークセッションでできたご縁で、猪瀬さんご兄弟が中心でやられている見沼の福祉農園に、子どもたちと一緒にぼちぼちと通わせていただくようになり、その事を（震災で農業をあきらめざるを得ず孫に自分が作った野菜を食べてもらうという楽しみも失ってしまった）福島の父が喜び羨ましがりという事もあり、ブチんブチんと切れてしまっていた事柄や感情のようなものが、少しずつではあるけどつながっていくんじゃないかという予感のようなものもあります。

あきらめず、シノゴノジタバタ考え続けていきたいと思います。これからもどうぞよろしくお願いいたします。

さて、今号から編集委員に三人の新しいメンバーを迎えることになりました。岩永理恵さん、堅田香緒里さん、深田耕一郎さんです。それぞれこの編集後記に自己紹介もかねて一文を寄せてくださっていますので、お読みいただければと思います。

私からは、新たなメンバーにと三人のみなさんにお声掛けさせていただいた経緯を少しだけ。雑誌『支援』は東日本大震災が起きた二〇一一年の三月に創刊されました。たこの木クラブの岩橋誠治さんに「焚き付けられて」、なんとかやってみたいと岡部耕典さん、三井さよさんにまずご相談し、計七名の編集委員体制で創刊にこぎつけました。最初の編集会議が二〇一〇年二月でしたのでそれからもうまる八年ということになります。委員会メンバーの結束は強くなりましたが、八年同じメンバーでとなると、議論の流れがパターン化したり、新しい企画の発想ということについて、このままだとややネタ切れという状況になるのではないか、ということもありました。では新しいメンバーをお迎えするとして、どなたにお願いするのが良いか……。

編集委員会で議論し、『支援』の目指す方向性に共感いただけて、文章を書きあげる力や企画発想力、人脈、専攻領域などの面からもご尽力いただける方……ということでお声掛けさせていただいたのが、岩永さん、堅田さん、深田さんです。幸い、みなさんともお引き受けくださり、新たに一〇名による編集委員会体制ということになりました。次号ｖｏｌ．９の企画にはさっそく三名の新編集委員のアイディアや人脈が反映されています。『支援』の新たな旅立ちをどうぞ楽しみに、そしてこれまで以上の応援をどうぞよろしくお願いいたします。（髙橋）

次号予告

支援 Vol.9　「支援」編集委員会編　予価 1500 円 + 税

2019年春刊行予定

特集1　表現がかわる　表現がかえる

特集2　いたい、かゆい、におう

支援 Vol. 8

発　行　2018年5月5日　初版第1刷発行
編　者　「支援」編集委員会
発行者　髙橋　淳
発行所　株式会社　生活書院
〒160-0008
東京都新宿区三栄町17-2 木原ビル303
Tel 03-3226-1203　Fax 03-3226-1204
振替 00170-0-649766
http://www.seikatsushoin.com
デザイン　糟谷一穂
表紙装画　鈴木　雄
印刷・製本　株式会社シナノ

ISBN 978-4-86500-080-1
定価は表紙に表示してあります。
乱丁・落丁本はお取り替えいたします。
Printed in Japan

本書のテキストデータを提供いたします

本書をご購入いただいた方のうち、視覚障害、肢体不自由などの理由で書字へのアクセスが困難な方に本書のテキストデータを提供いたします。希望される方は、以下の方法にしたがってお申し込みください。

◎ データの提供形式＝CD-R、フロッピーディスク、メールによるファイル添付（メールアドレスをお知らせください）。
◎ データの提供形式・お名前・ご住所を明記した用紙、返信用封筒、下の引換券（コピー不可）および200円切手（メールによるファイル添付をご希望の場合不要）を同封のうえ弊社までお送りください。
◉ 本書内容の複製は点訳・音訳データなど視覚障害の方のための利用に限り認めます。内容の改変や流用、転載、その他営利を目的とした利用はお断りします。
◎ あて先
〒160-0008
東京都新宿区三栄町17-2 木原ビル303
生活書院編集部　テキストデータ係

キリトリ線

【引換券】
支援　Vol.8

『支援』バックナンバーのご案内

「支援」編集委員会【編】／ A5 判並製／定価：本体 1500 円（税別）

vol.1

特集：「個別ニーズ」を超えて（三井さよ 、末永弘、岡部耕典、前田拓也他）
座談会：資格は必要か？――ケア・介護・介助と専門性
土屋葉（司会）・山下幸子・星加良司・井口高志　他

vol.2

特集：「当事者」はどこにいる？（星加良司、高森　明、岡部耕典、石丸偉丈他）
ロングインタビュー：認知症の本人を描くことをめぐって――川村雄次に聞く
対談：病院の世紀の終わりに――医療政策の水先案内人×難病人フィールドワーカー　猪飼周平×大野更紗（聞き手／三井さよ・星加良司）　他

vol.3

特集：逃れがたきもの、「家族」（土屋葉、井口高志、児玉真美、吉田澄恵他）
トークセッション：支援の多様な可能性――ケアの制度の縛りの中で、歩みを続けるために　川口有美子×柳本文貴　他

vol.4

特集：支援で食べていく（岡部耕典、杉田俊介、大坪寧樹、出口泰靖他）
トークセッション：教育の中の支援、支援の中の教育　すぎむらなおみ×倉本智明
ロングインタビュー：薬害エイズの被害者による当事者支援――花井十伍に聞く　他

vol.5

特集:わけること、わけないこと（星加良司、倉本智明、出口泰靖、三井さよ他）
トークセッション：いのちをわけること、わけないこと、選ぶこと、選ばないこと　大塚孝司×玉井真理子×堀田義太郎
ロングインタビュー：転換点としての震災経験――木村高人さんに聞く
いま、釜石で――山田昭義さんに聞く

『支援』バックナンバーのご案内

「支援」編集委員会【編】／A5 判並製／定価：本体 1500 円（税別）

vol.6

特集１：その後の五年間【震災】端野洋子、白石清春　【貧困】岩永理恵　【労働】橋口昌治　【ヘイトスピーチ】金 明 秀　【介護保険】春日キスヨ　【障害者福祉・制度改革】岡部耕典
特集２：くう、ねる、だす
トークセッション：障害児の母、やってます！　福井公子×すぎむらなおみ　他

私たちの社会は「変わった」のか？　「変わった」としてそれは私たちが望んだような変容だったのか？　あれから五年……「支援」という営みの周辺で何が起き、何が変わり／変わらなかったのかを、今一度立ち止まって考える、特集１「その後の五年間」。人が生きていくために不可欠な行為をめぐるこだわりやルールに着目し、十人十色のその暮らしぶりに迫る中から生の多様性を描き出す、特集２「くう、ねる、だす」。

新たな編集スタイルも取り入れて更に充実の、「シノゴノ、ジタバタ」雑誌第６弾！

vol.7

特集１：〈つながり〉にまよう、とまどう
特集２　着る、住む、買う
トークセッション：ケアする子どもと若者たち
ロングインタビュー：『そよ風のように街に出よう』の三八年　他

ケアや支援を行うにあたって、支えられる側と支える側との関係や〈つながり〉をどのように、どこまでとりむすんでいけばいいのか？

「対等に」というお題目だけではすまされない問題としての、支援をめぐる〈つながり〉のまよい、とまどいを丁寧に描き出す、特集１「〈つながり〉にまよう、とまどう」。

十人十色の〈生の技法〉をその人自らが語るシリーズ特集の第２弾は「着る、住む、買う」。

他にヤングケアラーの今を語りあうトークセッション、終刊を迎える『そよ風のように街に出よう』の副編集長・小林さんへのロングインタビューなど、読み応えたっぷりの「シノゴノ、ジタバタ」雑誌第７弾！

生活書院◉出版案内

私的所有論［第2版］

立岩真也　文庫判並製　976頁　本体1800円

この社会は、人の能力の差異に規定されて、受け取りと価値が決まる、そしてそれが「正しい」とされている社会である。そのことについて考えようということだ、もっと簡単に言えば、文句を言おうということだ。立岩社会学の主著、待望の第2版！

生の技法［第3版］——家と施設を出て暮らす障害者の社会学

安積純子、岡原正幸、尾中文哉、立岩真也　文庫判並製　672頁　本体1200円

家や施設を出て地域で暮らす重度全身性障害者の「自立生活」。その生のありよう、制度や施策との関係、「介助」の見取り図などを描きだして、運動と理論形成に大きな影響を与え続けてきた記念碑的著作。旧版(増補改訂版)から17年を経て、新たに2つの章を加えた待望の第3版が文庫版で刊行！

障害のある私たちの 地域で出産、地域で子育て——11の家族の物語

安積遊歩、尾濱由里子【編著】　A5判並製　200頁　本体1500円

街で産む、街で育てる——。さまざまな障壁、差別につきあたりながらも、障害のある人の産み育てる権利を現実のものとしてきた11の家族の物語。とまどいも、哀しみも、怒りも、そしてなにより子どもと生きる喜びを等身大の言葉でつづった、あとに続く人たちへの心からのエール！

ズレてる支援！——知的障害／自閉の人たちの自立生活と重度訪問介護の対象拡大

寺本晃久、岡部耕典、末永弘、岩橋誠治　四六判並製　376頁　本体2300円

「支援」は、〈そもそも〉〈最初から〉〈常に〉ズレている！　支援を使って、地域で自立した暮らしをしている人がいること。集団生活ではなく一対一の支援をモデルにすること……「支援」と「当事者」との間の圧倒的なズレに悩み惑いつつ、そのズレが照らし出す世界を必死に捉えようとする「身も蓋もない」支援の営みの今とこれから！

良い支援？——知的障害／自閉の人たちの自立生活と支援

寺本晃久・岡部耕典・末永弘・岩橋誠治　四六判並製　288頁　2415円

知的障害／自閉の人の〈自立生活〉という暮らし方がある！当事者主体って？　意志を尊重するって？　「見守り」介護って？　常識に凝り固まった支援は通用しない！　介助者・支援者として現場に立ち考え続けてきた著者による、支援と自立の現在形。